Mesmerismus der Neuzeit

Buchbeschreibung

In »Mesmerismus der Neuzeit: Wege zur spirituellen Transformation« führt Andreas Bachofen-Echt, ein erfahrener Hypnosetherapeut und Kinesiologe, die Leser tief in die Welt des modernen Mesmerismus ein. Dieses bahnbrechende Werk bietet eine innovative Perspektive auf die traditionellen Methoden des Mesmerismus, erweitert durch aktuelle wissenschaftliche Erkenntnisse und spirituelle Praktiken. Durch eine einzigartige Verschmelzung von Kinesiologie, Hypnotherapie und altbewährten mesmeristischen Techniken, präsentiert Andreas Bachofen-Echt ein umfassendes System der Selbstentwicklung und Heilung. Leser erfahren, wie sie durch Achtsamkeit und mentale Stärke nicht nur ihr eigenes Leben, sondern auch das ihrer Mitmenschen positiv beeinflussen können.

Das Buch ist besonders empfehlenswert für Therapeuten und Heilpraktiker, die ein tieferes Verständnis über die inneren Prozesse im Menschen entwickeln möchten. Es liefert wertvolle Einblicke in die Mechanismen der mentalen und spirituellen Transformation und zeigt auf, wie diese Erkenntnisse in therapeutischen Kontexten angewendet werden können. »Mesmerismus der Neuzeit« ist ein unverzichtbarer Leitfaden für alle, die die Kunst des Mesmerismus praktizieren oder in ihre therapeutische Arbeit integrieren möchten, um so eine tiefgreifende und dauerhafte Veränderung bei ihren Klienten zu bewirken.

Entdecken Sie die transformative Kraft des Mesmerismus in der modernen Zeit und erfahren Sie, wie diese alte Kunst mit neuer Relevanz und Effektivität in unserem heutigen Leben angewendet werden kann.

Andreas Bachofen-Echt

Mesmerismus der Neuzeit

Wege zur spirituellen Transformation

Bibliografische Information der Deutschen Nationalbibliothek:

Die Deutsche Nationalbibliothek
verzeichnet diese Publikation in der deutschen Nationalbibliografie;
detaillierte biografische Daten
sind im Internet über dnb.dnb.de abrufbar.

© 2024 Andreas Bachofen-Echt
Satz, Umschlaggestaltung, Verlag: BoD • Books on
Demand GmbH, In de Tarpen 42, 22848 Norderstedt
Druck: Libri Plureos GmbH, Friedensallee 273, 22763
Hamburg
ISBN: 978-3-7597-2991-0

Inhalt

1. Einleitung

In einer Welt, die von rasantem technologischen Fortschritt und ständigem sozialen Wandel geprägt ist, suchen wir oft nach Wegen, unser inneres Gleichgewicht zu finden und einen tieferen Sinn in unserem Leben zu entdecken. Trotz der Fülle an Informationen und Ressourcen, die uns zur Verfügung stehen, bleibt die Sehnsucht nach echter, unverfälschter Freiheit ein zentrales menschliches Anliegen. In diesem Kontext gewinnt eine jahrhundertealte Philosophie, die ihren Ursprung in den Lehren Franz Anton Mesmers findet, erneut an Bedeutung. Der Mesmerismus, mit seinem Fokus auf die unsichtbaren Kräfte, die unser Leben und unsere Gesundheit beeinflussen, bietet eine faszinierende Perspektive auf die menschliche Existenz und unsere Verbindung zum Universum.

Trotz seiner historischen Wurzeln und der anhaltenden Faszination, die der Mesmerismus ausübt, gibt es nur wenige zeitgenössische Werke, die sich mit diesem Thema auseinandersetzen. Die letzte umfassende Publikation, die sich dem Mesmerismus widmete, liegt bereits Jahrzehnte zurück. Dieses Mangel an aktuellen Werken lässt eine Lücke in der Literatur erkennen, die sowohl die historische Bedeutung als auch die praktische Anwendbarkeit des Mesmerismus in der heutigen Zeit beleuchtet. Es ist an der Zeit, diese Lücke zu schließen und den Mesmerismus in einem modernen Licht zu betrachten, das sowohl seine Wurzeln respektiert als auch seine Relevanz für unsere Gegenwart und Zukunft hervorhebt.

Dieses Buch zielt darauf ab, genau diese Aufgabe zu erfüllen. Es ist eine Einladung, die Welt des Mesmerismus neu zu entdecken und zu verstehen, wie seine Prinzipien und Techniken nicht nur unser persönliches Wohlbefinden verbessern, sondern auch unsere Sicht auf die Welt und unsere Verbindung zu ihr tiefgreifend verändern können. Indem wir die Lehren Mesmers aus einer zeitgenössischen Perspektive betrachten, öffnen wir uns für die Möglichkeit, unser Leben auf eine Weise zu transformieren, die zuvor unvorstellbar war. Dieses Buch möchte Brücken bauen zwischen alter Weisheit und modernem Verständnis, zwischen wissenschaftlicher Erkenntnis und spiritueller Intuition.

Durch die Seiten dieses Werkes werden wir gemeinsam erkunden, wie der Mesmerismus uns lehrt, über die materiellen Aspekte unseres Daseins hinauszublicken und eine tiefere Verbindung mit den energetischen Strömen des Lebens herzustellen. Es ist ein Aufruf, die verborgenen Potenziale in uns selbst zu erkennen und zu nutzen, um nicht nur individuelle Freiheit zu erlangen, sondern auch einen Beitrag zu einem harmonischeren Miteinander in der Welt zu leisten.

Es ist ein Aufruf, die verborgenen Potenziale in uns selbst zu erkennen und zu nutzen, um nicht nur individuelle Freiheit zu erlangen, sondern auch einen Beitrag zu einem harmonischeren Miteinander in der Welt zu leisten.

Trotz der phänomenalen Beiträge Franz Anton Mesmers zur Heilkunst und seiner bahnbrechenden Arbeit mit dem unsichtbaren Fluidum, sind einige der Techniken, die er einsetzte, aus heutiger Sicht nicht mehr zeitgemäß. Die berühmten Kupferbänder, die Mesmer seinen Patienten umlegte, mögen in seiner Zeit revolutionär gewesen sein, doch in der heutigen Praxis des Mesmerismus haben wir uns von solchen physischen Hilfsmitteln entfernt. Die moderne Ausübung des Mesmerismus hat sich weiterentwickelt und integriert nun die neuesten Erkenntnisse der Neurologie und Psychologie, ohne dabei an Wirksamkeit einzubüßen. Ganz im Gegenteil: Die Einbeziehung dieser aktuellen wissenschaftlichen Perspektiven hat die Praxis des Mesmerismus bereichert und vertieft. Heutige Techniken des Mesmerismus setzen weniger auf materielle Hilfsmittel, sondern mehr auf die Kraft der Intention, der fokussierten Aufmerksamkeit und der feinstofflichen Energieübertragung.

Diese Entwicklung spiegelt den natürlichen Lauf der Wissenschaft und Praxis wider, die sich stets weiterentwickeln und an neue Erkenntnisse anpassen. Indem wir die Prinzipien des Mesmerismus mit einem modernen Verständnis von Geist und Körper anwenden, öffnen wir uns für eine Praxis, die sowohl tief verwurzelt in ihrer historischen Essenz als auch völlig aktuell in ihrer Anwendung ist. Das Ziel dieses Buches ist es, zu zeigen, wie der Mesmerismus der Neuzeit eine Brücke schlägt zwischen alter Weisheit und moderner Wissenschaft, zwischen dem Verständnis von Energieflüssen und den komplexen Prozessen unseres neurologischen und psychologischen Seins.

Durch die Anerkennung, dass die Methoden und Techniken des Mesmerismus sich weiterentwickelt haben, erkennen wir auch, dass die zugrunde liegenden Prinzipien – die Verbindung und Beeinflussung energetischer Ströme für Gesundheit, Wohlbefinden und persönliche Freiheit – zeitlos sind. Dieses Buch lädt Sie ein, die faszinierende Reise des Mesmerismus von seinen historischen Anfängen bis zu seiner aktuellen Praxis zu erkunden und zu entdecken, wie diese uralte Kunst in der modernen Welt lebendig bleibt und weiterhin das Potenzial hat, unser Leben zum Besseren zu verändern.

Dieses Buch lädt Sie ein, die faszinierende Reise des Mesmerismus von seinen historischen Anfängen bis zu seiner aktuellen Praxis zu erkunden und zu entdecken, wie diese uralte Kunst in der modernen Welt lebendig bleibt und weiterhin das Potenzial hat, unser Leben zum Besseren zu verändern.

Der Mesmerismus der Neuzeit beruht auf einer besonderen Sicht auf die Welt, einer Perspektive, die das Verständnis für die tiefe Verbundenheit aller Dinge und das Bewusstsein für die feinstofflichen Energien, die unser Dasein durchdringen, in den Mittelpunkt stellt. Diese Weltanschauung erkennt an, dass die Realität weit mehr umfasst, als das, was wir mit unseren fünf Sinnen erfassen können, und dass unsere Gedanken, Emotionen und Absichten einen direkten Einfluss auf unsere physische und energetische Umwelt haben. In der Ausbildung zum modernen Mesmerismus wird dieser Aspekt zuerst kultiviert, denn ein tiefes Verständnis für diese Sichtweise ist entscheidend, um die Techniken und Praktiken des Mesmerismus wirksam anwenden zu können.

Die Ausbildung im Mesmerismus fokussiert sich darauf, diese erweiterte Sicht auf die Welt zu entwickeln und zu verfeinern. Dies geschieht durch Bewusstsein für uns selbst, Übungen zur Energiearbeit und Studien, die darauf abzielen, das Bewusstsein für die subtilen Ebenen unserer Existenz zu schärfen. Indem Praktizierende lernen, ihre eigene energetische Präsenz zu kultivieren und zu meistern, werden sie befähigt, nicht nur ihr eigenes Leben, sondern auch das Leben anderer positiv zu beeinflussen. Diese Grundlage bildet den Kern der Ausbildung und ist der Schlüssel zur effektiven Praxis des Mesmerismus. Die teils unfassbaren Ergebnisse, die heutige Mesmeristen für ihre Klienten erzielen, sprechen eine deutliche Sprache der Effizienz dieser Techniken.

Das Verständnis und die Anwendung des Mesmerismus in der heutigen Zeit ist somit nicht nur eine Frage der Technik, sondern vor allem eine Frage der Weltanschauung und des Bewusstseins. Dieses Buch strebt danach, den Lesern nicht nur die Methoden und Techniken des modernen Mesmerismus näherzubringen, sondern auch diese tiefere Sicht auf die Welt zu vermitteln. Durch die Erweiterung unseres Bewusstseins und die Kultivierung unserer inneren Energie können wir lernen, in Harmonie mit den universellen Gesetzen zu leben und ein Leben voller Freiheit, Gesundheit und tiefer Erfüllung zu führen.

Viel Spaß mit dem Buch und der Reise in Dich selbst.

Andreas Bachofen-Echt
The Mesmerist

2. Die Lebensphilosophie des Mesmerismus

In der Einladung, den Weg des freien Menschen zu beschreiten, erkennen wir die tiefen Schichten unserer Existenz und das Streben nach wahrhafter Freiheit. Doch wie navigieren wir durch das Labyrinth des Lebens, um diese Freiheit nicht nur zu ersehnen, sondern sie tatsächlich zu erleben? Die Antwort findet sich möglicherweise in einer jahrhundertealten Philosophie, die bis heute nichts an ihrer Faszination eingebüßt hat: dem Mesmerismus.

Der Mesmerismus, benannt nach Franz Anton Mesmer, einem Pionier auf dem Gebiet der Heilung durch das unsichtbare Fluidum oder auch Äther genannt, bietet einen einzigartigen Zugang zur Welt der inneren und äußeren Freiheit. Diese Philosophie lehrt uns, dass das Universum von einem feinen energetischen Netz durchzogen ist, das alles miteinander verbindet. Mesmer glaubte, dass Krankheiten und Disharmonien entstehen, wenn der Fluss dieser Lebensenergie, die er als »tierischen Magnetismus« bezeichnete, blockiert ist. Durch die Wiederherstellung des harmonischen Flusses dieser Energie könnten Gesundheit, Gleichgewicht und letztlich Freiheit erreicht werden.

Aber warum ist diese Sichtweise so entscheidend für ein freies Leben? Die Lebensphilosophie des Mesmerismus erinnert uns daran, dass wir nicht isolierte Wesen sind, die gegen die Ströme des Lebens ankämpfen. Stattdessen sind wir integraler Bestandteil eines größeren Ganzen, verbunden durch Ströme von Energie, die uns beeinflussen und die wir beeinflussen können. Diese Perspektive lädt uns dazu ein, über die materielle Welt hinauszuschauen und zu erkennen, dass wahre Freiheit in der Fähigkeit liegt, den Fluss unseres Lebens zu lenken – nicht durch äußere Kräfte, sondern durch die Harmonisierung unserer inneren Energie. Mesmerismus ist das Lenken von Energie mit unserer Intention.

Die Philosophie des Mesmerismus lehrt uns, die Macht in uns zu erkennen und zu nutzen. Sie zeigt auf, dass wir, indem wir unsere innere Energie harmonisieren, nicht nur unsere eigene Realität gestalten, sondern auch ein tieferes Verständnis für die Verbundenheit allen Lebens erlangen können. Diese Einsicht ist der Schlüssel zur Freiheit, denn sie befreit uns von der Illusion der Trennung und eröffnet uns die Möglichkeit, unser Leben bewusst und im Einklang mit den universellen Gesetzen zu gestalten.

In der Praxis bedeutet dies, dass wir lernen, unseren inneren Zustand zu kultivieren und zu meistern, um nicht nur persönliches Wohlbefinden, sondern auch tiefgreifende Veränderungen in unserer Umwelt zu bewirken.

Der Mesmerismus bietet Werkzeuge und Techniken, um diese energetische Harmonisierung zu erreichen, wie zum Beispiel die fokussierte Intention, die Visualisierung und die Anwendung von energetischen Praktiken, um den Energiefluss zu steuern.

Indem wir die Prinzipien des Mesmerismus in unser Leben integrieren, öffnen wir uns für eine Welt, in der Freiheit nicht nur ein Ideal ist, sondern eine gelebte Erfahrung. Es ist ein Pfad, der uns lehrt, über die Beschränkungen hinauszuschauen, die wir uns selbst und die uns die Welt auferlegt hat. Der Mesmerismus ruft uns dazu auf, in jedem Moment die Verantwortung für unsere Energie, unsere Gedanken und damit unser Leben zu übernehmen. Dieser Weg ist nicht immer leicht, aber er ist erfüllt von der tiefen Erkenntnis, dass in uns eine unerschöpfliche Quelle der Kraft und der Freiheit liegt.

In der fesselnden Reise zur Entdeckung der eigenen Freiheit, wie sie »Der Weg des freien Menschen« skizziert, erweist sich der Mesmerismus als Schlüssel zu einer tieferen, beinahe vergessenen Weisheit. Die Techniken und Prinzipien, die Franz Anton Mesmer einst detailliert beschrieb, wurzeln in alten Traditionen, die tausende von Jahren zurückreichen. Diese uralten Methoden, von der gezielten Anwendung Beobachters bis hin zur bewussten Lenkung des Gedankenflusses, basieren auf Elementen, die die Menschheit schon lange vor Mesmer kannte und praktizierte. Sie sind Zeugen einer Zeit, in der die Menschheit in engerer Verbindung mit den subtilen Energien des Lebens stand, frei von der Ablenkung und Programmierung, die unsere moderne Welt so oft charakterisiert.

Mesmers Beitrag war es, diese alten Techniken zu systematisieren und in einen neuen Kontext zu stellen, der für die Menschen seiner Zeit – und erstaunlicherweise auch heute noch – zugänglich und verständlich ist. Er verstand es, die Brücke zu schlagen zwischen der antiken Weisheit und den Bedürfnissen einer sich rasant entwickelnden Gesellschaft, die in Gefahr stand, ihre tiefste Verbindung zur Natur und zum Kosmos zu verlieren. Mesmer enthüllte, dass diese Techniken nicht nur die individuelle Gesundheit und das Wohlbefinden fördern, sondern auch unser Verständnis von Freiheit und Macht grundlegend verändern können.

Diese Techniken lehren uns, dass die Welt jenseits der Ablenkungen und der Programmierung, denen wir täglich ausgesetzt sind, eine reichere, tiefere Realität birgt. Eine Realität, in der unsere Gedanken, Emotionen und energetischen Zustände nicht nur unser persönliches Leben beeinflussen, sondern auch das kollektive Bewusstsein formen. Der Mesmerismus öffnet uns die Augen für die Tatsache, dass wir als Individuen und als Kollektiv weit mächtiger sind, als wir uns oft vorstellen. Durch die bewusste Anwendung mesmeristischer Techniken können wir nicht nur unsere eigenen energetischen Blockaden lösen, sondern auch positiv auf das energetische Feld um uns herum einwirken.

Diese Erkenntnis bringt eine enorme Verantwortung mit sich, aber auch eine unglaubliche Chance. Indem wir lernen, unsere innere Energie bewusst zu harmonisieren und zu lenken, können wir beginnen, die Welt um uns herum auf positive Weise zu beeinflussen.

Wir entdecken, dass Freiheit nicht nur die Befreiung von äußeren Zwängen ist, sondern auch die aktive Gestaltung unserer Realität durch die bewusste Wahl unserer Gedanken, Emotionen und energetischen Ausrichtungen.

Die antiken Techniken, die Mesmer wieder in Erinnerung gerufen hat, erinnern uns daran, dass wir Zugang zu einer Weisheit haben, die älter ist als die Zeit selbst. Diese Weisheit lehrt uns, jenseits der Oberflächlichkeit und der Ablenkungen des modernen Lebens zu schauen und die tiefe Verbindung zu erkennen, die zwischen uns allen besteht. Sie zeigt uns, dass wir, indem wir uns dieser Verbindung bewusst werden und lernen, sie zu nähren und zu stärken, nicht nur unser eigenes Leben bereichern, sondern auch einen Beitrag zum Wohl des gesamten Planeten leisten können.

»Der Weg des freien Menschen« ist somit mehr als eine Reise zu persönlicher Freiheit; es ist eine Einladung, Teil eines größeren Wandels zu sein. Ein Wandels, der durch die Erkenntnis unserer wahren Macht als Individuen und als Kollektiv getragen wird. Dieser Weg fordert uns heraus, die alten Techniken und Weisheiten zu erkunden, sie in unser Leben zu integrieren und so zu lebenden Beispielen der Freiheit und der Macht zu werden, die uns durch unsere tiefste Verbindung zum Universum verliehen wird. Lassen wir uns auf diese Reise ein, erkennen wir, dass die größte Freiheit in der Erkenntnis liegt, dass wir die Schöpfer unserer eigenen Realität sind und dass unsere wahre Macht in der Fähigkeit liegt, diese Realität im Einklang mit den tiefsten Wahrheiten des Lebens zu gestalten.

3. Historischer Kontext des Mesmerismus

Der Mesmerismus, ein Begriff, der gleichermaßen von Faszination und Missverständnis umgeben ist, fand seinen Ursprung in den tiefen Denkströmungen des späten 18. Jahrhunderts. Eine Zeit des Umbruchs und der Erneuerung, in der die Grenzen zwischen Wissenschaft, Philosophie und der mystischen Suche nach dem Unbekannten fließend waren. In diesem kulturellen und intellektuellen Klima trat Franz Anton Mesmer, geboren 1734 in Iznang – einem malerischen Dorf, das heute Teil Deutschlands ist –, auf die Bühne der Geschichte. Als Arzt und Heiler widmete sich Mesmer der Erforschung der unsichtbaren Kräfte, die er für grundlegend im Heilungsprozess hielt. Seine Theorien und Praktiken sollten einen tiefgreifenden Einfluss auf die nachfolgenden Generationen haben und die Basis dessen bilden, was wir heute als Mesmerismus kennen.

Mesmer war fasziniert von den natürlichen Phänomenen und den verborgenen Energien, die das menschliche Leben und die Natur durchziehen. Sein tiefer Glaube an eine universelle Lebenskraft, die er als »Fluidum« bezeichnete, führte ihn zu der Überzeugung, dass die Gesundheit des Menschen von der freien Zirkulation dieser Kraft abhängt. Es war diese fundamentale Idee – die Vorstellung, dass Krankheiten durch Blockaden oder Ungleichgewichte in der Verteilung des Fluidums entstehen –, die Mesmer dazu veranlasste, Techniken zu entwickeln, mit denen er glaubte, diese Blockaden lösen und das Gleichgewicht wiederherstellen zu können.

Seine Praxis war revolutionär und stieß sowohl auf Bewunderung als auch auf heftige Kritik. Mesmer führte den Begriff des »tierischen Magnetismus« ein, ein Konzept, das darauf hinwies, dass diese universelle Lebenskraft durch magnetische Ströme beeinflusst und geleitet werden könnte. Mit einer Mischung aus wissenschaftlichem Eifer und einem fast mystischen Glauben an die Möglichkeiten der menschlichen Psyche und des Geistes setzte Mesmer seine Theorien in die Praxis um. Er veranstaltete Sitzungen, in denen er Magnete und später auch die Kraft seiner Hände nutzte, um auf das energetische Feld seiner Patienten einzuwirken, was zu spektakulären und oft umstrittenen Heilerfolgen führte.

Mesmers Leben und Werk waren von der Suche nach Erkenntnis und der Überzeugung getrieben, dass hinter der sichtbaren Welt eine tiefere, durch energetische Ströme verbundene Realität existiert. Sein Vermächtnis, der Mesmerismus, steht als Zeugnis für das Streben des Menschen, die Geheimnisse des Lebens zu entschlüsseln und die Grenzen des Verständnisses zu erweitern. Es ist diese tiefe Verwurzelung in der Suche nach Wissen und Heilung, die den Mesmerismus auch heute noch zu einer faszinierenden und oft missverstandenen Praxis macht, deren Wurzeln tief in die Geschichte der menschlichen Kultur und des Strebens nach Verständnis reichen.

Diese tiefen Wurzeln des Mesmerismus in der Geschichte der menschlichen Suche nach Verständnis und Heilung sind nicht nur ein fester Bestandteil seiner Faszination, sondern auch ein Zeichen seiner Komplexität und seines fortwährenden Einflusses. Franz Anton Mesmers Beitrag zur Welt der Medizin und der alternativen Heilmethoden erstreckt sich weit über die Grenzen seines eigenen Lebens und seiner Zeit hinaus. Sein Erbe ist ein reichhaltiges Mosaik aus Erfolg, Kontroverse und anhaltender Neubewertung.

Die von Mesmer entwickelten Praktiken und die von ihm postulierte Theorie des tierischen Magnetismus brachten ihn in direkten Konflikt mit den medizinischen und wissenschaftlichen Institutionen seiner Zeit. Trotz oder gerade wegen dieser Konflikte blieb Mesmer eine schillernde Figur, deren Ideen und Methoden eine breite Debatte über die Natur der Heilung und die Grenzen der wissenschaftlichen Erkenntnis auslösten. Die Auseinandersetzungen, die Mesmers Arbeit begleiteten, waren bezeichnend für die Spannungen zwischen Tradition und Innovation, zwischen etablierter Wissenschaft und den Grenzbereichen des Verstehens.

Die Anziehungskraft des Mesmerismus lag nicht nur in seinen heilenden Erfolgen, sondern auch in der Art und Weise, wie er das Verständnis der menschlichen Existenz herausforderte. Mesmer glaubte an eine grundlegende Verbundenheit aller Dinge durch das unsichtbare Fluidum, eine Vorstellung, die sowohl mystische als auch wissenschaftliche Interpretationen ermöglichte. Diese Perspektive bot einen alternativen Blick auf die Welt und den Menschen, der sich deutlich von dem mechanistischen Weltbild unterschied, das in vielen Teilen der wissenschaftlichen Gemeinschaft vorherrschte.

Über die Jahre hinweg hat der Mesmerismus zahlreiche Metamorphosen durchlaufen, von einer umstrittenen medizinischen Praxis zu einem Gegenstand kultureller und wissenschaftlicher Neugier. Die Diskussionen um Mesmer und seinen Magnetismus spiegeln größere Debatten über die Grenzen des Verstehbaren, die Macht des Glaubens und die Rolle des Unbewussten im menschlichen Leben wider. In vielerlei Hinsicht war Mesmer seiner Zeit voraus, da er Themen ansprach, die später zentral für die Entwicklung der Psychologie, der Psychotherapie und anderer Disziplinen wurden.

Heute wird Mesmers Einfluss in einer Vielzahl von Bereichen anerkannt, von der Hypnotherapie bis hin zu modernen energetischen Heilpraktiken. Die Wiederbelebung des Interesses an seinem Werk und die fortschreitende Integration seiner Ideen in die zeitgenössische Heilpraxis zeigen, dass der Mesmerismus weit mehr ist als eine historische Fußnote. Er ist ein lebendiges Beispiel für die menschliche Fähigkeit, über den Horizont des Bekannten hinauszuschauen und neue Wege zu beschreiten, um Heilung und Verständnis zu finden.

In der Betrachtung des Mesmerismus und seines Gründers Franz Anton Mesmer eröffnet sich uns somit nicht nur ein Fenster in die Vergangenheit, sondern auch ein Spiegel, der die unermüdliche menschliche Suche nach Wissen, Verbindung und Heilung reflektiert. Mesmers Leben und Arbeit laden uns ein, die vielschichtigen Wege zu erkunden, auf denen Wissenschaft, Philosophie und das Streben nach spiritueller Einsicht zusammenfließen, um uns ein tieferes Verständnis unseres eigenen Seins und unserer Fähigkeiten zu eröffnen.

Die Anfänge

Im Herzen von Franz Anton Mesmers visionärer Theorie lag die tief verwurzelte Überzeugung, dass das gesamte Universum von einem unsichtbaren Fluidum durchdrungen ist – einer subtilen Lebensenergie oder einem Äther, der als essentielle Lebenskraft alle Lebewesen durchströmt. Diese Vorstellung, radikal und doch tief in antiken und hermetischen Traditionen verankert, bildete das Fundament für Mesmers Überlegungen zur Natur der Gesundheit und Krankheit. Er sah Krankheiten nicht als isolierte Phänomene, sondern als Manifestationen von Ungleichgewichten oder Blockaden im freien Fluss dieses universellen Fluidums, eine Perspektive, die die medizinischen Paradigmen seiner Zeit herausforderte.

Mit der Einführung des Konzepts des »tierischen Magnetismus« bot Mesmer eine revolutionäre Antwort auf die Frage, wie diese energetischen Blockaden aufgelöst und das natürliche Gleichgewicht des Fluidums wiederhergestellt werden könne. Seine Methode basierte auf der Annahme, dass bestimmte Objekte oder Personen als Kanäle oder Katalysatoren fungieren könnten, um das energetische Gleichgewicht zu beeinflussen und zu regulieren. Ursprünglich experimentierte Mesmer mit Magneten, die er auf die Körper seiner Patienten legte, in dem Glauben, dass diese die Lebensenergie direkt beeinflussen und somit Heilung bewirken könnten.

Doch Mesmers Praxis entwickelte sich weiter, und bald schon verließ er die Verwendung physischer Magnete zugunsten einer noch direkteren, persönlicheren Methode – dem Einsatz seiner eigenen Hände und seines Willens.

Er glaubte, dass er durch gezielte Handauflegung und die Konzentration seiner eigenen mentalen und energetischen Ressourcen die Ströme des tierischen Magnetismus direkt lenken und modulieren könnte. Diese Handlungen, oft begleitet von rituellen Gesten und einem tiefen Verständnis für die psychodynamischen Prozesse seiner Patienten, führten zu dramatischen Heilerfolgen. Ob diese Erfolge auf die tatsächliche Wiederherstellung des energetischen Gleichgewichts oder auf die psychologische Wirkung seiner Methoden zurückzuführen waren, bleibt bis heute Gegenstand der Diskussion. Was jedoch unbestreitbar ist, ist die tiefgreifende Überzeugung seiner Patienten und Anhänger in die Wirksamkeit seiner Behandlungen.

Mesmers Arbeit mit dem tierischen Magnetismus war mehr als eine medizinische Praxis; sie war ein ganzheitliches System, das Körper, Geist und Seele in Einklang zu bringen suchte. Indem er den Menschen als Teil eines größeren, energetisch verbundenen Kosmos betrachtete, forderte Mesmer die vorherrschenden mechanistischen Ansichten seiner Zeit heraus und legte den Grundstein für eine Sichtweise, die in vielen modernen alternativen Heilmethoden widerhallt. Die Anfänge des Mesmerismus sind somit nicht nur ein Kapitel in der Geschichte der Medizin, sondern auch ein entscheidender Moment in der fortlaufenden Erkundung der tiefen Verbindungen zwischen der natürlichen Welt, der menschlichen Gesundheit und dem unermesslichen Potenzial der menschlichen Intention und des Glaubens.

Die Anfänge des Mesmerismus, geprägt von Franz Anton Mesmers bahnbrechenden Ideen, markieren einen Wendepunkt in unserem Verständnis der immateriellen

Einflüsse auf Gesundheit und Krankheit. Mesmer, dessen Theorien tief in der Annahme verwurzelt waren, dass ein unsichtbares Fluidum das Universum und alle Lebewesen durchdringt, sah sich selbst als Pionier auf dem Gebiet der energetischen Medizin. Diese Lebensenergie oder dieser Äther, der in vielen Kulturen unter verschiedenen Namen bekannt ist – als Prana in der indischen Tradition und als Chi oder Qi in der chinesischen Philosophie –, wurde von Mesmer als Schlüssel zur Harmonisierung von Körper und Geist erkannt.

Seine Überzeugung, dass Krankheiten aus energetischen Disharmonien resultieren, spiegelt die Prinzipien wider, die in der traditionellen chinesischen Medizin seit über 5000 Jahren verankert sind. Dort wird gelehrt, dass das Chi durch Meridiane oder Energiekanäle im Körper fließt und dass Ungleichgewichte in diesem Fluss zu physischen und emotionalen Leiden führen können. Mesmers Konzept des tierischen Magnetismus und seine Praxis, energetische Blockaden zu lösen, können als westliche Interpretation dieser alten Weisheiten betrachtet werden, die das Verständnis für die universelle Verbundenheit und die heilende Kraft der Intention teilen.

Als Mesmer begann, physische Magnete durch die Kraft seiner Hände und seines Geistes zu ersetzen, öffnete er ein neues Kapitel in der Heilkunst. Diese Evolution seiner Methodik war nicht nur ein Zeichen für seine Anpassungsfähigkeit und seinen Wunsch, tiefer in die Mysterien des Lebensenergieflusses einzudringen, sondern auch ein Beweis für sein Verständnis, dass die wahre Quelle der Heilung innerhalb des menschlichen Potenzials liegt. Die rituellen Gesten und die tiefgreifende Konzentration, die

Mesmer in seine Behandlungen einfließen ließ, dienten nicht nur der Lenkung des energetischen Flusses, sondern auch der Schaffung eines Raumes, in dem Heilung auf einer tieferen, transpersonalen Ebene möglich wurde.

Diese tiefgreifende Überzeugung in die Wirksamkeit seiner Behandlungsmethoden und die damit verbundene Anerkennung der Bedeutung psychodynamischer Prozesse legten einen frühen Grundstein für die moderne Psychotherapie und viele Formen der alternativen Medizin. Mesmers Vision eines energetisch verbundenen Kosmos, in dem Körper, Geist und Seele in Harmonie existieren, hat die Grenzen dessen erweitert, was in der Heilkunst für möglich gehalten wird, und inspiriert bis heute Praktiker und Patienten weltweit.

In der Reflexion über die Anfänge des Mesmerismus erkennen wir nicht nur die historische Bedeutung von Mesmers Arbeit, sondern auch ihre zeitlose Relevanz. Sein Streben, die verborgenen Kräfte zu verstehen und zu nutzen, die unser Wohlbefinden beeinflussen, bleibt ein leuchtendes Beispiel für die Suche nach einem tieferen, ganzheitlichen Verständnis der Heilung. Durch das Aufbrechen traditioneller medizinischer Paradigmen und das Öffnen der Türen zu einer Welt, in der Energie und Intention zentrale Rollen spielen, hat Mesmer einen Weg geebnet, der uns auch heute noch dazu einlädt, die wunderbaren Möglichkeiten unserer eigenen Heilkraft zu erkunden und zu nutzen.

Kontroversen und Anerkennung

Mesmers Arbeit war von Anfang an von Kontroversen umgeben. Während einige seine Heilungen als Wunder ansahen, beschuldigten ihn andere der Scharlatanerie. Trotz der Skepsis etablierte Mesmer eine beträchtliche Anhängerschaft, darunter auch einige prominente Persönlichkeiten seiner Zeit. Seine Methoden und Theorien zogen die Aufmerksamkeit der wissenschaftlichen Gemeinschaft auf sich, was schließlich dazu führte, dass eine königliche Kommission eingesetzt wurde, um seine Praktiken zu untersuchen. Die Kommission, der unter anderem der amerikanische Staatsmann und Erfinder Benjamin Franklin angehörte, kam zu dem Schluss, dass es keine wissenschaftliche Grundlage für die Theorie des tierischen Magnetismus gibt. Dies war ein schwerer Schlag für Mesmers Reputation und seine Praxis in Frankreich. Die Kontroversen und die Anerkennung, die Franz Anton Mesmers Arbeit begleiteten, spiegeln die tiefgreifenden Spannungen wider, die seine Theorien und Praktiken innerhalb der medizinischen und wissenschaftlichen Gemeinschaften seiner Zeit auslösten. Mesmers Behauptungen über den tierischen Magnetismus und seine Fähigkeit, durch dessen Manipulation Krankheiten zu heilen, stießen auf ein Spektrum von Reaktionen, das von faszinierter Akzeptanz bis hin zu vehementer Ablehnung reichte.

Die Einsetzung der königlichen Kommission durch die französische Regierung, um Mesmers Praktiken zu untersuchen, war ein Wendepunkt in seiner Karriere. Die Beteiligung von Persönlichkeiten wie Benjamin Franklin verlieh der Untersuchung ein hohes Maß an Glaubwürdigkeit und öffentlichem Interesse.

Die Kommission führte eine Reihe von Experimenten durch, die darauf abzielten, die Existenz des tierischen Magnetismus zu bestätigen oder zu widerlegen. Ihre Methodik und Schlussfolgerungen waren jedoch nicht ohne Kritik. Einige Zeitgenossen und spätere Historiker haben argumentiert, dass die Experimente der Kommission möglicherweise von vorgefassten Meinungen beeinflusst waren und nicht vollständig die Komplexität und Subtilität von Mesmers Praktiken berücksichtigten.

Anerkennung trotz Skepsis

Trotz der negativen Schlussfolgerungen der Kommission konnte Mesmer seine Praktiken fortsetzen und seine Lehren weiter verbreiten. Seine Fähigkeit, eine treue Anhängerschaft aufzubauen, darunter auch hochrangige und einflussreiche Persönlichkeiten, zeugt von der tiefen Wirkung, die seine Arbeit auf viele Menschen hatte. Diese Loyalität und das anhaltende Interesse an seinen Methoden deuten darauf hin, dass Mesmers Ansätze für einige seiner Zeitgenossen echte Heilung und Linderung brachten.

Langfristiger Einfluss und das Erbe Mesmers

Die langfristigen Auswirkungen von Mesmers Arbeit und die anhaltende Faszination für den Mesmerismus verdeutlichen, dass die Ablehnung durch die offizielle

Wissenschaft seiner Zeit nicht das Ende seiner Einflussnahme darstellte. Im Gegenteil, seine Ideen lebten weiter und entwickelten sich in verschiedenen Formen, beeinflussten die Entstehung der Hypnose und spielten eine Rolle in der frühen Psychologie. Die kontroversen Diskussionen um Mesmer und seinen tierischen Magnetismus trugen dazu bei, wichtige Fragen über die Natur des Bewusstseins, die Macht des Glaubens und die möglichen Wege zur Heilung zu eröffnen.

Erneute Bewertung im Licht moderner Erkenntnisse

In neuerer Zeit haben einige Wissenschaftler und Historiker begonnen, Mesmers Arbeit und die Berichte über seine Heilerfolge neu zu bewerten. Mit dem wachsenden Interesse an alternativen Medizinformen und einem tieferen Verständnis der Placeboeffekte und der psychosomatischen Medizin erscheinen Mesmers Theorien und Methoden in einem anderen Licht. Diese erneute Bewertung legt nahe, dass, obwohl die wissenschaftliche Grundlage für den tierischen Magnetismus, wie Mesmer ihn verstand, fraglich bleibt, die grundlegende Einsicht in die Bedeutung der mentalen und emotionalen Zustände für die körperliche Gesundheit wertvolle Erkenntnisse bietet.

Die Geschichte von Franz Anton Mesmers Arbeit ist somit nicht nur die Geschichte eines Mannes und seiner umstrittenen Theorien, sondern auch ein Fenster in die komplexen Beziehungen zwischen Wissenschaft, Glaube und Heilung. Sie erinnert uns daran, dass der Weg des Verständnisses und der Akzeptanz neuer Ideen oft von Debatten und Herausforderungen begleitet ist, die letztendlich zum Fortschritt des Wissens und zur Erweiterung unserer Sicht auf die Welt beitragen.

Vermächtnis und Einfluss

Trotz der wissenschaftlichen Zurückweisung überlebte der Mesmerismus Mesmer selbst und wurde im 19. Jahrhundert, besonders in England und Amerika, populär. Er beeinflusste eine Reihe von Praktiken und Theorien, darunter die Entwicklung der Hypnose durch James Braid, der den Begriff »Hypnotismus« prägte, um sich von den mesmeristischen Wurzeln zu distanzieren, und die spiritistischen Bewegungen des 19. Jahrhunderts. Der Mesmerismus trug auch zur Erkundung des Unbewussten und zur Entwicklung der Psychoanalyse bei.

Im Laufe der Zeit hat sich der Mesmerismus von seinen ursprünglichen Methoden und Theorien entfernt, behält jedoch seine Faszination als ein Fenster in die Komplexität der menschlichen Psyche und die Möglichkeiten der Heilung durch Energie und Intention. Die moderne Wissenschaft hat viele von Mesmers Ideen widerlegt, doch das Interesse an den zugrunde liegenden Prinzipien – der Beeinflussung des physischen und psychischen Wohlbefindens durch nicht-physische Mittel – bleibt bestehen.

Heutige Relevanz

Heute wird der Mesmerismus in einer zeitgemäßen Form praktiziert, die sich von Mesmers ursprünglichen Techniken unterscheidet, aber seine zentrale These – die Möglichkeit der Heilung und Transformation durch die Manipulation energetischer Felder – ehrt. Moderne Praktiker integrieren neurologische und psychologische Erkenntnisse in ihre Arbeit, wodurch der Mesmerismus als eine Form energetischer Heilung weiterhin relevant bleibt. Diesen Teil sehen wir uns genauer an. Vorher aber noch einige Elemente der persönlichen Effekte des Mesmerismus.

4. Die Formel des Lebens

Diese Perspektive auf den Mesmerismus offenbart eine tiefe Einsicht in das Wesen unserer Existenz und die Funktionsweise des Universums. Im Zentrum dieser Lehre steht nicht die Bindung an Dogmen oder die blinde Folgschaft unter festgelegten Glaubenssätzen, sondern die Anerkennung und Anwendung universeller Prinzipien, die das Fundament des Lebens bilden. Es geht darum, eine fundamentale »Formel« zu verstehen – eine, die die essenziellen Mechanismen und Energien, die durch alles Lebendige fließen, entschlüsselt und erklärt.

Diese Formel des Mesmerismus zu erfassen bedeutet, die subtilen Gesetze zu erkennen, die hinter den Erscheinungen der physischen Welt liegen. Es ist eine Einladung, tiefer in das Verständnis einzutauchen, dass alles im Universum miteinander verbunden ist durch ein Netzwerk energetischer Ströme – eine Sichtweise, die Parallelen in der Quantenphysik und in vielen spirituellen Traditionen findet. Durch das Verstehen dieser Verbindungen wird deutlich, dass jede Handlung, jeder Gedanke und jede Intention Wellen schlägt, die weit über den unmittelbaren Kontext hinausreichen.

Der Mesmerismus lehrt, dass, sobald man diese universelle Formel versteht – das heißt, einmal die Art und Weise, wie das Leben funktioniert, erfasst hat –, sich einem die Tür zu unbegrenzten Möglichkeiten öffnet. Es ist, als hätte man einen Schlüssel erhalten, mit dem sich jede Tür öffnen lässt. Diese Metapher verdeutlicht, dass es nicht um die Anhäufung spezifischer Techniken oder um die Lösung isolierter Probleme geht. Vielmehr geht es darum, die zugrunde liegenden Prinzipien zu verstehen, die diese Techniken wirksam machen und die Probleme überhaupt erst entstehen lassen.

In der Praxis bedeutet dies, dass der Mesmerismus nicht als eine Sammlung von Heilritualen oder magischen Handlungen missverstanden werden sollte. Stattdessen ist er eine philosophische und praktische Annäherung an das Leben selbst, die es ermöglicht, Herausforderungen auf einer grundlegenden Ebene zu begegnen und zu lösen. Durch das Verstehen und Anwenden der »Formel« des Mesmerismus kann man lernen, im Einklang mit den natürlichen Flüssen des Lebens zu agieren, Disharmonien zu erkennen und zu korrigieren, und somit Heilung, Gleichgewicht und Verständnis in allen Bereichen des Lebens zu fördern.

Diese Herangehensweise eröffnet eine neue Dimension der Freiheit und Macht – die Freiheit, nicht von äußeren Umständen beherrscht zu werden, und die Macht, das eigene Leben und das Leben anderer positiv zu beeinflussen. Der Mesmerismus, in diesem Licht betrachtet, ist weit mehr als eine Heilkunst; er ist eine Lebenskunst, die lehrt, wie man mit Weisheit und Harmonie durch das Leben navigiert.

Diese tiefgreifende und universelle Wahrheit, die der Mesmerismus offenbart, bietet einen Schlüssel nicht nur zur Lösung individueller Probleme, sondern auch zur Förderung eines tieferen Verständnisses und einer größeren Harmonie innerhalb der gesamten menschlichen Gemeinschaft und darüber hinaus.

Die universelle Formel des Lebens

Die Vorstellung, dass der Mesmerismus eine universelle Formel bereithält, mit deren Hilfe die Funktionsweise des Lebens entschlüsselt werden kann, verweist auf eine tiefe Einsicht in die strukturelle Beschaffenheit des Kosmos. Diese Perspektive basiert auf der Annahme, dass das Universum nicht ein chaotisches oder zufälliges Gefüge ist, sondern vielmehr von einer tiefen, durchdringenden Ordnung und Logik geprägt, die sich in den natürlichen Gesetzen und energetischen Mustern manifestiert. Diese universellen Prinzipien zu verstehen und anzuwenden, bedeutet, Zugang zu einem tiefgreifenden Wissen über die Essenz des Seins zu erlangen und dadurch in der Lage zu sein, jegliche Form von Disharmonie oder Herausforderung anzugehen und zu überwinden.

Universelle Prinzipien als Schlüssel zur Lösung

Die Idee, dass spezifische Herausforderungen oder Probleme durch die Anwendung universeller Prinzipien angegangen werden können, suggeriert, dass es unabhängig von der individuellen Situation stets eine zugrunde liegende Harmonie gibt, die genutzt werden kann, um positive Veränderungen herbeizuführen. Dies bedeutet, dass die Lösung für ein Problem nicht notwendigerweise in der direkten Bekämpfung der Symptome liegt, sondern vielmehr im Verständnis und in der Anpassung der energetischen Strukturen und Ströme, die das Problem hervorrufen. Es ist eine Einladung, tiefer zu schauen – über die Oberfläche der materiellen Welt hinaus – und die verborgenen energetischen Dynamiken zu erkennen, die als Schlüssel zur Transformation dienen können.

Einsicht in die dynamischen Wechselwirkungen

Die tiefgreifende Einsicht in die dynamischen Wechselwirkungen und energetischen Ströme, die der Mesmerismus bietet, eröffnet eine neue Perspektive auf das Leben und seine vielfältigen Erscheinungsformen. Diese Sichtweise erkennt an, dass alles im Universum miteinander verbunden ist und dass jede Handlung, jeder Gedanke und jede Emotion Teil eines größeren energetischen Netzes ist. Die Fähigkeit, diese Verbindungen zu verstehen und bewusst zu beeinflussen, bietet eine mächtige Grundlage, um nicht nur individuelle, sondern auch kollektive Herausforderungen anzugehen. Es geht darum, die Flüsse des Lebens so zu navigieren, dass Harmonie und Gleichgewicht nicht nur angestrebt, sondern tatsächlich erreicht werden.

Der Mesmerismus als Wegweiser

In diesem Sinne fungiert der Mesmerismus als ein Wegweiser, der zeigt, wie durch die bewusste Anwendung dieser universellen Prinzipien ein tieferes Verständnis und eine effektive Gestaltung des eigenen Lebens und der Umwelt möglich wird. Diese Erkenntnis betont, dass wir, indem wir lernen, mit den energetischen Strömen zu arbeiten, anstatt gegen sie, die Macht haben, unser Schicksal zu formen und einen Zustand des Wohlbefindens und der Zufriedenheit für uns selbst und für die Welt um uns herum zu fördern.

Der Mesmerismus offenbart somit nicht nur eine Methode zur Heilung oder zur Überwindung individueller Probleme; er bietet vielmehr einen umfassenden Ansatz für das Leben selbst. Er lehrt uns, dass hinter der Vielfalt der Erscheinungen und Herausforderungen eine universelle Ordnung existiert, die verstanden und genutzt werden kann, um ein erfülltes und harmonisches Leben zu führen. Diese Einsicht in die grundlegenden Mechanismen des Universums ist ein Geschenk des Mesmerismus, das uns ermutigt, über unsere begrenzten Perspektiven hinauszuschauen und die tieferen Wahrheiten zu erkennen, die unser Dasein formen und leiten.

Anwendung der Formel

Die Kunst des Mesmerismus zu meistern, bedeutet, sich tief mit den Strömungen des Lebens selbst zu verbinden und zu verstehen, wie diese Ströme geleitet, beeinflusst und für das Wohl des Einzelnen sowie der Gemeinschaft harmonisiert werden können. Diese Praxis erfordert mehr als nur theoretisches Wissen; sie verlangt eine intuitive Sensibilität für die feinen Schwingungen und Energien, die alles durchdringen, von der kleinsten Zelle unseres Körpers bis zu den weitreichenden Feldern des kollektiven Bewusstseins.

Feine Wahrnehmung subtiler Energien

Die Fähigkeit, die subtilen Energien, die das Leben durchziehen, wahrzunehmen, steht im Zentrum des Mesmerismus. Diese Energien, oft unsichtbar und doch allgegenwärtig, formen die Grundlage unserer Existenz und beeinflussen unser Wohlbefinden auf tiefgreifende Weise. Die Entwicklung einer feinen Wahrnehmung für diese Energien ermöglicht es, Disharmonien zu erkennen, bevor sie sich als physische oder emotionale Störungen manifestieren. Es ist, als würde man lernen, die Sprache der Natur selbst zu verstehen und auf ihre feinsten Flüstertöne zu reagieren.

Bewusste Lenkung und Harmonisierung

Die bewusste Lenkung und Harmonisierung dieser Energien ist eine weitere Säule des Mesmerismus. Es geht nicht nur darum, die Präsenz dieser Kräfte zu erkennen, sondern auch darum, sie bewusst zu gestalten und zu steuern. Durch die Verfeinerung der eigenen Intention und die Fokussierung des Willens kann man diese Energien so lenken, dass sie heilende, ausgleichende und transformative Wirkungen entfalten. Diese Praxis erfordert Disziplin, Übung und eine tiefe Verbindung mit dem eigenen inneren Wesen sowie ein Verständnis für die Wechselwirkungen zwischen dem Selbst und dem Kosmos.

Die Rolle der Intention

Die Schärfung und Fokussierung der eigenen Intention spielen eine entscheidende Rolle im Mesmerismus. Die Intention wirkt als Katalysator für Veränderung, als Brücke zwischen Gedanken und Realität. Eine klare, kraftvolle Intention kann Energien auf eine Weise lenken, die physische, emotionale und spirituelle Heilung fördert. Diese Fähigkeit, die eigene Intention zu nutzen, um bewusste Veränderungen herbeizuführen, erfordert ein tiefes Verständnis für die eigenen Gedankenmuster, Überzeugungen und die dahinterliegende energetischen Dynamiken. Es ist die Kunst, den Geist so zu schulen, dass er mit Präzision und Klarheit wirkt, um das Gewünschte in die Wirklichkeit zu rufen.

Anwendung in allen Lebensaspekten

Die Anwendung dieser universellen Formel des Mesmerismus beschränkt sich nicht auf den Bereich der Heilung im traditionellen Sinn. Vielmehr erstreckt sie sich auf alle Aspekte des Lebens. Im persönlichen Bereich kann dies bedeuten, Gesundheit und Vitalität zu fördern, emotionale Wunden zu heilen oder tiefere Einsichten in die eigenen Verhaltensmuster und Lebensziele zu gewinnen. In Beziehungen ermöglicht es, empathischer zu kommunizieren, Konflikte zu lösen und tiefere Verbindungen zu knüpfen. Auf gesellschaftlicher und ökologischer Ebene bietet der Mesmerismus Wege, um zur Harmonisierung zwischen Menschen und mit der Natur beizutragen, indem er lehrt, wie kollektive Energiefelder positiv beeinflusst werden können.

Die Praxis des Mesmerismus in diesem umfassenden Sinne eröffnet ein Panorama an Möglichkeiten, das eigene Leben und das der Mitmenschen zu bereichern. Indem man lernt, die universelle Formel, die das Leben selbst antreibt, zu verstehen und anzuwenden, erlangt man nicht nur die Fähigkeit, Herausforderungen zu meistern, sondern auch das Potenzial, das Leben in seiner ganzen Fülle zu erfahren und zu gestalten.

Über die Heilung hinaus

Die Betrachtung des Mesmerismus als ein Weg, die universelle Formel des Lebens zu verstehen und zu nutzen, eröffnet eine revolutionäre Perspektive auf die Natur der Heilung und des menschlichen Potenzials. Diese Perspektive unterstreicht eine wesentliche Wahrheit: Wahre Heilung entspringt nicht der Intervention eines externen Heilers, sondern entfaltet sich von innen heraus, durch das eigene tiefe Verständnis und die Anwendung der Lebensprinzipien. Der Mesmerismus, weit mehr als eine Heiltechnik, wird zur Lebensphilosophie, die lehrt, wie man durch die bewusste Harmonisierung mit den energetischen Strömen des Universums Gesundheit, Gleichgewicht und Wohlbefinden erreicht.

Heilung von Innen

Im Herzen des Mesmerismus liegt eine tiefgreifende Wahrheit über die menschliche Natur und unsere Fähigkeit zur Selbstheilung. Diese Philosophie erkennt an, dass in jedem von uns ein tiefes, oft unerschlossenes Potenzial ruht, das, wenn es geweckt wird, uns ermöglicht, Disharmonien in unserem Körper und Geist aus eigener Kraft zu überwinden. Der Schlüssel zur Aktivierung dieser Selbstheilungskräfte liegt in der Harmonisierung mit den subtilen Energien, die das Universum und unser eigenes Wesen durchfließen.

Die Innere Reise zur Heilung

Die Lehre des Mesmerismus lädt uns ein, Heilung nicht als etwas zu betrachten, das von außen kommt oder durch externe Agenten bewirkt wird. Stattdessen wird Heilung als eine tiefgehende innere Reise verstanden, auf der wir lernen, das energetische Gleichgewicht in uns selbst wiederherzustellen. Diese Reise erfordert ein feines Gespür für die eigenen energetischen Zustände und die Fähigkeit, bewusst in diesen Fluss einzugreifen, um Blockaden zu lösen und die natürliche Harmonie wiederherzustellen.

Von Externen Lösungen zur Selbst-Erkundung

Indem der Mesmerismus den Fokus weg von der Suche nach externen Heilmethoden und hin zur Erkundung des eigenen Inneren verlagert, öffnet er den Weg zu einem tieferen Verständnis unserer selbst und der Kräfte, die in uns wirken. Diese Perspektive ermutigt uns, über die physischen Symptome hinauszuschauen und die tieferen energetischen Ursachen unseres Unwohlseins zu erkunden. Es ist eine Einladung, die reichen, oft ungenutzten Ressourcen zu entdecken, die in unserem Inneren liegen – Ressourcen, die die Kraft haben, nicht nur körperliche, sondern auch emotionale und geistige Wunden zu heilen.

Die Rolle der Energetischen Balancierung

Die Harmonisierung mit den subtilen Energien des Lebens ist ein zentraler Aspekt der Selbstheilung im Mesmerismus. Durch verschiedene Praktiken und Techniken, die von der tiefen Trance bis hin zur bewussten Atemarbeit reichen, lernen Mesmeristen, wie sie die energetischen Ströme in ihrem Körper lenken und ausgleichen können. Diese Prozesse tragen dazu bei, das natürliche Gleichgewicht zu fördern und die Selbstregulierungskräfte des Körpers zu aktivieren und zu stärken. Indem wir lernen, in Einklang mit den universellen Energieströmen zu leben, entdecken wir eine mächtige Quelle der Vitalität und Regeneration in uns Menschen selbst.

Die Kraft des Mesmerismus zur Selbstentfaltung

Der Mesmerismus offenbart somit, dass wahre Heilung eine tiefe Verbindung mit dem eigenen Wesenskern erfordert und dass jeder von uns die Fähigkeit besitzt, diese Verbindung zu stärken und zu nutzen. Diese Erkenntnis führt zu einer ermächtigenden Sichtweise auf Gesundheit und Wohlbefinden, die uns lehrt, Verantwortung für unser eigenes Heil zu übernehmen und aktiv an unserer kontinuierlichen Selbstentwicklung und -verfeinerung zu arbeiten. Durch diese innere Arbeit erschließen wir nicht nur das Potenzial zur Selbstheilung, sondern auch zur tiefgreifenden persönlichen Transformation, die unser Leben und das Leben derer um uns herum bereichern kann.

Universelle Anwendung

Die Lehren des Mesmerismus entfalten ihre Kraft weit über die Grenzen traditioneller Heilmethoden hinaus und berühren die Essenz unseres Seins in all seinen Facetten. Diese universellen Prinzipien, die den Mesmerismus prägen, bieten einen tiefgreifenden Zugang zu einer ganzheitlichen Lebensweise, die das Wohlbefinden auf allen Ebenen – körperlich, emotional, geistig und sozial – fördert und dabei hilft, das immense Potenzial, das in jedem Individuum und in der Gemeinschaft verborgen liegt, vollständig zu entfalten.

Im Zentrum des Mesmerismus steht die Idee, dass persönliches Wachstum und die Entwicklung unserer

Fähigkeiten nicht dem Zufall überlassen bleiben, sondern durch die bewusste Anwendung der universellen Lebensprinzipien gezielt gefördert werden können. Diese Prinzipien leiten uns an, unser Bewusstsein zu schärfen und unsere Intuition zu stärken, sodass wir in der Lage sind, die subtilen Signale unseres Körpers und unserer Umgebung wahrzunehmen und zu interpretieren.

Sie ermutigen uns, über konventionelle Denkmuster hinauszugehen und kreative Lösungen für persönliche Herausforderungen zu finden, seien sie physischer, emotionaler oder geistiger Natur. Diese Herangehensweise öffnet den Weg für ein tiefes Verständnis unserer selbst und unserer Rolle im großen Gefüge des Lebens.

Darüber hinaus spielen die Prinzipien des Mesmerismus eine entscheidende Rolle bei der Gestaltung und Pflege von Beziehungen. Indem sie das Bewusstsein für die energetische Verbundenheit zwischen allen Wesen schärfen, bieten sie einen Schlüssel zur Förderung von Verständnis, Mitgefühl und Harmonie in unseren zwischenmenschlichen Beziehungen. Diese Einsicht ermöglicht es uns, Konflikte aus einer Position der Verbundenheit und des gegenseitigen Respekts zu lösen und Beziehungen zu bauen, die auf echter Wertschätzung und gegenseitiger Unterstützung basieren.

Die Anwendung der mesmeristischen Prinzipien reicht jedoch über das Persönliche und Zwischenmenschliche hinaus und erstreckt sich auf die gesellschaftliche und globale Ebene. Indem sie uns lehren, die fundamentale Verbundenheit aller Dinge zu erkennen, fordern sie uns auf, Verantwortung für das größere Ganze zu übernehmen. Dieses erweiterte Bewusstsein ist der Schlüssel zur Lösung vieler sozialer und globaler Probleme, da es uns ermöglicht, über die Grenzen des Eigeninteresses hinauszusehen und gemeinsam an der Schaffung einer gerechteren, friedlicheren und nachhaltigeren Welt zu arbeiten.

Die universellen Prinzipien des Mesmerismus eröffnen somit eine Perspektive, die tiefgreifende Auswirkungen auf alle Aspekte des Lebens hat. Sie bieten nicht nur Wege zur Heilung und persönlichen Entwicklung, sondern auch zur Gestaltung positiver Beziehungen und zur Förderung eines umfassenden gesellschaftlichen Wohlergehens. Indem wir diese Prinzipien in unserem täglichen Leben anwenden, tragen wir zu einer Kultur bei, die auf den Werten der Achtsamkeit, des Mitgefühls und der Verbundenheit basiert – einer Kultur, die die Grundlage für eine tiefgreifende Transformation sowohl des Einzelnen als auch der Welt bildet.

Kreative Lösungen und globale Herausforderungen

Die Erkenntnisse des Mesmerismus eröffnen ein reiches Feld an Möglichkeiten für Individuen und Gemeinschaften, die sich den komplexen Herausforderungen unserer Zeit stellen. Diese tiefgründige Philosophie und Methode bietet einen einzigartigen Zugang zu den verborgenen Mechanismen des Lebens, indem sie ein Verständnis für die feinen dynamischen Wechselwirkungen und energetischen Ströme vermittelt, die das Gewebe unserer Realität durchziehen. Durch das Erlernen, wie diese grundlegenden Kräfte erkannt, verstanden und bewusst genutzt werden können, erschließen sich neue Wege, um nachhaltige und kreative Lösungen für die drängenden Fragen unserer Gesellschaft zu finden. Die Anwendung des Mesmerismus als ein Instrument zur Problemlösung geht weit über traditionelle Ansätze hinaus. Sie ermutigt dazu, über die Oberfläche der Dinge hinauszuschauen und die tieferen Ursachen zu erkennen, die den vielfältigen ökologischen, sozialen und wirtschaftlichen Herausforderungen zugrunde liegen. Diese tiefgreifende Perspektive ermöglicht es, nicht nur Symptome zu lindern, sondern an den Wurzeln der Probleme anzusetzen und dadurch dauerhafte Veränderungen zu bewirken.

Indem Menschen lernen, mit den energetischen Strömen in Einklang zu kommen, öffnen sie sich für innovative Ansätze, die das Potenzial haben, transformative Veränderungen herbeizuführen. Dies kann beispielsweise in der ökologischen Nachhaltigkeit durch die Entwicklung von Technologien und Praktiken geschehen, die die natürlichen Ressourcen schonen und die Lebensenergie der Erde respektieren. In sozialen Kontexten kann durch die Harmonisierung der energetischen Ströme innerhalb von Gemeinschaften ein tieferes Verständnis und eine stärkere Kooperation entstehen, die zu gerechteren und inklusiveren Gesellschaften führen.

Auch im wirtschaftlichen Bereich bietet der Mesmerismus wertvolle Einblicke. Durch das Verständnis der energetischen Prinzipien können Wirtschaftsmodelle entwickelt werden, die auf Nachhaltigkeit, Fairness und dem Wohlergehen aller basieren, anstatt auf kurzfristigem Gewinn und Ausbeutung. Unternehmen und Organisationen, die diese Prinzipien umsetzen, tragen zu einer Wirtschaft bei, die nicht nur ökonomisch erfolgreich ist, sondern auch das ökologische Gleichgewicht und soziale Gerechtigkeit fördert.

Die mesmeristische Perspektive ermutigt dazu, die tieferen Zusammenhänge und Abhängigkeiten innerhalb des Lebensgefüges zu erkennen. Dieses tiefgehende Verständnis für die Ursachen von Problemen ermöglicht es, effektive und langfristig tragfähige Lösungen zu entwickeln, die über konventionelle Ansätze hinausgehen. Indem der Fokus auf die energetischen Grundlagen gelegt wird, eröffnet der Mesmerismus ein Verständnis dafür, wie durch die bewusste Gestaltung dieser energetischen Ströme positive Veränderungen auf allen Ebenen unseres Seins herbeigeführt werden können.

So wird der Mesmerismus zu einem kraftvollen Werkzeug der Transformation, das uns lehrt, die verborgenen Potenziale zu nutzen, die in den energetischen Strukturen des Lebens verborgen sind. Durch diese tiefgreifende Erkenntnis und Anwendung können wir nicht nur individuelle und kollektive Heilungsprozesse initiieren, sondern auch aktiv an der Schaffung einer Welt mitwirken, die auf den Prinzipien der Harmonie, des Respekts und der nachhaltigen Entwicklung basiert.

Der Mesmerismus als Lebenskunst

In seinem Wesen strebt der Mesmerismus danach, mehr als nur eine Heilpraxis zu sein; er präsentiert sich als eine tiefgründige Lebenskunst, eine Art und Weise, wie wir unsere Existenz und unser Miteinander auf der Erde bewusst und im Einklang mit den universellen Ordnungen gestalten können. Diese Philosophie lädt jeden Einzelnen ein, nicht nur passiver Teilnehmer im Strom des Lebens zu sein, sondern aktiver Gestalter seiner eigenen Realität und der gemeinsamen Welt.

Der Mesmerismus fordert uns auf, tief in uns selbst zu blicken, unsere verborgenen Kräfte und Potenziale zu entdecken und zu nutzen. Er lehrt uns, dass in jedem von uns ein unermessliches Reservoir an inneren Ressourcen schlummert, das, einmal erschlossen, uns ermöglicht, unser Leben und das Leben um uns herum nachhaltig zu bereichern und zu verbessern. Durch das bewusste Leben im Einklang mit den natürlichen Gesetzen eröffnet der Mesmerismus einen Weg, auf dem wir lernen, unsere Gedanken, Emotionen und Handlungen so zu lenken, dass sie im besten Sinne wirksam werden.

Diese tiefe Verantwortung für das eigene Leben zu übernehmen bedeutet auch, sich der Auswirkungen bewusst zu sein, die unsere individuellen Entscheidungen und Handlungen auf das kollektive Wohlergehen haben. Der Mesmerismus inspiriert uns, über den eigenen Tellerrand hinauszublicken und zu erkennen, dass wir alle Teil eines größeren Ganzen sind. Jeder Beitrag, egal wie klein er scheinen mag, hat das Potenzial, positive Veränderungen im großen Maßstab zu bewirken.

Die Lehre des Mesmerismus geht davon aus, dass die Anwendung seiner Lebensformel nicht nur individuelle Transformation ermöglicht, sondern auch die Kraft hat, die Gesellschaft und die Welt als Ganzes zu verändern. Es ist die Vorstellung, dass durch das harmonische Ausrichten unserer inneren Zustände mit den universellen Prinzipien des Lebens, wir nicht nur unser eigenes Dasein zum Besseren wenden, sondern auch einen Weg für eine friedlichere, gerechtere und nachhaltigere Welt ebnen können.

In dieser Hinsicht wird der Mesmerismus zu einem aufrüttelnden Ruf, die eigenen Fähigkeiten zur bewussten Gestaltung der Realität zu erkennen und zu nutzen. Er ermutigt jeden von uns, die eigene Lebensführung als Kunstwerk zu begreifen, das stets im Werden ist und dessen Schönheit und Wert durch unsere Bereitschaft zur persönlichen Entwicklung und zum Dienst am Gemeinwohl gesteigert werden kann.

So gesehen, ist der Mesmerismus weit mehr als eine Sammlung von Techniken oder eine historische Kuriosität; er ist eine Lebensweise, die uns lehrt, wie wir durch das tiefe Verständnis und die Anwendung der Gesetze, die das Universum regieren, nicht nur uns selbst heilen und transformieren, sondern auch einen lebensbejahenden Einfluss auf die Welt um uns herum ausüben können.

Fazit

Der Mesmerismus, wenn er als ein universelles Prinzip begriffen wird, das uns die geheimen Formeln des Lebens offenbart, eröffnet eine faszinierende Perspektive auf die menschliche Fähigkeit, die eigene Realität zu gestalten und zu beeinflussen. Diese Lehre vermittelt, dass die Antworten auf die Herausforderungen, mit denen wir konfrontiert sind, nicht in äußeren Lösungen oder in der rigiden Befolgung von Dogmen zu finden sind. Stattdessen liegen sie in der bewussten Anwendung tiefgreifender, universeller Prinzipien, die das Fundament unserer Existenz bilden.

Diese Erkenntnis transformiert den Mesmerismus von einer historischen Kuriosität zu einem mächtigen Werkzeug für persönliche und kollektive Veränderung. Es lehrt uns, dass die wahre Macht zur Veränderung nicht von außen kommt, sondern aus unserem Inneren erwächst, aus unserem Verständnis der verborgenen Strukturen und Ströme, die das Universum und das Leben selbst durchziehen.

Indem wir lernen, diese universellen Prinzipien zu erkennen und mit ihnen zu arbeiten, öffnen wir uns für die Möglichkeit, nicht nur unsere persönlichen Realitäten, sondern auch die Welt um uns herum zu gestalten. Der Mesmerismus wird somit zu einer Lebensphilosophie, die uns befähigt, über Begrenzungen hinauszuschauen und das volle Potenzial unseres Seins zu entfalten. Er lehrt uns, dass, egal welche Hindernisse oder Probleme wir zu bewältigen haben, die Kraft und die Lösung in der harmonischen Ausrichtung mit den tiefen, universellen Gesetzen des Lebens liegen.

Diese Sichtweise betont nicht die passive Akzeptanz des Schicksals, sondern die aktive Gestaltung der eigenen Lebensumstände durch ein tiefes Verständnis und die bewusste Anwendung der Lebensgesetze. Der Mesmerismus ermutigt uns, Verantwortung für unser Leben und unsere Umwelt zu übernehmen, indem wir lernen, wie energetische Ströme gelenkt und für Heilung, Wachstum und Transformation genutzt werden können.

In dieser Hinsicht wird der Mesmerismus zu einem Schlüssel, der die Tür zu einem Leben voller Möglichkeiten öffnet. Er bietet einen Rahmen, innerhalb dessen wir lernen können, die Herausforderungen des Lebens nicht als unüberwindliche Hindernisse, sondern als Gelegenheiten zur Anwendung universeller Prinzipien zu sehen, die uns helfen, über uns selbst hinauszuwachsen und ein tieferes Verständnis für die Verbundenheit aller Dinge zu erlangen.

Durch diese Erkenntnis wird der Mesmerismus zu einer Quelle der Inspiration und der Kraft, die uns zeigt, wie wir durch die Ausrichtung unserer Gedanken, Gefühle und Handlungen mit den universellen Gesetzen des Lebens nicht nur unsere eigenen Lebensbedingungen verbessern, sondern auch einen positiven Beitrag zum Wohl der gesamten Menschheit und des Planeten leisten können.

5. Es ist was es ist – und es wird, was Du daraus machst

Im Zentrum der Philosophie des Mesmerismus liegt die tiefgreifende Erkenntnis, dass in jedem von uns ein natürliches Potenzial zur Selbstheilung verborgen liegt. Diese außergewöhnliche Fähigkeit, die tief in unserem Wesen verankert ist, wird aktiv, sobald wir lernen, uns mit den feinen, uns durchströmenden Energien in Einklang zu bringen. Diese Erkenntnis verlagert die Perspektive der Heilung von einer Abhängigkeit von äußeren Eingriffen hin zu einer intensiven inneren Reise, die darauf abzielt, das energetische Gleichgewicht wiederherzustellen und zu harmonisieren.

Diese innere Reise erfordert von uns, tiefer in unser eigenes Sein einzutauchen, um die Wurzeln von Disharmonien zu erkennen und zu verstehen. Es ist ein Prozess, der uns dazu anleitet, über die Oberfläche hinauszublicken und die unermesslichen Ressourcen zu entdecken, die in unserem Inneren verborgen sind. Dieser Ansatz betont, dass die wahre Heilung von innen kommt und dass wir alle die Fähigkeit besitzen, durch bewusste Arbeit mit unseren energetischen Strukturen Gesundheit, Wohlbefinden und Gleichgewicht in unser Leben zu bringen.

Diese Sichtweise des Mesmerismus unterstreicht ein universelles Prinzip, das sich in dem Satz zusammenfassen lässt: »Es ist was es ist – und es wird, was Du daraus machst.« Diese Aussage erinnert uns daran, dass die

Realität, mit der wir konfrontiert sind, zwar durch bestimmte Umstände geformt sein mag, aber das, was wir aus diesen Umständen machen, vollständig in unserer Hand liegt. Es ist eine Einladung, die Gestaltungsmacht, die wir über unsere eigene Realität haben, anzuerkennen und zu nutzen.

In der Praxis bedeutet dies, dass wir, anstatt uns von externen Faktoren oder aktuellen Lebensumständen dominieren zu lassen, die Verantwortung für unser Wohlergehen übernehmen und aktiv an der Schaffung einer Realität arbeiten, die unsere tiefsten Wünsche und Bestrebungen widerspiegelt. Durch die Anwendung der Prinzipien des Mesmerismus lernen wir, wie wir unsere energetischen Ströme lenken können, um Heilung, Transformation und Wachstum zu fördern. Wir erkennen, dass unser inneres Gleichgewicht und unsere Harmonie nicht von äußeren Bedingungen abhängen, sondern von unserer Fähigkeit, mit unseren inneren Energien in Einklang zu sein und diese bewusst zu gestalten.

Der Mesmerismus bietet somit nicht nur einen Weg zur Selbstheilung, sondern auch eine Philosophie des Lebens, die uns lehrt, dass wir die Architekten unserer eigenen Realität sind. Er ermutigt uns, unsere innere Weisheit und Kraft zu erkunden und zu nutzen, um ein Leben zu erschaffen, das von Gesundheit, Erfüllung und tiefer Verbundenheit mit dem Universum geprägt ist.

Es ist eine Erinnerung daran, dass, egal welche Herausforderungen wir auch gegenüberstehen mögen, die Macht zur Veränderung immer in uns selbst liegt – es wird, was wir daraus machen.

Diese transformative Philosophie des Mesmerismus

öffnet uns die Augen für die tiefgreifende Wahrheit, dass wir nicht Opfer unserer Umstände sind, sondern kraftvolle Schöpfer unserer eigenen Wirklichkeit. Durch das tiefe Verständnis und die Anwendung der energetischen Prinzipien, die das Universum durchweben, werden wir befähigt, bewusst Einfluss auf die Qualität unseres Lebens zu nehmen. Es ist ein Weg, der uns lehrt, die Herausforderungen des Lebens nicht als unüberwindbare Hindernisse zu sehen, sondern als Gelegenheiten für Wachstum, Heilung und Transformation.

Diese Erkenntnis, dass »es wird, was Du daraus machst«, ist nicht nur eine Aufforderung zur Selbstreflexion und inneren Arbeit, sondern auch ein Aufruf zum Handeln. Sie fordert uns auf, aktiv an der Gestaltung unseres Lebens und unserer Welt mitzuwirken, indem wir unsere Gedanken, Worte und Taten bewusst wählen. In diesem Prozess erkennen wir, dass jede Entscheidung, jede Intention und jede Handlung ein Echo im Gewebe des Lebens erzeugt, das weit über unser persönliches Dasein hinausreicht.

Der Mesmerismus, in diesem Licht betrachtet, wird zu einem Wegweiser für ein Leben in voller Absicht und mit tiefer Verantwortung für das eigene Sein und das Wohl der Gemeinschaft. Er ermutigt uns, über unsere individuellen Bedürfnisse hinauszuschauen und zu erkennen, dass wir Teil eines größeren Ganzen sind – eines energetischen Netzwerks, das alle Formen des Lebens miteinander verbindet. Durch die Harmonisierung unserer eigenen energetischen Frequenz mit der des Universums können wir nicht nur unsere persönliche Realität transformieren, sondern auch einen positiven Beitrag zum kollektiven Bewusstsein leisten.

In der Praxis bedeutet dies, dass wir durch die Anwendung der Erkenntnisse des Mesmerismus in der Lage sind, Räume der Heilung, des Friedens und der Kreativität zu schaffen – nicht nur für uns selbst, sondern auch für die Menschen um uns herum. Indem wir unsere inneren Ressourcen mobilisieren und die universellen Prinzipien des Lebens meistern, können wir dazu beitragen, eine Welt zu gestalten, die von tieferem Verständnis, Mitgefühl und nachhaltigem Wohlstand geprägt ist.

Letztendlich lädt uns der Mesmerismus ein, die Macht unserer eigenen Schöpfungskraft zu erkennen und zu nutzen. Er zeigt uns, dass wir, unabhängig von den äußeren Bedingungen, immer die Wahl haben, wie wir auf das Leben reagieren und welche Wirklichkeit wir erschaffen wollen.

Es ist eine Botschaft der Hoffnung und der Ermächtigung, die uns daran erinnert, dass die Zukunft, die wir uns erträumen, durch die Entscheidungen und Handlungen, die wir heute treffen, Wirklichkeit werden kann. Der Mesmerismus bietet uns die Werkzeuge und das Wissen, um diese Vision zu verwirklichen und ein Leben zu führen, das in jeder Hinsicht erfüllt und im Einklang mit den tiefsten Wahrheiten des Universums ist.

Diese tiefgründige Erkenntnis des Mesmerismus – dass wir letztlich die Gestalter unserer eigenen Realität sind – trägt eine zusätzliche Dimension in sich, wenn wir uns der Rolle zuwenden, die wir in den Leben anderer spielen, insbesondere als Mesmeristen oder in jeder anderen Rolle, in der wir anderen dienen. Der Satz »Es ist was es ist – und es wird, was Du daraus machst« lädt uns nicht nur dazu ein, die Kontrolle über unser eigenes Leben zu übernehmen, sondern ermutigt uns auch, eine aktive Rolle in der Unterstützung anderer auf ihrem Weg zur Heilung und Selbstverwirklichung zu spielen.

Als Mesmeristen oder in jeder anderen helfenden Kapazität besitzen wir die einzigartige Möglichkeit, durch unser Wirken positiv auf das Leben unserer Klienten einzuwirken. Dies bedeutet, dass wir durch die Anwendung der Prinzipien des Mesmerismus – durch das Verständnis und die Harmonisierung der subtilen energetischen Ströme – dazu beitragen können, unseren Klienten zu helfen, Blockaden zu überwinden, ihr energetisches Gleichgewicht wiederherzustellen und ihre inhärenten Selbstheilungskräfte zu aktivieren.

Die Macht, dem Nicht-Dienlichen die Macht zu nehmen

Ein wesentlicher Aspekt dieser Arbeit besteht darin, allem, was unseren Klienten nicht dient – seien es limitierende Glaubenssätze, energetische Blockaden oder emotionale Wunden – die Macht zu nehmen. Dies erfordert von uns als Mesmeristen oder Heilpraktikern nicht nur tiefes Mitgefühl und Verständnis für die individuellen Geschichten und Herausforderungen unserer Klienten, sondern auch die Fähigkeit, jene energetischen Muster zu erkennen und umzuwandeln, die ihr Wohlbefinden und ihre Entwicklung hemmen.

Indem wir lernen, die subtilen Energien, die das menschliche Dasein durchdringen, bewusst zu lenken und zu harmonisieren, eröffnen wir Wege zur Heilung und Transformation, die weit über das hinausgehen, was mit traditionellen Methoden allein möglich ist. Dieser Prozess verleiht uns – und den Menschen, denen wir dienen – die Macht, über die Begrenzungen der gegenwärtigen Realität hinauszuschauen und ein Leben zu erschaffen, das von tieferer Gesundheit, Freude und Erfüllung geprägt ist.

Verantwortung und Wirken im Mesmerismus

Diese Rolle erfordert eine tiefe Verantwortung: die Verantwortung, unsere eigene Energie und unser Bewusstsein so zu pflegen und zu schärfen, dass wir als effektive Kanäle für die heilenden Energien des Universums wirken können. Als Mesmeristen sind wir nicht nur Praktizierende einer Heilkunst, sondern auch Hüter und Vermittler eines uralten Wissens über die energetischen Gesetze des Lebens. Unser Wirken basiert auf der Erkenntnis, dass wahre Heilung und Transformation nur möglich sind, wenn wir in Einklang mit diesen Gesetzen handeln und unsere Klienten dazu befähigen, das gleiche zu tun.

So wird der Satz »Es ist was es ist – und es wird, was Du daraus machst« zu einem Leitprinzip, das uns daran erinnert, dass wir in jedem Moment die Wahl haben, wie wir auf die Herausforderungen des Lebens reagieren und wie wir unsere Rolle als Heiler und Begleiter gestalten. Indem wir diese Wahl bewusst treffen, halten wir nicht nur die Macht über unser eigenes Leben, sondern erweitern unseren Einfluss, um anderen auf ihrem Weg zur Heilung und Selbstverwirklichung beizustehen. In diesem Sinne wird unser Wirken als Mesmeristen zu einem tiefgreifenden Dienst am Einzelnen und an der Gemeinschaft, ein Dienst, der durch die Macht der Transformation gekennzeichnet ist – die Macht, Leben zu verändern, indem wir allem, was nicht dient, die Macht nehmen.

Dieser Dienst, der auf den Grundprinzipien des Mesmerismus fußt, bildet die Grundlage für eine Praxis, die weit über die individuelle Heilung hinausgeht und das Potenzial hat, gesellschaftliche und kollektive

Heilungsprozesse anzustoßen. Indem wir als Mesmeristen arbeiten, tragen wir nicht nur zur Heilung derjenigen bei, die direkt zu uns kommen, sondern wirken auch auf das energetische Gefüge unserer Gemeinschaften und letztlich des globalen Bewusstseins ein. Unsere Arbeit hilft, Licht in die tiefsten Schichten des Unbewussten zu bringen, wo Veränderung nicht nur möglich, sondern unausweichlich wird.

Transformation auf kollektiver Ebene

Die transformative Kraft, die wir als Mesmeristen einsetzen, ist besonders in Zeiten des globalen Wandels von entscheidender Bedeutung. In einer Welt, die von raschen Veränderungen und tiefgreifenden Herausforderungen geprägt ist, bietet der Mesmerismus ein Werkzeug, um nicht nur individuelle, sondern auch kollektive Resilienz und Anpassungsfähigkeit zu fördern. Durch die Anwendung der universellen Prinzipien des Mesmerismus können wir dabei helfen, die energetischen Blockaden zu lösen, die kollektiven Fortschritt hemmen, und Wege zu einer harmonischeren Koexistenz mit unserer Umwelt und miteinander aufzeigen.

Die Rolle des Bewusstseins und der Intention

Ein zentrales Element unserer Arbeit ist die bewusste Intention. Als Mesmeristen verstehen wir, dass unsere Gedanken und Absichten kraftvolle energetische

Auswirkungen haben. Durch die gezielte Anwendung unserer Intentionen können wir positive Veränderungen sowohl im Leben unserer Klienten als auch in der weiteren Welt bewirken. Diese bewusste Nutzung der Intention erfordert ein tiefes Verständnis der eigenen inneren Prozesse sowie der Art und Weise, wie unsere energetischen Signaturen mit dem universellen Feld interagieren.

Empowerment und Selbstermächtigung

Ein weiterer wesentlicher Aspekt unserer Praxis ist das Empowerment derjenigen, denen wir dienen. Indem wir ihnen die Prinzipien des Mesmerismus vermitteln und sie in die Praktiken der energetischen Selbstregulation einführen, befähigen wir sie, Verantwortung für ihre eigene Heilung und Entwicklung zu übernehmen. Dieses Empowerment ist ein Akt der Befreiung, der es den Einzelnen ermöglicht, sich von alten Mustern und Beschränkungen zu lösen und ein Leben zu führen, das von Authentizität, Freiheit und tiefer Verbundenheit geprägt ist.

Das größere Bild erkennen

Unser Wirken als Mesmeristen ist somit ein integraler Bestandteil eines größeren Heilungsprozesses, der über das Individuum hinausgeht und die kollektive Ebene berührt. Es ist eine Arbeit, die von dem tiefen Wissen um die Verbundenheit allen Lebens und der Überzeugung getragen wird, dass Veränderung immer möglich ist, wenn wir bereit sind, die notwendigen Schritte zu unternehmen. Indem wir diese universellen Prinzipien leben und lehren, tragen wir zu einem Wandel bei, der nicht nur die Menschen heilt, mit denen wir arbeiten, sondern auch dazu beiträgt, eine Welt zu schaffen, die auf den Werten der Liebe, des Respekts und der gegenseitigen Fürsorge basiert.

So wird die Praxis des Mesmerismus zu einer lebensver-
ändernden Kraft – für uns selbst, für die Menschen, denen
wir dienen, und für die Welt als Ganzes. Durch unser Engagement und unsere Hingabe setzen wir einen Prozess der
Heilung und Transformation in Gang, der die Grenzen des
Vorstellbaren sprengt und uns allen zeigt, was möglich ist,
wenn wir in Einklang mit den tiefsten Wahrheiten des Lebens handeln.

6. Der Atem Reset ein Mittel zu Selbstzentrierung

Schritt 1: Bewusste Atmung

Beginne mit einem bewussten Ausatmen durch den Mund – eine Geste des Loslassens von allem, was Dir nicht mehr dient. Dann atme tief durch die Nase ein, dabei lässt Du Deine Schultern entspannt und achtest darauf, dass Dein Atem bis tief in Dein Zwerchfell reicht. Wiederhole diese tiefen Atemzüge 2-3 Mal, um Deinem Körper und Geist zu signalisieren, dass es Zeit ist, in einen Zustand tiefer Entspannung einzutreten. Anschließend kehre zu Deinem normalen Atemrhythmus zurück und beobachte die Veränderungen in Deinem Körper und Deinem Herzschlag.

Schritt 2: Berührende Verbindung

Lege Deine linke Hand sanft auf Dein Brustbein oder einen Bereich Deines Herzens, der sich für Dich ruhig und entspannt anfühlt. Deine rechte Hand ruht dabei auf Deinem Bauch, so dass der Daumen in etwa auf Höhe Deines Nabels liegt. Diese Geste der Selbstberührung ist ein mächtiges Mittel, um die Verbindung zu Dir selbst zu stärken und die Aufmerksamkeit nach innen zu richten.

Schritt 3: Resonanz und Harmonisierung

Konzentriere Dich nun auf das Empfinden der Resonanz zwischen Deinen drei Gehirnen – dem Kopf, dem

Herzen und dem Darm. Fühle, wie durch die synchronisierte Atmung und Berührung eine tiefere Ruhe und Ausgeglichenheit in Dir entsteht. Diese Praxis hilft, die elektromagnetischen Felder Deines Körpers zu harmonisieren, was zu einem Gefühl der Einheit und des inneren Friedens führt. Halte diesen Zustand für einige Minuten aufrecht und erlaube Dir, in die Stille und Ruhe, die sich ausbreitet, einzutauchen.

Die Wirkung

Durch diese Technik des Atemresets gibst Du Dir die Möglichkeit, von emotionalen Schleifen und Ablenkungen Abstand zu nehmen und Dein geistiges Geplapper zur Ruhe zu bringen. Die Stimulation des Vagusnervs durch die Atmung in Verbindung mit Berührung fördert die Entspannung Deiner drei Gehirne und unterstützt deren Synchronisation. Dies führt zu einem ausgeglichenen Zustand, in dem Du fähig bist, Deine innere Führung wahrzunehmen und aus einem Raum der Klarheit und Gelassenheit heraus zu handeln.

Diese einfache, doch tiefgreifende Praxis kann als tägliches Ritual dienen, um Dich zu zentrieren, zu erden und Dich mit der tiefen Weisheit zu verbinden, die in Dir liegt. Sie erinnert Dich daran, dass Du die Fähigkeit besitzt, Dein inneres Gleichgewicht wiederherzustellen und aus diesem Zustand heraus kraftvoll für Dich selbst und andere zu wirken.

Dieses Buch ist eine Einladung, die Tiefen und Weiten einer faszinierenden Disziplin zu erkunden, die seit Jahrhunderten die menschliche Vorstellungskraft beflügelt. Unsere Entdeckungsreise durch die Welt des Mesmerismus, verbunden mit den verwandten Feldern der Humanenergetik, Hypnose, Kinesiologie, Schamanismus, Psychosomatik und Ideomotorik, verspricht eine transformative Erfahrung zu sein.

Als Leser kommst Du aus unterschiedlichsten Hintergründen, vereint durch das gemeinsame Ziel, die Kunst und Wissenschaft des Mesmerismus zu verstehen. Ob Du ein Neuling auf diesem Gebiet bist oder bereits Erfahrungen in verwandten Disziplinen gesammelt hast, dieses Buch ist so konzipiert, dass jeder Leser ein tiefes und umfassendes Verständnis des Mesmerismus entwickeln kann.

Im Kern dieses Buches liegt der revolutionäre Ansatz, der darauf abzielt, Dir nicht nur die Techniken des Mesmerismus nahezubringen, sondern auch Einsichten in die damit verbundenen Bereiche zu gewähren. Als Autor strebe ich danach, Dir ein tiefgreifendes und gleichzeitig praktisch anwendbares Wissen zu vermitteln. Meine Rolle ist es, sowohl Dein Lehrer als auch Dein Wegbegleiter auf dieser spannenden Entdeckungsreise zu sein.

Die Struktur des Buches ist darauf ausgerichtet, Theorie und Praxis miteinander zu verweben. Indem ich verschiedene Disziplinen zusammenbringe, wo sie Überschneidungen haben, ermögliche ich es Dir, die Synergien zwischen ihnen zu erkennen und zu nutzen.

Der Anwendungsbereich des im Buch vermittelten Wissens ist breit und vielfältig. Du wirst in der Lage sein, die erworbenen Fähigkeiten in zahlreichen Kontexten anzuwenden, sei es in der persönlichen Entwicklung, im therapeutischen Bereich oder in der spirituellen Praxis. Die Vielseitigkeit des Mesmerismus und seiner verwandten Disziplinen eröffnet Dir ein Universum an Möglichkeiten.

Ein besonderer Schwerpunkt liegt auf der Aufklärung der Überschneidungen zwischen den verschiedenen Bereichen. Während wir uns auf die wissenschaftlichen und theoretischen Grundlagen konzentrieren, die diese Praktiken untermauern, ist dieses Wissen entscheidend, um die Techniken nicht nur anzuwenden, sondern auch ihre Wirkungsweisen und Potenziale vollständig zu begreifen.

Als Autor bringe ich nicht nur meine Expertise und

Leidenschaft für den Mesmerismus mit, sondern auch eine tiefe Überzeugung in die Kraft und Relevanz dieser Praktiken. Die in diesem Buch vorgestellten Techniken und meine Forschungsarbeit sind Ausdruck meines unermüdlichen Strebens, die Kunst des Mesmerismus weiterzuentwickeln und zu verfeinern.

Dieses Buch ist mehr als eine bloße Wissensvermittlung – es ist eine Reise, die Dein Verständnis für die feineren Nuancen der menschlichen Erfahrung und Bewusstseinserweiterung vertiefen wird. Ich lade Dich ein, mit Offenheit und Neugier auf diese spannende Entdeckungsreise einzulassen und freue mich darauf, Dich durch diese transformative Erfahrung zu begleiten.

In der Fortführung Deiner Reise durch »Der Mesmerismus der Neuzeit« wirst Du entdecken, dass Mesmerismus weit mehr ist als eine historische Kuriosität oder eine Sammlung von Techniken; es ist eine lebendige Praxis, die in den verschiedensten Disziplinen Wurzeln geschlagen hat und deren Prinzipien universell anwendbar sind. Diese Erkenntnis unterstreicht die Bedeutung des Mesmerismus als eine transformative Kraft, die nicht nur das Potenzial hat, individuelle Heilungsprozesse zu fördern, sondern auch dazu beiträgt, unsere Perspektive auf das Leben und unsere Interaktion mit der Welt zu verändern.

Die Macht über unser eigenes Leben

Das Buch lehrt Dich, die volle Verantwortung für Dein Leben zu übernehmen, indem es Dir zeigt, wie Du die tieferen energetischen Prinzipien, die Dein Sein durchdringen, erkennen und nutzen kannst. Es geht darum, Dich zu ermächtigen, Dein Leben aktiv zu gestalten, indem Du lernst, hinderliche Muster und Blockaden zu überwinden und Dein volles Potenzial zu entfalten. Diese Reise ist auch eine Einladung, Deine innere Stärke und Weisheit zu erkennen und zu nutzen, um nicht nur für Dich selbst, sondern auch für andere, denen Du dienst, eine Quelle der Heilung und Inspiration zu sein.

Wirken durch Entmachtung des Nicht-Dienlichen

Als Mesmerist, oder in jeder Rolle, in der Du anderen dienst, wirst Du lernen, durch Dein Wirken all dem die Macht zu nehmen, was nicht dienlich ist. Dies umfasst nicht nur persönliche Begrenzungen und Herausforderungen, sondern auch die Art und Weise, wie wir als Gesellschaft mit unseren gemeinsamen Problemen umgehen. Durch die Prinzipien des Mesmerismus wirst Du erkennen, wie Du effektiv zu Veränderungen beitragen kannst, indem Du die tiefgreifenden energetischen Verbindungen nutzt, die uns alle vereinen.

Eine Reise zu innerer Führung und Ausgeglichenheit

»Der Mesmerismus der Neuzeit« führt Dich auch zu einer tieferen Verbindung mit Dir selbst und zur Entdeckung innerer Führung und Ausgeglichenheit. Dieser Zustand der Harmonie ermöglicht es Dir, aus einem Ort der Klarheit und Ruhe heraus zu handeln, und stärkt Deine Fähigkeit, positive Veränderungen in Deinem Leben und in der Welt um Dich herum zu bewirken.

Abschluss und Neubeginn

Während Du Dich dem Ende dieser fesselnden Reise näherst, wirst Du feststellen, dass jedes Kapitel nicht nur ein Abschluss ist, sondern auch ein Neubeginn – eine Gelegenheit, das Gelernte in die Praxis umzusetzen und Dein Leben mit neuem Bewusstsein und neuen Fähigkeiten zu bereichern. »Der Mesmerismus der Neuzeit« ist mehr als ein Buch; es ist ein Wegweiser für eine lebenslange Entdeckungsreise zu tieferer Selbstkenntnis, Heilung und Transformation.

Ich lade Dich ein, dieses Buch nicht nur als Lektüre, sondern als einen lebendigen Dialog mit Dir selbst und mit dem Universum zu betrachten. Möge jede Seite Dich inspirieren, Deine eigenen Grenzen zu erweitern und die unendlichen Möglichkeiten zu erkunden, die sich Dir bieten, wenn Du lernst, im Einklang mit den universellen Prinzipien des Mesmerismus zu leben. Herzlich willkommen auf dieser Reise, und möge sie ein Licht sein, das Deinen Weg zu tieferer Erkenntnis und Erfüllung erleuchtet.

7. Selbstermächtigung

Die Reise zur Selbstermächtigung ist eine der bedeutendsten Unternehmungen, die Du in Deinem Leben anstreben kannst. Sie beginnt mit der grundlegenden Anerkennung, dass Du tatsächlich das mächtigste Wesen in Deiner eigenen Realität bist. Diese Erkenntnis ist nicht nur befreiend, sondern auch eine tiefe Verantwortung. Sie lädt Dich ein, die Zügel Deines Lebens fest in die Hand zu nehmen und bewusst die Richtung zu bestimmen, in die Deine Reise gehen soll.

Die Kraft der bewussten Wahl

Jeder Moment Deines Lebens ist geprägt von der Macht der Wahl. Die Entscheidungen, die Du triffst – von den Gedanken, die Du hegst, bis zu den Handlungen, die Du ausführst –, formen aktiv die Welt, die Du um Dich herum erlebst. Die Reise zur Selbstermächtigung lehrt Dich, diese Wahlmöglichkeiten nicht nur zu erkennen, sondern sie auch bewusst zu nutzen, um Dein Leben nach Deinen wahren Wünschen und Zielen zu gestalten.

Die Verantwortung der Selbstermächtigung

Mit der Macht über Deine Realität kommt auch eine tiefe Verantwortung – die Verantwortung, Deine Kraft weise zu nutzen. Dies bedeutet, Deine Handlungen und

Entscheidungen so auszurichten, dass sie nicht nur Deinem höchsten Wohl dienen, sondern auch das Wohl derer berücksichtigen, mit denen Du Dein Leben teilst. Es geht darum, ein Gleichgewicht zwischen persönlichen Bestrebungen und dem Respekt gegenüber dem kollektiven Gefüge zu finden.

Die Verbindung mit Deinem wahren Selbst

Selbstermächtigung bedeutet auch, eine tiefe Verbindung mit Deinem wahren Selbst herzustellen – jenem Teil von Dir, der über Deine Ängste, Zweifel und limitierenden Überzeugungen hinausgeht. Es ist der Teil von Dir, der Deine tiefsten Träume, Wünsche und Potenziale kennt. Indem Du lernst, auf die Stimme Deines wahren Selbst zu hören und ihr zu folgen, öffnest Du Dich für ein Leben voller Sinn, Freude und Erfüllung.

Die Praxis der Selbstermächtigung

Die Praxis der Selbstermächtigung umfasst verschiedene Aspekte Deines Seins – von der mentalen und emotionalen Ebene bis hin zu Deinen physischen Handlungen. Es geht darum, positive Gewohnheiten zu kultivieren, die Dein Wohlbefinden fördern, Deine Resilienz zu stärken und Hindernisse als Gelegenheiten für Wachstum und Entwicklung zu sehen. Es bedeutet auch, Dich selbst in einem Licht zu sehen, das Deine Stärken würdigt und Dir erlaubt, mitfühlend mit Deinen Schwächen umzugehen.

Der Weg nach vorn

Die Reise zur Selbstermächtigung ist ein fortlaufender Prozess, der Mut, Hingabe und die Bereitschaft erfordert, sich den vielen Schichten Deines Seins zu stellen. Es ist ein Weg, der Dich dazu einlädt, über Deine Grenzen hinauszugehen und das außergewöhnliche Potenzial zu entdecken, das in Dir liegt. Erinnere Dich daran, dass Du der Schöpfer Deiner Realität bist und dass in Dir die Kraft liegt, das Leben zu erschaffen, das Du Dir wünschst.

Beginne diese Reise mit einem offenen Herzen und dem Wissen, dass Du nicht allein bist. Die Welt wartet darauf, von Deinem einzigartigen Licht und Deiner Weisheit berührt zu werden. Möge Deine Reise zur Selbstermächtigung ein Weg sein, der Dich nicht nur zu Deinem wahren Selbst führt, sondern auch die Welt um Dich herum zum Besseren verändert.

Die Reise der Selbstermächtigung ist tief verwurzelt in der Erkenntnis, dass ausschließlich wir selbst diejenigen sind, die sich ermächtigen können und dürfen. Niemand außer Dir hat die Macht, Dir Deine wahre Kraft zu verleihen oder sie Dir zu nehmen. Diese Wahrheit mag einfach erscheinen, doch sie birgt eine immense Tiefe und Bedeutung für das menschliche Dasein. Es bedeutet, dass die Schlüssel zum Königreich Deines Lebens und Deines Wohlergehens fest in Deinen Händen liegen.

Autonomie in der Ermächtigung

Diese Autonomie in der Ermächtigung ist ein Zeichen unserer inhärenten Freiheit und Souveränität als menschliche Wesen. Es stellt klar, dass, obwohl Rat und Unterstützung von außen wertvoll und bereichernd sein können, die wahre Veränderung und das Wachstum von einem inneren Entschluss und einer tiefen persönlichen Verpflichtung ausgehen müssen. Diese Erkenntnis lädt Dich dazu ein, in Deine eigene Macht und Stärke zu investieren, anstatt Dein Glück oder Deine Erfüllung in den Händen anderer zu suchen.

Die Verantwortung der Selbstermächtigung

Mit der Erkenntnis, dass nur wir uns selbst ermächtigen können, geht auch eine tiefgreifende Verantwortung einher. Diese Verantwortung umfasst die bewusste Gestaltung unserer Gedanken, Emotionen und Handlungen in einer Weise, die unserem höchsten Wohl und den Werten, die wir schätzen, dient. Es fordert uns auf, aktive Schöpfer unserer Realität zu sein, indem wir Entscheidungen treffen, die unsere wahre Natur widerspiegeln und uns auf unserem Lebensweg voranbringen.

Die Kraft der inneren Wahl

Die Macht der Selbstermächtigung liegt in der Kraft der inneren Wahl. Jeden Tag, in jedem Moment, haben wir die Wahl, wie wir auf das Leben reagieren, welche Einstellung wir wählen und welche Schritte wir unternehmen, um unsere Träume und Ziele zu verwirklichen. Diese ständige Möglichkeit zur Wahl ist ein mächtiges Werkzeug der Transformation, das uns ermöglicht, aus alten Mustern auszubrechen und neue Pfade des Seins zu betreten.

Selbstermächtigung als Akt der Selbstliebe

Sich selbst zu ermächtigen, ist auch ein Akt der tiefsten Selbstliebe. Es bedeutet, sich selbst genug zu wertschätzen, um für das eigene Wohlbefinden, Glück und Erfüllung einzustehen. Diese Form der Selbstliebe fordert uns auf, unsere eigenen Bedürfnisse ernst zu nehmen, unsere Grenzen zu respektieren und uns selbst die Erlaubnis zu geben, zu wachsen und zu gedeihen.

Letztlich ist die Reise zur Selbstermächtigung eine, die nie wirklich endet. Mit jeder Erfahrung, jedem Lernen und jeder Herausforderung, die das Leben uns präsentiert, haben wir die Gelegenheit, uns aufs Neue zu ermächtigen und tiefer in das Verständnis unserer wahren Kraft einzutauchen. Diese fortwährende Reise ist eine der größten Gaben des Lebens, eine Quelle unendlicher Entdeckungen, Freuden und Transformationen.

Indem Du diese Reise mit dem Bewusstsein antrittst, dass ausschließlich Du selbst die Macht hast, Dich zu ermächtigen, öffnest Du Dich für ein Leben voller Potenzial und Möglichkeiten. Du erkennst, dass Du nicht nur der Schöpfer Deiner Realität bist, sondern auch der Hüter Deines Glücks und Deiner Erfüllung. Diese Erkenntnis ist der Beginn eines wahrhaft ermächtigten Lebens, in dem Du frei bist, Dein authentischstes Selbst zu leben und die Welt mit Deiner einzigartigen Präsenz zu bereichern.

Die Reise zur Selbstermächtigung offenbart eine fundamentale Wahrheit über die Natur unserer Grenzen: Die einzigen wirklichen Beschränkungen, denen wir unterliegen, sind jene, die wir uns selbst auferlegen. Diese Erkenntnis ist gleichzeitig befreiend und herausfordernd, denn sie legt offen, dass viele der Hürden, die uns von unseren Träumen und Zielen trennen, in Wahrheit Konstrukte unseres eigenen Geistes sind.

Die Macht der Selbstgesetzten Grenzen

Unsere selbstgesetzten Grenzen entstehen oft aus unseren Glaubenssätzen, Ängsten und den Geschichten, die wir über uns selbst und unsere Fähigkeiten erzählen. Sie sind wie unsichtbare Mauern, die unseren Weg zum Erfolg und zur Erfüllung blockieren können. Doch das Bewusstsein, dass wir es sind, die diese Mauern errichtet haben, birgt auch die Macht, sie wieder einzureißen. Die Reise zur Selbstermächtigung fordert uns auf, unsere limitierenden Überzeugungen zu hinterfragen und durch neue, ermächtigende Perspektiven zu ersetzen.

Die Herausforderung, sich selbst zu überwinden

Das Überwinden unserer selbstauferlegten Grenzen erfordert Mut, Selbstreflexion und eine unerschütterliche Verpflichtung zu persönlichem Wachstum. Es ist ein

Prozess, der uns dazu einlädt, tief in unser Inneres zu blicken, die Wurzeln unserer Begrenzungen zu erkennen und bewusst Schritte zu unternehmen, um über sie hinauszugehen. Dieser Prozess ist oft mit Herausforderungen verbunden, doch er ist auch eine Quelle unermesslicher Belohnung und Selbstentdeckung.

Die Freiheit, das Unmögliche zu wagen

Indem wir erkennen, dass unsere Grenzen selbstgesetzt sind, öffnen wir uns für die Möglichkeit, das scheinbar Unmögliche zu erreichen. Wir erlauben uns, groß zu träumen und mutige Schritte zu unternehmen, um diese Träume zu verwirklichen. Diese Freiheit, das Unmögliche zu wagen, ist ein Kernaspekt der Selbstermächtigung. Sie motiviert uns, unser volles Potenzial auszuschöpfen und ein Leben zu führen, das wahrhaftig unserem innersten Wesen entspricht.

Die Verantwortung der unbegrenzten Möglichkeit

Mit der Erkenntnis, dass unsere Limitierungen selbstauferlegt sind, kommt auch eine tiefgreifende Verantwortung. Es ist die Verantwortung, bewusst zu wählen, wie wir unser Leben gestalten, und die Verantwortung, unsere Macht weise zu nutzen. Diese Verantwortung ermutigt uns, nicht nur für uns selbst, sondern auch für das Wohl unserer Gemeinschaften und der Welt insgesamt zu handeln.

Ein Leben ohne Grenzen

Die Reise zur Selbstermächtigung ist eine Einladung, ein Leben ohne Grenzen zu leben – ein Leben, in dem wir die Architekten unserer Realität sind, frei von den Fesseln selbstauferlegter Beschränkungen. Indem wir lernen, uns von diesen Fesseln zu befreien, eröffnen wir uns ein Universum voller Möglichkeiten. Wir erkennen, dass wir die Fähigkeit haben, jeden Aspekt unseres Seins zu gestalten und zu transformieren, und dass in uns die Kraft liegt, nicht nur unsere eigenen Leben, sondern auch die Welt um uns herum zum Positiven zu verändern. Diese Reise beginnt mit dem ersten Schritt – dem Schritt, zu erkennen und anzuerkennen, dass die einzigen Grenzen, die wirklich zählen, die sind, die wir uns selbst setzen. Von diesem Moment an öffnet sich der Weg zu einer grenzenlosen Zukunft, in der alles möglich ist.

Die Erkenntnis, dass nichts und niemand auf uns Einfluss nehmen kann, dem wir nicht selbst die Erlaubnis dazu erteilen, ist ein mächtiger Eckpfeiler auf dem Weg zur Selbstermächtigung. Diese Wahrheit betont die Kontrolle, die wir über unsere innere Welt und damit indirekt auch über unsere äußeren Umstände haben. Sie lehrt uns, dass wir, unabhängig von den Handlungen anderer oder den Ereignissen um uns herum, stets die Wahl haben, wie wir darauf reagieren und welchen Einfluss wir diesen auf unser Leben gestatten.

Die Souveränität über die eigene Reaktion

Diese Souveränität über unsere Reaktionen und Emotionen ist nicht immer leicht zu erlangen, aber sie ist von unschätzbarem Wert. Sie erfordert ein tiefes Bewusstsein für unsere Gedanken und Gefühle sowie die Fähigkeit, bewusst zu wählen, wie wir auf die Herausforderungen und Möglichkeiten des Lebens reagieren möchten. Indem wir diese Fähigkeit kultivieren, stärken wir unsere innere Festung und sichern uns gegen die Unwägbarkeiten des Lebens ab.

Die Macht der bewussten Erlaubnis

Das Prinzip, dass wir die Macht haben zu wählen, wem oder was wir Einfluss auf uns gewähren, ist eine Einladung, bewusster und achtsamer mit unserer Aufmerksamkeit und Energie umzugehen. Es bedeutet, aktiv zu entscheiden, welche Personen, Situationen und Energien wir in unser Leben einladen und nähren wollen und welche wir loslassen oder meiden sollten. Diese bewusste Auswahl hilft uns, ein Umfeld zu schaffen, das unsere Werte widerspiegelt und unsere Entwicklung fördert.

Die Verantwortung in der Ermächtigung

Mit der Erkenntnis dieser Macht kommt auch eine große Verantwortung. Es ist die Verantwortung, für die eigene psychische und emotionale Gesundheit Sorge zu tragen, indem man Grenzen setzt und sich selbst schützt. Diese Verantwortung umfasst auch die Pflicht, sich nicht von negativen Einflüssen oder toxischen Beziehungen unterkriegen zu lassen, sondern stattdessen Wege zu finden, die eigene Resilienz und Positivität zu stärken.

Ein Leben im Einklang mit dem eigenen Wesen

Indem wir anerkennen, dass wir die letzte Instanz sind, die darüber entscheidet, was und wer Einfluss auf uns hat, eröffnen wir uns die Möglichkeit, ein Leben im Einklang mit unserem wahren Wesen zu führen. Dieser Weg ermöglicht es uns, authentischer zu leben, unsere Träume mutiger zu verfolgen und Beziehungen zu pflegen, die auf gegenseitigem Respekt und Verständnis basieren.

Die Reise zur Selbstermächtigung, die mit der Erkenntnis beginnt, dass wir selbst die Hüter unseres Einflusses sind, ist ein Weg voller Herausforderungen, Entdeckungen und letztendlich tiefer Erfüllung. Sie lehrt uns, dass wir, indem wir bewusst wählen, wem und was wir erlauben, uns zu beeinflussen, nicht nur unser eigenes Leben zum Besseren verändern, sondern auch eine Inspirationsquelle für andere sein können. Auf diesem Weg erkennen wir, dass wahre Stärke nicht darin liegt, äußeren Einflüssen zu widerstehen, sondern in der Fähigkeit, sich bewusst dafür zu entscheiden, wer wir sein wollen und wie wir unser Leben gestalten möchten.

Die Reise der Selbstermächtigung führt uns zu einer tief-greifenden Erkenntnis über die Kraft und Bedeutung unserer inneren Welt, insbesondere der Gefühle. Gefühle sind nicht nur Wegweiser zu unserem innersten Selbst, sondern auch das zentrale Werkzeug des Mesmeristen. Diese Verbindung von Selbstermächtigung und dem tiefen Fühlen offenbart die Essenz des Mesmerismus und seine transformative Kraft.

Die Brücke zwischen Selbstermächtigung und Fühlen

In dem Maße, wie wir lernen, uns selbst zu ermächtigen und bewusst über unsere Gedanken, Emotionen und Reaktionen zu bestimmen, öffnen wir uns für die subtilen

Schichten unseres Fühlens. Dieses Bewusstsein für unsere emotionalen Zustände ist entscheidend für den Mesmeristen, denn es ist durch das Fühlen, dass wir die feinsten energetischen Ströme wahrnehmen und lenken können. Gefühle werden somit zum Schlüssel, um nicht nur unser eigenes energetisches Gleichgewicht zu navigieren, sondern auch um in Resonanz mit anderen zu treten.

Fühlen als zentrales Werkzeug des Mesmeristen

Für den Mesmeristen ist das Fühlen weit mehr als eine passive Erfahrung; es ist eine aktive Praxis, die es ermöglicht, Verbindungen auf einer tiefen, energetischen Ebene zu knüpfen. Durch die Verfeinerung der Fähigkeit zu fühlen, wird der Mesmerist in die Lage versetzt, die subtilen energetischen Felder um uns herum wahrzunehmen und zu beeinflussen. Dieses tiefgreifende Fühlen ermöglicht es, Disharmonien zu erkennen, bevor sie sich manifestieren, und Harmonie und Heilung auf eine Weise zu fördern, die über das rein Physische hinausgeht.

Die transformative Kraft des Fühlens

Das bewusste Fühlen öffnet die Tür zu einer Welt, in der Energie und Intention die Grundlagen der Realität formen. Für den Mesmeristen wird das Fühlen zur Sprache, mit der er mit dem unsichtbaren Web des Lebens kommuniziert. Diese Kommunikation ist nicht auf Worte beschränkt; sie erfolgt auf der Ebene des energetischen Austauschs, wo wahre Veränderung und Heilung ihren Ursprung haben.

Von der Selbstermächtigung zum tiefen Fühlen

Die Verbindung von Selbstermächtigung und dem zentralen Werkzeug des Fühlens im Mesmerismus zeigt, dass wahre Macht nicht in der Dominanz über unsere äußere Welt liegt, sondern in der Fähigkeit, in harmonischer Resonanz mit den tieferen Strömungen des Lebens zu stehen.

Indem wir lernen, uns selbst zu ermächtigen und unsere Gefühle bewusst als Werkzeuge zu nutzen, öffnen wir uns für die unermesslichen Möglichkeiten des Mesmerismus – für Heilung, Transformation und ein tieferes Verständnis der Verbundenheit allen Seins.

Diese Überleitung von der Selbstermächtigung zum bewussten Fühlen markiert den Beginn eines tieferen Abenteuers in die Praxis des Mesmerismus, wo das Fühlen nicht nur als Werkzeug, sondern als eine Kunstform verstanden wird, die es uns ermöglicht, die verborgenen Tiefen der menschlichen Erfahrung zu erkunden und zu beeinflussen.

8. Fühlen – das zentrale Werkzeug

Hast Du Dich jemals vertieft mit der Frage beschäftigt, was es in seinem ganzen Umfang bedeutet, zu fühlen? Der Tastsinn, unser Fenster zur Welt und zu uns selbst, ist weit mehr als nur eine simple körperliche Empfindung. Er ist ein komplexes Zusammenspiel, das von der leichten Berührung der Haut bis hin zu tiefgreifenden emotionalen Erlebnissen reicht und eine erstaunliche Vielfalt aufweist.

Lange Zeit wurde die Bedeutung des Tastsinns unterschätzt, doch inzwischen ist uns bewusst, wie unverzichtbar er für unsere Wahrnehmung und unser Wohlbefinden ist. Bereits im Mutterleib beginnt diese fundamentale Erfahrung: Ein Baby fühlt die liebevollen Streicheleinheiten durch die Bauchdecke hindurch. Diese Berührungen sind mehr als nur angenehm; sie sind essentiell, fördern bei Babys das Wachstum und lösen bei Erwachsenen Glückshormone aus. Ohne sie würden wir emotional und physisch verkümmern.

Auch im Tierreich spielt der Tastsinn eine überlebenswichtige Rolle. Betrachte zum Beispiel die Seehunde, deren Tasthaare ihnen das Spüren der Fischbewegungen im Wasser ermöglichen – ein entscheidender Faktor für ihr Überleben.

Doch wie ist dieses feinsinnige Fühlen möglich? Unsere Haut fungiert als ein hochsensibles Netzwerk aus Sinneszellen, besonders konzentriert an den Fingerkuppen, Lippen und der Zunge, wo wir Berührungen unmittelbar wahrnehmen können. In anderen Bereichen unserer Haut sind diese Rezeptoren weniger dicht gesät, was die Intensität der Empfindungen verringert. Faszinierenderweise sind wir sogar in der Lage, die sanfte Berührung des Windes in unseren Haaren zu spüren – ein Verdienst der Sinneszellen an jeder einzelnen Haarwurzel.

Diese Erkenntnisse über den Tastsinn offenbaren, dass Fühlen eine komplexe, multidimensionale Fähigkeit ist, die uns nicht nur mit der physischen Welt verbindet, sondern auch einen tiefen Einblick in unser innerstes Seelenleben gewährt. Es ist dieses umfassende Verständnis von Fühlen, das im Herzen des Mesmerismus steht und ihn zu einem so kraftvollen Werkzeug der Erkenntnis und Transformation macht.

Fühlen als zentrales Werkzeug des Mesmeristen ist weit mehr als nur eine physische Sensation; es umfasst auch die reiche Welt unserer Emotionen und tiefen seelischen Erlebnisse. C.G. Jung betonte, wie eng Gefühle mit unserem Handeln und ethischen Verhalten verbunden sind. Sie ermöglichen es uns, intuitiv und blitzschnell auf andere zu reagieren, oft lange bevor Worte ausgetauscht werden. Dieser Aspekt des Fühlens unterstreicht die Komplexität und Vielschichtigkeit unserer emotionalen Erfahrungen, die manchmal weit über das hinausgehen, was wir visuell wahrnehmen können. Das Gefühl, das ›unter die Haut geht‹ oder uns ›tief berührt‹, ist ein Zeugnis der immensen Kraft des Fühlens, das sowohl die physische als auch die emotionale Ebene unseres Seins durchdringt.

Diese tiefen emotionalen Erfahrungen sind es, die das Fühlen zu einem so zentralen Werkzeug für den Mesmeristen machen. Es ist diese Fähigkeit, nicht nur die Oberfläche der Dinge zu berühren, sondern auch die tieferen Schichten der menschlichen Erfahrung zu erfühlen und zu beeinflussen. Im Mesmerismus wird das Fühlen als eine Brücke verstanden, die uns nicht nur mit unserer eigenen inneren Welt, sondern auch mit der der anderen verbindet. Es ermöglicht eine Art der Kommunikation und des Verständnisses, die weit über das hinausgeht, was mit Worten möglich ist.

Darüber hinaus eröffnet die Erkenntnis, dass unser Fühlen sowohl physische als auch emotionale Dimensionen umfasst, einen umfassenderen Zugang zur Heilung und Transformation. Indem wir lernen, diese beiden Aspekte des Fühlens zu integrieren und zu nutzen, können wir eine tiefere Harmonie in uns selbst und in unseren Beziehungen zu anderen schaffen. Der Mesmerismus lehrt uns, die subtilen Signale unseres Körpers und unserer Seele zu erkennen und zu deuten, um Heilung auf allen Ebenen zu fördern – ein Prozess, der sowohl die Wissenschaft des Tastsinns als auch die Kunst des emotionalen Fühlens umfasst.

In diesem erweiterten Verständnis des Fühlens erkennen wir, dass wir als Mesmeristen über ein mächtiges Instrument verfügen, das es uns ermöglicht, nicht nur die sichtbare, sondern auch die unsichtbare Welt zu navigieren. Durch die Kultivierung unserer Fähigkeit zu fühlen – sowohl physisch als auch emotional – öffnen wir uns für die vielfältigen Dimensionen des Lebens und erweitern unsere Fähigkeit, zu heilen, zu verstehen und zu verbinden.

In der tiefgreifenden Praxis des Mesmerismus wird eine wichtige Unterscheidung zwischen den Begriffen »fühlen« und »spüren« gemacht. Während beide Konzepte eng miteinander verbunden sind und zusammenwirken, um unser Verständnis und unsere Interaktion mit der Welt zu formen, bezeichnen sie doch nuanciert unterschiedliche Erfahrungen.

Fühlen: Die emotionale Dimension

»Fühlen« bezieht sich vorrangig auf die emotionale Ebene unserer Erfahrungen. Es umfasst die breite Palette unserer Gefühle – von Freude, Liebe und Glück bis hin zu Trauer, Angst und Wut. Das Fühlen als emotionale Reaktion bietet uns tiefe Einblicke in unser innerstes Selbst und unsere Werte. Es ist die Sprache des Herzens, die uns lehrt, empathisch mit anderen zu verbinden und unser ethisches Verhalten zu formen. Gefühle leiten uns, indem sie intuitive Einsichten und blitzschnelle Reaktionen auf die Welt um uns herum ermöglichen, oft bevor unser rationaler Verstand eingreifen kann.

Spüren: Die physische und intuitive Wahrnehmung

»Spüren« hingegen umfasst sowohl die physische Empfindung als auch eine tiefere, intuitive Wahrnehmung. Es bezieht sich auf die Fähigkeit, subtile energetische Ströme und Veränderungen in unserer Umgebung oder in anderen Menschen wahrzunehmen. Das Spüren ist wie ein fein abgestimmtes Instrument, das es uns ermöglicht, über die fünf Sinne hinaus zu erfassen, was unter der Oberfläche geschieht. Es ist ein zentrales Werkzeug für den Mesmeristen, das den Weg zu tieferem Verständnis und energetischer Interaktion ebnet.

Die Synergie von Fühlen und Spüren im Mesmerismus

Im Mesmerismus werden das Fühlen und das Spüren als komplementäre Fähigkeiten betrachtet, die zusammenwirken, um eine umfassende Wahrnehmung unserer selbst und der Welt um uns herum zu ermöglichen. Während das Fühlen uns mit unserer eigenen emotionalen Landschaft und der der anderen verbindet, erweitert das Spüren unsere Wahrnehmung in den Bereich des Energetischen und Intuitiven. Diese Kombination ermöglicht es Mesmeristen, auf einer tieferen Ebene zu heilen und zu beeinflussen, indem sie nicht nur auf das reagieren, was gefühlt wird, sondern auch auf das, was gespürt wird – oft jenseits dessen, was unmittelbar sichtbar oder ausgesprochen ist.

Die Entwicklung von Fühlen und Spüren

Die Entwicklung sowohl des Fühlens als auch des Spürens ist essentiell für die Praxis des Mesmerismus. Durch Übungen, die darauf abzielen, unsere Fähigkeit zu fühlen und zu spüren zu schärfen, können wir lernen, die subtilen Signale und Botschaften zu erkennen, die unser Körper, unser Geist und die Welt uns ständig senden. Dies führt zu einer reicheren, nuancierteren und empathischeren Art des Seins, in der wir fähig sind, sowohl die physischen als auch die emotionalen und energetischen Aspekte unserer Existenz vollständig zu integrieren und zu navigieren.

Die Unterscheidung und das Zusammenspiel zwischen Fühlen und Spüren eröffnen somit neue Dimensionen der Wahrnehmung und des Einflusses im Mesmerismus, die es Praktizierenden ermöglichen, mit größerer Tiefe, Sensibilität und Effektivität zu wirken.

In der Tiefe des Fühlens liegt eine subtile, doch wesentliche Unterscheidung zwischen »fühlen« und »spüren«. Während »fühlen« oft mit unseren emotionalen Zuständen und der inneren Erlebniswelt verbunden ist, bezieht sich »spüren« auf eine feinere, intuitive Wahrnehmung, die über das bloße emotionale Empfinden hinausgeht. Diese Unterscheidung erweitert das Spektrum des Mesmerismus und bereichert die Praxis um eine zusätzliche Dimension der Sensitivität und des Verständnisses.

Fühlen: Die emotionale Resonanz

»Fühlen« umfasst die breite Palette unserer Emotionen – von Freude und Liebe bis hin zu Trauer und Angst. Diese Gefühle sind oft direkte Antworten auf unsere Erfahrungen und die Welt um uns herum. Sie sind eng mit unseren Gedanken, Überzeugungen und früheren Erlebnissen verknüpft und färben unsere Sichtweise der Realität. Emotionales Fühlen ist kraftvoll und kann sowohl heilend als auch herausfordernd sein, abhängig davon, wie wir lernen, mit unseren Gefühlen umzugehen und sie zu verarbeiten.

Spüren: Die intuitive Wahrnehmung

»Spüren«, hingegen, bezieht sich auf eine tiefere, oft nicht verbalisierbare Ebene der Wahrnehmung. Es ist das intuitive Erfassen der feinen energetischen Ströme und Schwingungen, die durch und um uns fließen. Spüren kann sich auf das Erfassen von Stimmungen, die Präsenz anderer Wesen oder die subtilen Veränderungen in der eigenen energetischen Verfassung beziehen. Es ist eine Fähigkeit, die über das unmittelbar Sichtbare und Fühlbare hinausgeht und uns Zugang zu einer tieferen Ebene des Verstehens und der Verbindung mit dem Leben selbst bietet.

Die Synergie von Fühlen und Spüren im Mesmerismus

Die Kunst des Mesmerismus nutzt sowohl das Fühlen als auch das Spüren, um eine umfassende Verbindung zur menschlichen Erfahrung zu schaffen. Durch das Fühlen können wir empathisch auf die emotionalen Zustände anderer eingehen und eine tiefe emotionale Resonanz schaffen. Das Spüren erlaubt es uns, über das Offensichtliche hinauszugehen und die subtilen energetischen Muster zu erkennen, die Heilung und Transformation ermöglichen.

Die Fähigkeit, zwischen Fühlen und Spüren zu unterscheiden und beide Aspekte in der Praxis zu integrieren, verleiht dem Mesmeristen ein außergewöhnliches Werkzeug. Es ermöglicht nicht nur eine tiefere Heilung und ein erweitertes Bewusstsein, sondern auch die Fähigkeit, in Harmonie mit den unsichtbaren Kräften zu arbeiten, die unser Leben formen und leiten.

Diese erweiterte Perspektive des Fühlens und Spürens im Mesmerismus öffnet uns für die unendlichen Möglichkeiten der menschlichen Erfahrung. Sie lehrt uns, die Welt nicht nur durch unsere physischen Sinne oder emotionalen

Reaktionen zu erleben, sondern auch durch die feine Kunst des intuitiven Spürens – eine Praxis, die uns erlaubt, die Tiefe und Weite unserer Existenz vollständig zu umarmen und zu erkunden.

Stelle Dir vor, Du schließt Deine Augen und führst Deine Hände sanft durch die Luft, etwa 10 cm über einem Klienten, ohne ihn zu berühren. Es mag sich anhören wie eine Szene aus einem Science-Fiction-Film, doch in der Praxis der Energiearbeit ist dies eine tiefgreifende Realität. Als Therapeut betrete ich eine Welt, die für viele verborgen bleibt, eine Welt, die unsichtbar ist und doch so intensiv wahrgenommen werden kann.

Die Sitzung beginnt oft mit einem Gefühl von Neugierde. In der stillen Atmosphäre des Raumes, mit dem Klienten in entspannter Haltung, breitet sich eine greifbare Stille aus. Während meine Hände ihre Reise über das Energiefeld des Klienten antreten, richte ich meine volle Aufmerksamkeit auf die feinen energetischen Schwingungen, die jeden von uns umgeben.

Manchmal nehme ich eine Wärme wahr, ein andermal eine kühle Ausstrahlung. Diese Temperaturvarianzen im Energiefeld des Klienten sind wie versteckte Signale, die Geschichten von energetischen Blockaden, emotionalen Verklemmungen, Stress oder Entspannung erzählen. Die Veränderungen im Energiefeld, während ich mich von einem Bereich zum nächsten bewege, sind faszinierend.

An einigen Stellen fühlt sich das Feld dicht und beinahe materiell an, als würde ich gegen eine unsichtbare Barriere stoßen. An anderen Stellen ist es leicht und fließend, vergleichbar mit einer sanften Brise. Diese Unterschiede dienen als Wegweiser und helfen mir zu erkennen, wo der

Klient physische oder emotionale Unterstützung benötigt.

Tief in diesen Energiefluss einzutauchen, ist jedes Mal eine außergewöhnliche Erfahrung. Mit jeder dieser Reisen werde ich zum Entdecker unbekannter Territorien. Es gibt stets Neues zu entdecken, stets eine weitere Facette im Energiefeld des Klienten, die bisher unbeachtet blieb.

Diese Arbeit verlangt ein hohes Maß an Intuition und Sensibilität. Es geht nicht allein darum, was ich durch meine Hände wahrnehme, sondern auch um die Deutung dieser Wahrnehmungen. Ich muss achtsam und einfühlsam sein, sowohl in Bezug auf meine eigenen Empfindungen als auch auf die möglichen Erfahrungen des Klienten.

Was ich dabei lerne, betrifft nicht nur den Klienten. Jede Sitzung bietet mir auch Einsichten in das menschliche Sein selbst, in die Komplexität unserer Gefühle und die Tiefe unserer Existenz. Es ist eine stetige Erinnerung daran, dass wir mehr als nur physische Wesen sind; wir sind lebendige, pulsierende Energiewesen.

In meiner Rolle als Therapeut ist es ein Vorrecht, diese Reisen zu begleiten und ein Teil des Heilungsprozesses meiner Klienten zu sein. Diese Arbeit erfüllt mich mit Demut und lehrt mich, das Leben in all seinen Ausdrucksformen zu schätzen.

In dieser feinsinnigen Praxis der Energiearbeit ist es für mich als Therapeuten von entscheidender Bedeutung, jegliche persönlichen Erwartungen beiseite zu lassen und meine eigenen Themen außen vor zu lassen. Diese Haltung der Neutralität und Unvoreingenommenheit ermöglicht es mir, eine reine Verbindung zum Energiefeld des Klienten herzustellen, frei von jeglichen Präjudizien oder Vorannahmen. Die Kunst des Mesmerismus erfordert eine solche klare Trennung, um sicherzustellen, dass die Heilung unbeeinträchtigt von den eigenen emotionalen oder energetischen Mustern erfolgen kann.

Die Herausforderung, eigene Erwartungen zurückzustellen und sich vollkommen auf das Spüren und Interpretieren der energetischen Signale des Klienten zu konzentrieren, ist eine ständige Übung in Achtsamkeit und Selbstreflexion. Diese Fähigkeit, sich selbst als neutralen Kanal zu sehen, durch den die Heilungsenergie fließen kann, ist essenziell. Sie erlaubt es mir, die subtilen Schwingungen und Informationen im Energiefeld des Klienten wahrzunehmen, ohne dass diese durch meine eigenen Themen oder Wünsche gefärbt werden.

Die Bemühung, in jedem Moment der Sitzung eine solche Unvoreingenommenheit zu bewahren, vertieft nicht nur die therapeutische Arbeit, sondern ist auch eine Quelle persönlichen Wachstums. Sie lehrt mich, die Grenzen zwischen mir und dem Klienten zu respektieren und fördert eine Haltung der Demut und des Respekts vor der individuellen Reise jedes Einzelnen.

Durch das konsequente Praktizieren dieser Prinzipien wird jede Sitzung zu einer Gelegenheit, nicht nur dem Klienten zu dienen, sondern auch mein eigenes Verständnis von Mitgefühl, Grenzen und der heilenden Kraft der Präsenz zu vertiefen. Diese Disziplin, die eigenen inneren Prozesse während der energetischen Arbeit außen vor zu lassen, ist ein Schlüssel, der es ermöglicht, die tiefsten Ebenen des Seins zu berühren und wirkungsvoll im Dienste der Heilung zu wirken.

Wir leben in einer Welt, in der alles Schwingung und Frequenz ist. Diese universelle Wahrheit eröffnet uns die faszinierende Möglichkeit, in Resonanz mit allem um uns herum zu gehen – von den scheinbar einfachen Objekten des Alltags bis hin zu den komplexen Systemen lebender Wesen. Diese Fähigkeit, Schwingungen zu fühlen und zu interpretieren, ist nicht nur ein zentrales Werkzeug in der Praxis des Mesmerismus, sondern auch ein Wegweiser zu einem tieferen Verständnis der Welt und unserer Verbindung zu ihr.

Experimentiere mit dem Fühlen

Ein einfacher Test kann diese Fähigkeit veranschaulichen: Nimm einen Apfel in Deine Nähe und versuche, ohne ihn physisch zu berühren, sein Energiefeld zu fühlen. Konzentriere Dich auf die Schwingungen und Frequenzen, die von ihm ausgehen. Vielleicht nimmst Du eine Art von Lebendigkeit oder eine spezifische Qualität seiner Energie wahr. Anschließend vergleiche diese Erfahrung mit dem Fühlen von Medikamenten, die Du eventuell einnehmen sollst. Spüre in die unterschiedlichen Frequenzen und Energiequalitäten hinein, die diese Objekte ausstrahlen.

Die Verbindung aufbauen

Dieselbe Methode kannst Du auch auf Pflanzen, Tiere oder sogar Lebensmittel anwenden, die Du zu Dir nehmen möchtest. Jedes Mal, wenn Du eine bewusste Verbindung zu einem Objekt oder einem Wesen aufbaust, öffnest Du Dich für die Möglichkeit, dessen einzigartige

Schwingungen und die damit verbundenen Informationen zu fühlen. Diese Übung hilft Dir, ein tieferes Bewusstsein für die energetische Beschaffenheit der Dinge in Deiner Umgebung zu entwickeln und Deine Fähigkeit, mit ihnen in Resonanz zu gehen, zu schärfen.

Das Fühlen von Menschen

Das Fühlen von anderen Menschen mag zunächst wie eine Herausforderung erscheinen, ist aber in Wirklichkeit ebenso zugänglich. Jeder Mensch trägt eine einzigartige energetische Signatur, die durch seine Emotionen, Gedanken und physischen Zustände beeinflusst wird. Indem Du Dich auf diese energetischen Ausstrahlungen einstimmst, kannst Du eine tiefe Verbindung zu anderen aufbauen und ein Verständnis für ihr inneres Erleben gewinnen. Diese Fähigkeit, empathisch zu fühlen, ist ein mächtiges Instrument der Kommunikation und Heilung.

Die Praxis im Alltag

Die Praxis, alles zu fühlen, zu dem Du eine Verbindung aufbaust, erweitert Dein Bewusstsein und Deine Empathiefähigkeit. Sie lehrt Dich, die Welt nicht nur durch Deine fünf physischen Sinne, sondern auch durch Dein inneres Fühlen zu erleben. Diese tiefere Ebene des Fühlens öffnet die Tür zu einem reicheren, nuancierteren Verständnis der Realität und fördert eine bewusstere, achtsamere Lebensweise.

Indem Du diese Fähigkeit kultivierst, erschließt Du Dir

eine Welt, in der Du nicht nur Beobachter, sondern auch Teilnehmer am lebendigen Tanz der Schwingungen und Frequenzen bist. Es ist eine Einladung, das Leben in all seinen Facetten tiefer zu erkunden und zu erfahren, wie alles miteinander verbunden ist durch das wunderbare Netzwerk der Energie.

Diese fortgeschrittene Praxis des Fühlens eröffnet nicht nur neue Wege der Interaktion mit der Welt um uns herum, sondern fordert uns auch dazu auf, unsere eigene innere Welt mit größerer Sorgfalt und Bewusstheit zu navigieren. Indem wir lernen, die subtilen Schwingungen und Frequenzen alles Existierenden zu fühlen, werden wir sensibler für die Energieflüsse in unserem eigenen Körper und Geist. Diese Sensibilität kann uns dabei helfen, besser auf unsere eigenen Bedürfnisse und die Signale, die unser Körper uns sendet, zu achten.

Die innere Resonanz verstehen

Das bewusste Fühlen von Schwingungen und Frequenzen lehrt uns auch, die Resonanz zwischen unserem inneren Zustand und der äußeren Welt zu erkennen. Wenn wir beispielsweise bemerken, dass bestimmte Umgebungen oder Begegnungen unsere Energie erhöhen oder senken, können wir beginnen, bewusstere Entscheidungen darüber zu treffen, womit wir uns umgeben möchten. Diese Art von Bewusstsein ermöglicht eine tiefere Selbstfürsorge und fördert ein Leben, das im Einklang mit unseren wahren Bedürfnissen und Werten steht.

Die transformative Kraft des Fühlens

Weiterhin hat das vertiefte Verständnis und die Anwendung des Fühlens eine transformative Kraft. Indem wir lernen, bewusst mit den Schwingungen und Frequenzen um uns herum zu interagieren, öffnen wir uns für die Möglichkeit, nicht nur unsere eigene Realität zu beeinflussen, sondern auch positiv auf die Energie der Menschen und Räume um uns herum einzuwirken. Diese Fähigkeit, bewusst Energie zu lenken und zu modulieren, ist ein Kernaspekt des Mesmerismus und verleiht ihm sein großes Potenzial für Heilung und Wachstum.

Praktische Anwendung und Weiterentwicklung

Die Praxis des Fühlens erstreckt sich weit über die therapeutische Arbeit hinaus. Sie kann in unserem Alltag, in unseren Beziehungen und in der Art und Weise, wie wir mit Herausforderungen umgehen, angewendet werden. Indem wir lernen, auf einer tieferen Ebene zu fühlen, können wir empathischere, verständnisvollere und effektivere Kommunikatoren und Heiler werden. Diese Fähigkeit, die Welt durch das Fühlen zu erfahren, ermutigt uns, stets neugierig und offen zu bleiben, bereit, von jedem Moment und jeder Begegnung zu lernen.

Ein Weg des lebenslangen Lernens

Schließlich ist das Fühlen als zentrales Werkzeug des Mesmeristen ein Weg des lebenslangen Lernens und der Entdeckung. Es fordert uns auf, ständig zu erforschen, zu experimentieren und unsere Fähigkeiten zu verfeinern. Jede Erfahrung, jede Begegnung bietet eine Gelegenheit, unser Verständnis von Energie, Schwingung und Resonanz zu vertiefen. Indem wir uns dieser unendlichen Reise des Fühlens hingeben, erweitern wir nicht nur unser Bewusstsein und unsere Fähigkeiten als Praktizierende, sondern bereichern auch unser Leben und das Leben derer um uns herum mit tieferem Verständnis, Mitgefühl und Verbundenheit.

9. Die Entstehung von Bewusstsein

Wie wir ticken

Die Vielschichtigkeit des Bewusstseins

Die Vielschichtigkeit des Bewusstseins zu erkunden bedeutet, sich in die tiefen Schichten unserer Wahrnehmung und unseres Selbstverständnisses zu begeben. Bewusstsein, oft definiert als das Erleben von Qualia oder subjektiven Erfahrungen, manifestiert sich in verschiedenen Formen und Intensitäten.

Sensorisches Bewusstsein

Auf der grundlegendsten Ebene haben wir das sensorische Bewusstsein – die unmittelbare, direkte Wahrnehmung der Umwelt durch unsere Sinnesorgane. Dies umfasst das Sehen von Farben, das Hören von Klängen, das Fühlen von Berührungen. Diese sensorischen Daten sind die Bausteine unserer Wirklichkeit, die rohen Informationen, die unser Gehirn empfängt und interpretiert.

Das Bewusstsein der Wahrnehmung

Ein Schritt weiter geht das Bewusstsein der Wahrnehmung, bei dem wir nicht nur Sinnesdaten aufnehmen, sondern diese in einen Kontext einordnen. Hier beginnt das Gehirn, Muster zu erkennen und Beziehungen zwischen verschiedenen Sinnesdaten herzustellen. Dies ermöglicht es uns, Bedeutung und Zusammenhang in dem zu finden, was wir erleben.

Emotionales Bewusstsein

Eng verbunden mit der Wahrnehmung ist das emotionale Bewusstsein. Hierbei geht es um das Erleben und Interpretieren unserer Gefühlswelt. Emotionales Bewusstsein hilft uns zu verstehen, wie wir auf bestimmte Ereignisse reagieren und welche subjektiven Gefühle mit diesen Reaktionen verbunden sind. Es ist ein komplexes Wechselspiel zwischen Gehirn, Körper und Geist.

Selbstbewusstsein

Das Selbstbewusstsein fügt eine weitere Dimension hinzu: die Fähigkeit, sich selbst als individuelles Wesen zu erkennen, das von der Umwelt und anderen Menschen getrennt ist. Hier beginnen wir, über unser eigenes Denken und Fühlen zu reflektieren, unser Selbstbild zu formen und unsere Identität zu festigen.

Metakognitives Bewusstsein

Auf der höchsten Ebene steht das metakognitive Bewusstsein – das Bewusstsein über das Bewusstsein selbst. Metakognition bezieht sich auf unsere Fähigkeit, über unsere Gedankenprozesse nachzudenken, sie zu analysieren und zu regulieren.

Es ist das Wissen darüber, wie wir lernen, wie wir Probleme lösen und wie wir Entscheidungen treffen. Diese Ebene des Bewusstseins ermöglicht uns, unsere eigenen kognitiven Prozesse zu überwachen und zu steuern.

Die Dynamik des Bewusstseins

Bewusstsein ist dynamisch und verändert sich ständig. Es ist beeinflusst von biologischen Rhythmen, Umwelteinflüssen, sozialen Interaktionen und inneren Veränderungen. Das Bewusstsein eines Menschen ist niemals statisch, sondern ein lebendiger, fließender Zustand, der sich von Moment zu Moment weiterentwickelt.

Diese vielschichtige Natur des Bewusstseins zeigt, dass unsere Erfahrung der Wirklichkeit tiefgründig und komplex ist, geformt von einer Vielzahl von Prozessen, die sich auf unterschiedlichen Ebenen unseres Seins abspielen. Die Untersuchung des Bewusstseins öffnet damit nicht nur ein Fenster zum Verständnis des menschlichen Geistes, sondern auch zur Erkundung des grundlegenden Wesens von Wahrnehmung und Existenz selbst.

Die Rolle der Selbstwahrnehmung

Selbstwahrnehmung ist ein entscheidender Aspekt des Bewusstseins. Es ermöglicht uns, über uns selbst nachzudenken, unser Verhalten zu analysieren und unsere eigenen Gedanken und Gefühle zu verstehen. Dieser Prozess der Selbstreflexion führt oft zu einem höheren Grad an Bewusstsein über unsere eigenen Motivationen und die Masken, die wir aufsetzen, um in sozialen Kontexten zu navigieren.

Freiheit und die Angst vor Ablehnung

Die Suche nach Freiheit und der Wunsch, unsere wahre Natur zu zeigen, ist oft im Konflikt mit der Angst vor Ablehnung. Dieses Spannungsfeld ist ein zentrales Thema in der menschlichen Psyche und beeinflusst, wie wir interagieren und welche Facetten unseres Selbst wir der Welt präsentieren. Die Masken, die wir tragen, sind sowohl Schutzmechanismen als auch Barrieren, die uns von authentischen Beziehungen abhalten können.

Unbewusste Manipulation

Manipulation in Beziehungen kann sowohl bewusst als auch unbewusst erfolgen. Unbewusste Manipulation entsteht oft aus einem tief sitzenden Bedürfnis heraus, das Gefühl von Sicherheit und Kontrolle zu wahren. Sie kann zu dysfunktionalen Beziehungsmustern führen, in denen die wahren Bedürfnisse und Wünsche der Beteiligten verdeckt bleiben.

Der Weg zu authentischen Beziehungen

Der Weg zu authentischen Beziehungen erfordert Mut, sich der eigenen Verletzlichkeit zu stellen und die Masken abzulegen.

Es geht darum, ein Bewusstsein für die eigene Authentizität zu entwickeln und sich selbst und andere in ihrer ganzen Menschlichkeit zu akzeptieren. Dieser Prozess kann uns helfen, echte Verbindungen zu knüpfen, die auf Verständnis, Respekt und wahrer Akzeptanz basieren.

Bewusstsein als Schlüssel zur Veränderung

In dem Maße, in dem wir unser Bewusstsein schärfen, können wir beginnen, die Muster zu erkennen und zu durchbrechen, die uns zurückhalten. Bewusstsein ermöglicht es uns, Wahlmöglichkeiten zu sehen und zu nutzen, um unsere Lebenswege aktiv zu gestalten und uns mehr in Richtung der Freiheit zu bewegen, nach der wir streben. Es ist ein lebenslanger Prozess, der uns immer wieder herausfordert, zu wachsen und uns weiterzuentwickeln, um das zu werden, was wir im tiefsten Inneren sind.

Die Dreiteilung des Bewusstseins im Mesmerismus bietet eine faszinierende Perspektive auf die verschiedenen Aspekte unserer geistigen Funktionen und ihre Verbindungen zum größeren Ganzen des universellen Feldes.

Diese Aufteilung in rationales Bewusstsein, Unterbewusstsein und Überbewusstsein spiegelt ein tiefes Verständnis davon wider, wie wir Informationen verarbeiten, Entscheidungen treffen und mit der Welt um uns herum verbunden sind.

Rationales Bewusstsein

Das rationale Bewusstsein, oft als der wache und analytische Teil unseres Geistes betrachtet, ist ständig aktiv. Es verarbeitet Informationen aus unserer Umgebung, hilft uns, logische Schlüsse zu ziehen, und ermöglicht bewusste Handlungen. Dieser Teil des Bewusstseins ist das, was wir im täglichen Leben am deutlichsten wahrnehmen, da er an all unseren bewussten Erfahrungen und Entscheidungen beteiligt ist.

Unterbewusstsein

Das Unterbewusstsein hingegen kümmert sich um die autonomen Prozesse unseres Körpers und Geistes. Es ist wie ein riesiges Lagerhaus für Erinnerungen, Gewohnheiten und fest verankerte Glaubenssätze. Diese Ebene des Bewusstseins steuert all die vielen Funktionen, die ohne unser bewusstes Zutun ablaufen, von der Regulation des Herzschlags bis hin zu instinktiven Reaktionen. In der Metapher des Internets würde das Unterbewusstsein als Router dienen, der eine Verbindung zwischen dem persönlichen Bewusstsein und dem umfassenderen Netzwerk des Überbewusstseins herstellt.

Überbewusstsein

Das Überbewusstsein ist in dieser Analogie das mächtigste Element, es ist an das universelle Feld angebunden – eine unendliche Quelle von Wissen und Weisheit, die über das individuelle Selbst hinausgeht.

Es ist das, was manche als das Höhere Selbst, die kollektive Weisheit oder das universelle Bewusstsein bezeichnen könnten. In diesem Zustand sind wir nicht nur Empfänger, sondern auch Teilnehmer an einem viel größeren Bewusstseinsfeld, das alle lebenden Wesen verbindet.

Das Bewusstsein als Betriebssystem

Das Bewusstsein, verstanden als das Betriebssystem, ist die Schnittstelle, durch die wir unsere Erfahrungen interpretieren und auf sie reagieren. Es koordiniert das Zusammenspiel zwischen dem rationalen Bewusstsein, dem Unterbewusstsein und dem Überbewusstsein, sodass wir effektiv funktionieren und interagieren können – sei es in der materiellen Welt oder auf einer tieferen, spirituellen Ebene.

Die Bedeutung im Mesmerismus

Im Mesmerismus wird dieses Verständnis des Bewusstseins genutzt, um Heilung und Veränderung auf allen Ebenen zu fördern. Durch die Arbeit mit dem Bewusstsein, Unterbewusstsein und Überbewusstsein zielt der Mesmerismus darauf ab, Blockaden zu lösen, das volle Potenzial des Individuums zu entfalten und eine tiefere Verbindung mit dem universellen Feld der Existenz herzustellen.

Diese Sichtweise des Bewusstseins im Mesmerismus spiegelt eine ganzheitliche Sicht auf den Menschen wider, die sowohl die internen Prozesse des Individuums als auch seine Verbindungen zu einem größeren, universellen System anerkennt. Sie eröffnet ein umfassendes Verständnis dafür, wie wir als Menschen funktionieren und wie wir unsere eigene Realität sowie unsere Beziehungen zur Welt um uns herum gestalten können.

Das menschliche Bewusstsein, ein Mysterium, das die Wissenschaft nach wie vor zu entschlüsseln sucht, wird oft in Verbindung mit der Funktion des Gehirns gesehen. Als Zentrale unseres Nervensystems orchestriert das Gehirn ein komplexes Netzwerk aus Neuronen, die unablässig Daten sammeln, analysieren und Prioritäten setzen. Es ist ein ständiger Prozess des Filterns und Respondierens, der unsere Reaktionen und unser Verstehen der Welt prägt. Wissenschaftler betrachten das Gehirn als den Sitz des Bewusstseins, da es die sichtbare Grundlage unserer Gedanken, Erinnerungen und Gefühle zu sein scheint.

Jedoch gibt es auch die Auffassung, dass das Bewusstsein mehr ist als die Summe neuronaler Aktivitäten, dass es eine energetische Dimension besitzt, die über das physische Organ hinausgeht und den gesamten Körper einbezieht. In dieser Perspektive ist das Bewusstsein nicht auf das Gehirn begrenzt, sondern eine holistische Eigenschaft, die in einer feinstofflichen Form existiert und unsere physische Existenz durchdringt.

Diese Sichtweise öffnet die Tür zu einer Betrachtung

des Bewusstseins, die den gesamten Körper als ein Gefäß für diese immaterielle Essenz sieht. Es führt zu der Vorstellung, dass Bewusstsein überall in uns präsent ist, in jeder Zelle und jedem Energiefluss, was eine tiefere, ganzheitliche Verbindung zwischen Körper, Geist und Seele nahelegt. Obwohl diese Idee in der Mainstream-Wissenschaft vielleicht noch auf Skepsis stößt, eröffnet sie dennoch faszinierende Diskussionen über die wahren Ursprünge und die Natur des Bewusstseins.

10. Die Eisbergtheorie und das Janusmodell

Das Janusmodell des Bewusstseins, benannt nach dem römischen Gott mit zwei Gesichtern, symbolisiert die Dualität und Zyklizität unserer geistigen Prozesse. Es stellt eine Weiterentwicklung der klassischen Eisbergtheorie dar, die in der Hypnose verwendet wird, um das Verhältnis von bewusstem zu unbewusstem Erleben zu erklären – wobei letzteres den weitaus größeren, verborgenen Teil darstellt.

Anders als die herkömmliche Vorstellung, die das Bewusstsein als Spitze des Eisbergs sieht, von dem ein großer Teil im Verborgenen liegt, betont das Janusmodell die dynamische Interaktion zwischen verschiedenen Zuständen unseres Geistes. Tagsüber, in der Phase der Aktivität, ist das Bewusstsein wach und präsent, arbeitet Hand in Hand mit einem Teil des Unterbewusstseins, in dem auch das Ego seinen Platz findet. Eine deutliche Grenze trennt diese Bereiche von den tieferen Schichten des Unterbewusstseins und des Überbewusstseins.

Mit dem Einbruch der Nacht und dem Übergang in den Zustand der Inaktivität löst sich diese Grenze auf. Es entsteht ein Dialog zwischen den Bereichen des Geistes, die tagsüber separiert waren. Träume können als Ausdruck dieses nächtlichen Austauschs verstanden werden, in dem verarbeitet und abgeglichen wird, was am Tage erlebt wurde.

Das Janusmodell reflektiert somit eine wesentlich flexiblere und durchlässigere Struktur des Bewusstseins. Es erkennt an, dass wir auf viele Bereiche unseres Geistes auch ohne hypnotische Trance zugreifen und sie steuern können. Diese Perspektive eröffnet neue Möglichkeiten, das komplexe Zusammenspiel unserer kognitiven und unbewussten Prozesse zu verstehen und zu nutzen.

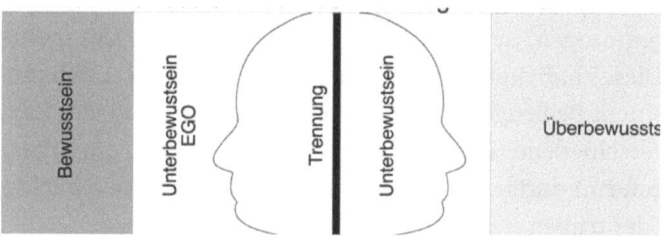

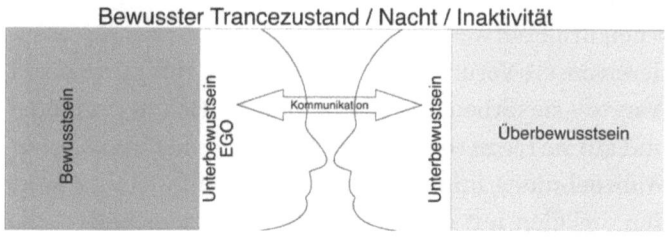

11. Realität und Bewusstsein

Die Realität, ein facettenreiches Konstrukt, das in den Augen jedes Individuums eine einzigartige Form annimmt, ist tief verwurzelt in der persönlichen Erfahrung. Sie gestaltet sich durch die unzähligen Eindrücke und Begegnungen, die wir im Laufe unseres Lebens sammeln. Dieses individuelle Verständnis von Realität lässt sich mit einem Brillengestell vergleichen, in das im Laufe der Zeit verschiedene Gläser eingesetzt werden – jedes ein Filter, geformt durch Erlebnisse, die unsere Sichtweise schärfen oder trüben.

Mit jedem neuen Erlebnis, jeder Herausforderung, jeder Freude und jedem Schmerz fügen wir unserer metaphorischen Brille ein weiteres Glas hinzu. Diese Gläser repräsentieren unsere Vorurteile, Überzeugungen, Hoffnungen und Ängste – sie färben, wie wir die Welt sehen, interpretieren und auf sie reagieren. Mit der Zeit kann die Linse unserer Wahrnehmung immer dicker und undurchsichtiger werden, beladen mit den Schichten der Vergangenheit, die unsere gegenwärtige Sicht auf die Welt verzerren können.

Der Prozess des Lebens könnte dann als ein ständiges Bestreben verstanden werden, all diese aufgetragenen Schichten zu erkennen und abzutragen, um die ursprüngliche Klarheit unseres Blicks wiederzugewinnen. Es geht darum, die angesammelten Filter – die Vorurteile, die Angewohnheiten, die unbewussten Annahmen – Stück für Stück zu entfernen und so die Welt in einem klareren, unverfälschten Licht zu sehen.

Diese metaphorische Brille zu reinigen, ist oft ein

schwieriger Prozess, der Selbsterkenntnis und das Hinterfragen tief verwurzelter Überzeugungen erfordert. Es ist ein Weg, der Mut verlangt, denn er konfrontiert uns mit der Essenz unseres Seins und den Grundlagen unserer Realität. Es ist ein Prozess der Transformation, bei dem wir lernen, weniger durch die Verzerrungen unserer persönlichen Geschichte und mehr durch die unmittelbare, lebendige Erfahrung des Moments zu leben.

Letztlich führt uns dieser Weg zu einer größeren Authentizität und einem tieferen Verständnis nicht nur unserer selbst, sondern auch der komplexen Welt um uns herum. Indem wir die Schichten entfernen, die unsere Wahrnehmung trüben, öffnen wir uns für eine Realität, die reicher und voller ist – eine, die von einer tiefen Verbindung zum Leben selbst geprägt ist.

Diese getrübte Realität, die wir durch die metaphorische Brille unserer Erfahrungen und Überzeugungen betrachten, existiert vornehmlich in unserem Bewusstsein, weil wir sie heranziehen, um Situationen zu verifizieren und zu navigieren.

Diese Filtersysteme, obwohl ursprünglich als Schutzmechanismen oder als Mittel zur Sinngebung entwickelt, können paradoxerweise hinderlich werden, wenn es darum geht, Herausforderungen zu begegnen oder persönliche Themen zu lösen. Die Tendenz, Erfahrungen durch die Linse alter Muster und unverarbeiteter Emotionen zu interpretieren, begrenzt unsere Fähigkeit, Situationen in ihrem wahren Licht zu sehen und kreative, effektive Lösungen zu finden.

Die Herausforderung liegt darin, dass viele dieser Filter so tief in unserem Unterbewusstsein verankert sind, dass ihre Präsenz und ihr Einfluss auf unsere Wahrnehmung oft unbemerkt bleiben. Es bedarf eines erhöhten Maßes an Bewusstsein und Selbstreflexion, um diese verborgenen Schichten aufzudecken und zu verstehen, wie sie unsere Sicht der Realität formen und verzerren. Nur durch das bewusste Erkennen und Hinterfragen dieser inneren Narrative und Glaubenssysteme können wir beginnen, uns von ihnen zu lösen und einen freieren, unverstellten Blick auf unsere Lebensumstände zu gewinnen.

Die Entfernung dieser Filter und die Klärung unserer Wahrnehmung ist somit nicht nur ein Prozess der persönlichen Heilung, sondern auch der Erweiterung unseres Bewusstseins. Sie ermöglicht es uns, Situationen mit frischen Augen zu betrachten, frei von den Einschränkungen vergangener Erfahrungen. Dieser Zustand des erweiterten Bewusstseins eröffnet neue Möglichkeiten für das Lösen von Problemen und das Überwinden von Herausforderungen, indem er uns erlaubt, die tieferen Ursachen von Konflikten zu erkennen und kreative, wirkungsvolle Lösungsansätze zu entwickeln.

Letztendlich ist es dieser Prozess der Bewusstseinserweiterung und der Befreiung von alten, einschränkenden Sichtweisen, der es uns ermöglicht, unser volles Potenzial zu entfalten und ein erfüllteres, authentischeres Leben zu führen. Indem wir lernen, die Realität ohne die Verzerrungen unserer persönlichen Filter zu erleben, gewinnen wir nicht nur tiefere Einsichten in unser eigenes Sein, sondern auch in die komplexe, vielschichtige Natur der Welt um uns herum.

Ein treffendes Beispiel, das die Macht des Bewusstseins und die Fähigkeit zur Veränderung illustriert, ist die Vorstellung eines rosa Elefanten. Stelle ich die Aufgabe, nicht an einen rosa Elefanten zu denken, materialisiert sich das Bild dieses Elefanten unmittelbar im Geiste – ein Beweis für die Unausweichlichkeit und Spontaneität unseres Bewusstseins. Dieses Phänomen unterstreicht, wie unser Geist auf Anweisungen reagiert, selbst wenn sie in negativer Formulierung präsentiert werden.

Im nächsten Schritt der Vorstellung können wir diesen rosa Elefanten transformieren: Wir malen ihn grün und verzieren ihn mit gelben Tupfen. Eine solche Modifikation, die vor dem initialen Gedanken an den rosa Elefanten undenkbar gewesen wäre, wird plötzlich machbar. Dieser kreative Akt des Umdenkens und Umgestaltens verdeutlicht eine fundamentale Wahrheit: Veränderung findet ihren Ursprung im Bewusstsein.

Das Bewusstsein dient als Leinwand, auf der unsere Gedanken und Vorstellungen Gestalt annehmen. Es ist der Nährboden, auf dem Ideen keimen, wachsen und schließlich in unserer Vorstellungswelt Wurzeln schlagen. Die Fähigkeit, den rosa Elefanten nicht nur zu denken, sondern auch in seiner Erscheinung zu verändern, offenbart die transformative Kraft, die unser Bewusstsein innehat. Es zeigt, dass Veränderung ein bewusster Prozess ist, der durch unsere Aufmerksamkeit und Vorstellungskraft angestoßen wird.

Diese Erkenntnis hat weitreichende Implikationen für unser tägliches Leben und unsere persönliche Entwicklung. Sie lehrt uns, dass wir die Architekten unserer Realität sind und dass durch bewusste Intention und Vorstellungskraft Veränderungen in unserem inneren und äußeren Leben möglich sind. Indem wir lernen, unser

Bewusstsein gezielt zu lenken und zu formen, können wir nicht nur imaginäre Elefanten umgestalten, sondern auch tiefgreifende Veränderungen in unserem Sein und in unserer Welt herbeiführen.

Das Bewusstsein ist somit nicht nur ein passiver Spiegel unserer Erfahrungen, sondern ein aktives Werkzeug der Schöpfung und Transformation. Die Fähigkeit, einen rosa Elefanten zu denken und ihn dann nach Belieben zu verändern, symbolisiert unsere Macht, über die Grenzen des Gegebenen hinauszugehen und Neues zu erschaffen. In diesem Prozess des bewussten Wandels liegt der Schlüssel zu Wachstum, Heilung und letztlich zur Freiheit, unser Leben nach unseren tiefsten Wünschen und Vorstellungen zu gestalten.

Neben dem farbenfrohen Beispiel des rosa Elefanten, der seine Farbe und Muster verändert, illustriert die Geschichte eines Samenkorns die transformative Kraft des Bewusstseins auf eine ebenso kraftvolle Weise. Stellen wir uns vor, wie ein kleines, unscheinbares Samenkorn in die fruchtbare Erde gesät wird. Anfänglich verborgen und unsichtbar unter der Oberfläche, birgt es das Potential für außergewöhnliches Wachstum. Dieses Samenkorn zu betrachten, bevor es zu sprießen beginnt, gleicht dem Zustand unseres Bewusstseins vor der Initiation einer Veränderung – voller potentieller Möglichkeiten, doch noch nicht in seiner vollen Pracht manifestiert.

Mit der richtigen Pflege, Wasser, Sonnenlicht und der notwendigen Zeit beginnt das Samenkorn zu keimen. Aus dem unscheinbaren Beginn entfaltet sich ein Prozess des Wachstums, der das Samenkorn durch die Dunkelheit der Erde treibt, bis es schließlich die Oberfläche durchbricht.

Analog dazu kann unser Bewusstsein, genährt durch Aufmerksamkeit, Intention und Geduld, Veränderungen initiieren, die zunächst unter der Oberfläche unserer Wahrnehmung verborgen sind. Wie das Samenkorn, das zu einem mächtigen Baum heranwächst, können auch wir durch die Kraft unseres Bewusstseins tiefgreifende Transformationen in uns selbst und in unserer Umwelt erleben.

Dieser Prozess des Wachstums und der Entfaltung ist ein lebendiges Zeugnis der Macht, die in der bewussten Absicht liegt. Jeder Gedanke, jede Handlung, die aus einem klaren Bewusstseinszustand heraus geboren wird, ist wie das Gießen und Pflegen des Samenkorns. Mit der Zeit und durch die kontinuierliche Pflege unserer inneren Welt können wir erleben, wie aus unseren tiefsten Intentionen Realitäten entstehen, die unsere kühnsten Träume und Vorstellungen übertreffen.

Das Beispiel des Samenkorns verdeutlicht, dass die transformative Kraft des Bewusstseins nicht auf spontane Akte der Kreativität beschränkt ist, sondern ein kontinuierlicher Prozess ist, der Engagement und Hingabe erfordert. Es lehrt uns, dass Wachstum und Veränderung oft Zeit brauchen und dass Geduld und Vertrauen in den Prozess wesentlich sind. Durch bewusstes Handeln und Denken pflanzen wir die Samen für die Zukunft, die wir uns wünschen, und pflegen sie bis zur vollen Entfaltung ihres Potentials.

In beiden Beispielen – dem rosa Elefanten, der seine Farbe wechselt, und dem Samenkorn, das zu einem mächtigen Baum heranwächst – offenbart sich die Essenz der transformativen Kraft des Bewusstseins: die Fähigkeit, durch gezielte Aufmerksamkeit und Intention nicht nur unsere persönliche Realität, sondern auch die Welt um uns herum zu gestalten und zu verändern.

12. Das Ego als unser persönlicher Türsteher

Das Ego – unser persönlicher Türsteher, der mit einer gewissen Eifersucht über die Tore unserer Wahrnehmung wacht. In der Welt der klassischen Hypnose wird oft gesagt, dass das Bewusstsein derjenige ist, der überzeugt oder beiseite geschoben werden muss, um therapeutisch arbeiten zu können. Doch wie sich zeigt, ist diese Annahme nicht ganz treffend. Ohne Bewusstsein keine Show – auch nicht auf der Bühne der Hypnose. Das Bewusstsein ist nicht nur ein Zuschauer; es ist Teil des Ensembles. Aber warten Sie, da gibt es noch jemanden hinter dem Vorhang: das Ego.

Das Ego, dieses wohlmeinende, aber manchmal überbesorgte Geschöpf, das ständig bestrebt ist, uns zu schützen – auch vor uns selbst. Es ist der ultimative Türsteher, der entscheidet, wer rein darf und wer draußen bleiben muss. Und ja, das Ego hat seine Lieblingswege, die es bevorzugt. Stellen Sie sich vor, das Ego hält an einer altmodischen, steinigen Landstraße fest, komplett mit Schlaglöchern und Stolpersteinen. Diese Route ist ihm vertraut, auch wenn sie alles andere als komfortabel ist.

Nun kommt der Therapeut ins Spiel, der nebenan eine makellose, fünfspurige Autobahn baut, so glatt, dass sie im Sonnenlicht glänzt. Doch das Ego, unser treuer, aber etwas sturer Freund, zögert. Es wirft einen skeptischen Blick auf diese neue, blitzsaubere Straße und entscheidet sich dann doch für den altbekannten, holprigen Pfad. »Veränderungen? Oh, nein, danke! Wir kennen das hier, wir bleiben lieber auf dem bewährten Weg«, scheint das Ego zu sagen, während es stolz seinen Rucksack voller Vorsicht und Misstrauen schultert.

Das Ego meint es gut mit uns, zweifelsohne. Es will uns vor potenziellen Gefahren und Unannehmlichkeiten bewahren. Aber was es manchmal nicht erkennt, ist, dass gut gemeint nicht immer gut gemacht ist. In seinem Bemühen, uns zu schützen, kann es uns tatsächlich davon abhalten, neue, möglicherweise vielversprechendere Pfade zu erkunden.

Die Herausforderung für Therapeuten – und für uns alle – ist es daher, das Ego sanft zu überzeugen, dass es sicher ist, ab und zu mal eine neue Route auszuprobieren. Es geht darum, das Ego als Teil des Teams zu sehen, nicht als Gegner. Mit ein wenig Humor, Geduld und vielleicht ein paar Überredungskünsten können wir gemeinsam mit unserem Ego die Landschaft unserer inneren Welt erkunden – und wer weiß, vielleicht entdecken wir dabei sogar eine Vorliebe für reibungslose, breite Autobahnen.

Die Überzeugungsarbeit mit dem Ego gleicht ein bisschen dem Verhandeln mit einem Kleinkind, das seine Lieblingsschuhe anziehen möchte – auch wenn sie längst zu klein sind und für den geplanten Anlass völlig unpassend. »Aber ich mag diese Schuhe!«, protestiert das Ego, während der Therapeut sanft darauf hinweist, dass die neuen Schuhe nicht nur besser passen, sondern auch viel bequemer für den bevorstehenden Weg sind.

Das Ego, in seiner treuen Sorge, möchte uns auf bekannten Pfaden halten, denn das Unbekannte birgt Unsicherheiten. »Wer weiß, was auf dieser neuen, glänzenden Autobahn passiert? Vielleicht gibt es dort ja Geschwindigkeitsbegrenzungen oder noch schlimmer, Mautstellen!«, könnte das Ego argumentieren, während es ängstlich die alte, vertraute Landstraße entlangtrottet. Doch das Leben, in seiner unendlichen Weisheit, ist voller Überraschungen und manchmal müssen wir das Ego ein wenig nudge'n, damit es versteht, dass Veränderung nicht nur notwendig, sondern auch bereichernd sein kann.

Stellen Sie sich vor, wie das Ego, nach langem Zögern und mit skeptischem Blick, schließlich einen Fuß auf die Autobahn setzt. Langsam, aber sicher, beginnt es die Freiheit zu genießen, die mit dem Fahren auf einer offenen, hindernisfreien Straße einhergeht. »Hey, das ist ja gar nicht so schlecht!«, könnte es erstaunt feststellen, als es merkt, dass es viel schneller und effizienter ans Ziel kommt.

In diesem humorvollen Tanz mit dem Ego liegt eine tiefe Lektion verborgen. Es geht darum, Vertrauen in den Prozess zu haben und zu erkennen, dass unser innerer Türsteher, obwohl manchmal etwas überbesorgt, letztlich dasselbe Ziel verfolgt wie wir: Sicherheit und Glück. Die Kunst besteht darin, das Ego sanft zu führen und ihm zu zeigen, dass es Teil einer größeren Reise ist, auf der Veränderung und Wachstum nicht nur unvermeidlich, sondern auch wünschenswert sind.

So wird das Ego, unser treuer Begleiter, langsam aber sicher zum Verbündeten auf dem Weg zu tieferer Einsicht und persönlicher Entwicklung. Mit Humor, Mitgefühl und einem offenen Herzen können wir lernen, gemeinsam mit unserem Ego die unzähligen Möglichkeiten zu erkunden, die das Leben für uns bereithält.

Das Ego, in seinem ständigen Bestreben, uns vor vermeintlichen Fehltritten und Gefahren zu bewahren, kann manchmal zu einem kleinen Diktator in unserem inneren System aufsteigen. Es ist durchaus in der Lage, uns zu täuschen oder Situationen so zu drehen, dass wir glauben, auf dem richtigen Weg zu sein – selbst wenn dieser uns in Wirklichkeit in Sackgassen oder auf holprige Pfade führt. Diese Täuschung, so gut sie auch gemeint sein mag, basiert auf der tief verwurzelten Überzeugung des Egos, dass es am besten weiß, was für uns gut ist. Es agiert auf der Grundlage von Programmen und Glaubenssätzen, die wir über die Jahre hinweg entwickelt und verinnerlicht haben, oft ohne uns dessen bewusst zu sein.

Es ist, als hätten wir einen internen Autopiloten installiert, der darauf programmiert ist, uns auf Kurs zu halten, basierend auf einer Karte, die möglicherweise veraltet oder für die aktuellen Anforderungen unseres Lebens unpassend ist. Dieser »kleine Diktator« steuert uns mit einer festen Hand, und wir folgen oft ohne Frage, überzeugt davon, dass der eingeschlagene Weg der sicherste oder einzig mögliche ist.

Die Ironie dabei ist, dass wir es sind, die diesem inneren Autopiloten ursprünglich Macht verliehen haben. Wir haben das Ego geformt, trainiert und ihm erlaubt, die Führung zu übernehmen, oft in der Annahme, dass es uns vor Schmerz, Enttäuschung und Fehlern bewahren würde. Doch indem wir dem Ego die Zügel überlassen, verlieren wir langsam die Fähigkeit, bewusste Entscheidungen zu treffen und unserem eigenen Weg zu folgen. Stattdessen werden wir zu Passagieren in einem Fahrzeug, das auf Autopilot läuft, geführt von einem System, das möglicherweise nicht mehr unseren besten Interessen dient.

Die Herausforderung – und gleichzeitig die Chance – besteht darin, dieses Verhältnis zu unserem Ego neu zu bewerten und umzugestalten. Es geht darum, wieder zu lernen, bewusst am Steuer unseres Lebens zu sitzen, das Ego von seinem Thron zu stoßen und ihm eine neue Rolle zuzuweisen: nicht als Diktator, sondern als Berater, dessen Meinung wir anhören, aber nicht blind folgen. Dies erfordert Achtsamkeit, Selbstreflexion und die Bereitschaft, die eigenen inneren Programme zu hinterfragen und neu zu schreiben.

Indem wir diese Arbeit leisten, beginnen wir, eine gesündere Beziehung zu unserem Ego aufzubauen, eine, in der wir die Kontrolle zurückgewinnen und Entscheidungen treffen, die wirklich in unserem besten Interesse sind. Es ist ein Prozess der Befreiung, in dem wir erkennen, dass wahre Stärke nicht darin liegt, einem internen Diktator zu folgen, sondern in der Fähigkeit, unser eigenes Leben bewusst und authentisch zu gestalten.

13. Der Zwang von Ego und Emotionen

Emotionen sind faszinierende und komplexe Phänomene, die im Kern unseres Seins und unserer Erfahrungswelt liegen. Sie entstehen an der Schnittstelle von Gedanken und Gefühlen, einem Zusammenspiel, das tief in der menschlichen Psyche verwurzelt ist. Gedanken, die Produkte unseres Verstandes sind, und Gefühle, die aus den Tiefen unseres inneren Erlebens emporsteigen, weben gemeinsam das vielschichtige Gewebe unserer emotionalen Landschaft.

Dieser Prozess beginnt, wenn ein Gedanke – eine mentale Repräsentation, eine Erinnerung oder eine Vorstellung – auf ein Gefühl trifft, das aus unseren tiefsten, oft unbewussten Ebenen hervorquillt. Die Verbindung dieser beiden Elemente erzeugt eine Emotion, eine energetische Entität, die so dicht und kraftvoll sein kann, dass sie körperliche Sensationen hervorruft. Dies erklärt, warum Emotionen, unabhängig davon, ob sie positiv oder negativ sind, eine so starke physische Präsenz in unserem Leben haben können.

Sowohl Gedanken als auch Gefühle können in ihrem eigenen Recht herausfordernd sein. Ein Gedanke kann ein Gefühl auslösen, das wiederum den nächsten Gedanken inspiriert, und so weiter, in einem fortwährenden Zyklus, der unsere innere Welt belebt und manchmal auch belastet. Doch wenn sich diese beiden Pole – Gedanken und Gefühle – zu einer Emotion verbinden, verdichtet sich ihre

Energie auf eine Weise, die unser gesamtes Sein durchdringen kann.

Interessanterweise sind sowohl positive als auch negative Emotionen in ihrem Wesen einfach nur Energie. Positive Emotionen wie Liebe, Wärme, Nähe und Zuneigung sind Ausdruck balancierter Energien, die Harmonie und Wohlbefinden in unserem Körper und Geist fördern. Sie sind wie sanfte Wellen, die uns umhüllen und tragen, und bieten uns ein Gefühl von Verbundenheit und Frieden.

Auf der anderen Seite stehen unbalancierte Energien, die sich in Form von Wut, Trauer, Hass und Angst manifestieren. Diese Emotionen fühlen sich im Körper oft unangenehm bis sogar schmerzhaft an. Sie sind wie stürmische Meere, die unsere innere Ruhe aufwühlen und uns in einen Zustand der Disharmonie versetzen können. Doch auch diese intensiven, oft als negativ empfundenen Emotionen haben ihren Platz in unserem emotionalen Spektrum. Sie signalisieren uns, dass etwas in unserem Leben oder in unserem inneren Erleben aus dem Gleichgewicht geraten ist und Aufmerksamkeit erfordert.

Das Verständnis der Entstehung von Emotionen als ein Zusammenspiel von Gedanken und Gefühlen bietet uns einen wertvollen Einblick in die Natur unseres eigenen Bewusstseins und unserer Erfahrungen.

Es eröffnet uns die Möglichkeit, bewusster mit unseren emotionalen Reaktionen umzugehen, sie zu verstehen und zu integrieren, anstatt von ihnen überwältigt zu werden. Indem wir lernen, diese Energieflüsse zu navigieren und zu balancieren, können wir einen Weg zu tieferem Selbstverständnis und letztlich zu größerem inneren Frieden und Zufriedenheit finden.

Wenn Emotionen eine gewisse Intensität erreichen, die individuell sehr unterschiedlich wahrgenommen wird, tritt unser Ego in Aktion und veranlasst den Körper zu einer Reaktion. Dieses Phänomen unterstreicht die tiefgreifende Verbindung zwischen unseren emotionalen Zuständen und körperlichen Reaktionen. Das Ego, in seinem Bestreben, uns zu schützen und Gleichgewicht wiederherzustellen, kann uns dazu bewegen, durch Schreien, Weinen, Ärger oder sogar körperliche Verkrampfungen zu reagieren. In einigen Fällen können diese emotionalen Wellen auch zu psychosomatischen Reaktionen führen, wie beispielsweise Durchfall, was die komplexe Interaktion zwischen unserem Geist, unseren Emotionen und unserem physischen Körper verdeutlicht.

Der Mesmerismus, mit seinem tiefen Verständnis für die Einflüsse energetischer Zustände auf den Körper und das Bewusstsein, bietet in diesen Situationen einzigartige Lösungsansätze. Durch die gezielte Arbeit mit dem energetischen Feld eines Individuums kann der Mesmerismus helfen, die Intensität und den Einfluss starker Emotionen zu mildern und eine tiefere, harmonischere Balance wiederherzustellen. Dies geschieht durch die sanfte Lenkung und Harmonisierung der Lebensenergie, um Blockaden zu lösen und den natürlichen Fluss des Qi oder Prana zu fördern. Eine Technik mit dem Namen Hypnobalance ist besonders dazu geeignet, den Gedanken und das Gefühl wieder voneinander zu trennen und die Wirkung des Egos aufzuheben.

Ein wesentlicher Aspekt des Mesmerismus ist die Fähigkeit, das Bewusstsein für die eigenen emotionalen und energetischen Zustände zu schärfen. Durch diese erhöhte

Achtsamkeit kann ein Individuum lernen, die ersten Anzeichen einer überwältigenden Emotion zu erkennen und proaktiv Maßnahmen zu ergreifen, um das Ego und die körperlichen Reaktionen zu beruhigen. Dies kann durch verschiedene Techniken erreicht werden, darunter Atemübungen, Visualisierung und die bewusste Lenkung der Aufmerksamkeit auf Bereiche des Körpers, die Entspannung und energetische Ausgeglichenheit fördern.

Darüber hinaus kann der Mesmerismus dazu beitragen, die zugrundeliegenden Ursachen starker emotionaler Reaktionen zu erkunden und aufzulösen. Indem man tiefer in das Unterbewusstsein eintaucht, können verborgene Glaubenssätze, Erinnerungen und Traumata, die zu unverhältnismäßigen emotionalen und körperlichen Reaktionen führen, identifiziert und bearbeitet werden.

Dieser Prozess der inneren Heilung und Transformation ermöglicht es dem Individuum, eine stabilere emotionale Grundlage zu entwickeln und somit resistenter gegenüber zukünftigen emotionalen Turbulenzen zu werden.

Letztendlich bietet der Mesmerismus einen holistischen Ansatz, um nicht nur die Symptome emotionaler Überlastung zu adressieren, sondern auch die tieferen Ebenen des Seins zu heilen und zu harmonisieren. Durch die Wiederherstellung des energetischen Gleichgewichts und die Stärkung der Verbindung zwischen Geist, Körper und Seele kann der Mesmerismus dazu beitragen, ein umfassenderes Wohlbefinden und eine größere innere Ruhe zu fördern.

14. Das Egotier

Von Kindesbeinen an werden wir dazu angehalten, unseren Blick nach außen zu richten. Diese Orientierung am Äußeren führt dazu, dass unser Ego eine dominante Rolle in unserem Leben einnimmt, so mächtig, dass viele von uns beginnen, ihm nahezu bedingungslos zu folgen. Diese Tendenz lässt sich in alltäglichen Situationen beobachten, etwa in der Art und Weise, wie Werbung auf uns wirkt. Ein Produkt wird präsentiert, und plötzlich verspüren wir ein drängendes Bedürfnis, es zu besitzen. Dieses scheinbar unmittelbare »Brauchen« fußt auf einem Gefühl des Mangels, das tief in unserem Inneren verankert ist.

Das Ego, in seinem Bestreben, diesen empfundenen Mangel zu kompensieren, verleitet uns zu dem Glauben, dass äußere Dinge – seien es materielle Güter, Statussymbole oder die Anerkennung durch andere – die Lösung für unser inneres Unbehagen darstellen. Es ist ein Kreislauf, der uns stetig von unserem wahren Selbst und den tieferen Bedürfnissen unseres Seins entfernt. Anstatt nach innen zu schauen und zu erforschen, was wir wirklich brauchen, um Erfüllung und Glück zu finden, jagen wir nach äußeren Lösungen, die nur vorübergehende Befriedigung bieten.

Diese Übermacht des Egos und die Fokussierung auf das Äußere haben weitreichende Konsequenzen für unser persönliches Wohlbefinden und unsere Beziehungen. Sie können zu einem Leben führen, das von Oberflächlichkeit, Unzufriedenheit und einer ständigen Suche nach mehr geprägt ist, ohne je das Gefühl zu haben, wirklich anzukommen oder zufrieden zu sein.

Um aus diesem Zyklus auszubrechen, ist es notwendig, den Blick nach innen zu richten und eine tiefere Verbindung mit uns selbst herzustellen. Dies erfordert, das Ego zu erkennen und zu verstehen, aber nicht als unseren Herrscher zu akzeptieren. Indem wir lernen, unsere inneren Bedürfnisse, Wünsche und Werte zu erkennen und zu ehren, können wir beginnen, ein erfüllteres und authentischeres Leben zu führen.

Die Auseinandersetzung mit dem Ego und die Rückbesinnung auf das eigene Innere ist ein Weg der Selbsterkenntnis und persönlichen Entwicklung. Es ist ein Prozess, der Mut, Achtsamkeit und die Bereitschaft erfordert, tief verwurzelte Überzeugungen und Verhaltensmuster zu hinterfragen. Doch die Belohnung dieses Weges ist ein Leben, das von echter Zufriedenheit, innerem Frieden und einer tieferen Verbindung zu sich selbst und anderen geprägt ist.

Die Technik des »Egotiers« ist eine kreative und effektive Methode, um unser Ego, diesen manchmal übermächtigen Diktator in unserem Inneren, auf eine sanfte Art zu zähmen. Der Schlüssel liegt in der Visualisierung und Personifizierung des Egos als ein Tier, das uns auf unserer Reise begleitet.

Diese Methode ermöglicht es uns, einen direkteren und intuitiveren Zugang zu unseren inneren Prozessen zu finden und bietet einen spielerischen Ansatz, um mit dem Ego zu interagieren.

Die Wahl eines Tieres als Repräsentant des Egos basiert auf der Idee, dass ein Selbstgespräch – obwohl es ein mächtiges Werkzeug zur Selbstreflexion sein kann – in vielen Kulturen und sozialen Kontexten als ungewöhnlich oder gar als Zeichen von Instabilität angesehen wird. Ein Tier als Verbündeten zu haben, verleiht diesem inneren Dialog eine Form der Legitimität und macht ihn zugänglich.

Stellen Sie sich also vor, Sie wählen ein Tier, das Ihr Ego symbolisiert. Es sollte ein Tier sein, zu dem Sie keine persönliche Bindung haben, also kein Haustier. Geben Sie diesem Tier einen Namen, der ihm Charakter und Persönlichkeit verleiht. Dieses Tier, nennen wir es zum Beispiel Sam der Pinguin, wird zu Ihrem ständigen Begleiter, der symbolisch auf Ihrer rechten Schulter sitzt.

Das Schöne an dieser Technik ist, dass sie uns erlaubt, auf eine sehr konkrete und doch verspielte Weise mit unserem Ego zu interagieren. Wenn Sie spüren, dass Ihr Ego beginnt, sich in einer Situation bemerkbar zu machen – sei es durch aufkommende Wut, Frustration oder Angst –, können Sie sich an Ihr Egotier wenden. Ein einfaches »Jetzt nicht, Sam« genügt oft, um einen spürbaren Nachlass des inneren Drucks zu bewirken. Diese Ansprache hilft, die unmittelbare Intensität der Emotion zu mindern und schafft einen Moment der Klarheit und Distanzierung, in dem Sie bewusster entscheiden können, wie Sie reagieren möchten.

Die Egotier-Technik ist nicht nur ein Werkzeug zur Bewältigung akuter emotionaler Zustände, sondern auch ein Weg, um eine tiefere Bewusstheit und Verständnis für die Arbeitsweise unseres Egos zu entwickeln. Indem wir lernen, unser Egotier zu beobachten, zu verstehen und gegebenenfalls zu beruhigen, eröffnen wir uns die Möglichkeit, unser Leben weniger von automatischen Reaktionen und mehr von bewussten Entscheidungen leiten zu lassen.

Diese Methode bietet eine Brücke zwischen dem bewussten Ich und den oft unbewussten Impulsen des Egos, und sie ermutigt uns, mit Mitgefühl und Humor auf die Herausforderungen unseres inneren Lebens zu blicken. Durch die Anwendung der Egotier-Technik können wir lernen, unser Ego als einen Teil von uns zu sehen, der Aufmerksamkeit und Fürsorge benötigt, und nicht als einen Gegner, den es zu bekämpfen gilt. Es ist ein Schritt auf dem Weg zu mehr innerem Frieden und Harmonie.

Die Technik des Egotiers, so charmant und hilfreich sie auch sein mag, birgt tatsächlich eine gewisse Herausforderung, die nicht unterschätzt werden sollte. Das kontinuierliche Zurückweisen unseres Egotiers – in unserem Beispiel »Sam« – mit einem »Jetzt nicht, Sam«, kann unbeabsichtigte Konsequenzen haben. Jedes Mal, wenn wir unser Ego auf diese Weise hinunterschlucken, sammelt es gewissermaßen mehr »Gewicht« an. Sam wird metaphorisch »fetter«, was darauf hindeutet, dass die unterdrückten Bedürfnisse und Wünsche des Egos sich anhäufen und schließlich eine explosive Reaktion hervorrufen können.

Die Lösung für dieses Dilemma liegt in der Pflege des Egos durch Aktivitäten, die uns Freude bereiten und unser Selbstwertgefühl stärken. Ob es ein Besuch beim Friseur ist, ein Shopping-Tag oder ein erfrischender Spaziergang im Wald, es ist essentiell, dass wir diese Dinge für uns selbst tun. Handlungen, die darauf abzielen, Anerkennung von anderen zu erhalten, können ebenfalls wirksam sein, um »Sam« zu einem gesünderen Zustand zurückzuführen. Das Ziel ist es, eine gesunde Balance zu finden, in der das Ego weder zu mächtig noch zu unterwürfig ist.

Interessanterweise offenbart diese Dynamik eine tiefere Einsicht in das Wesen des Egos, die der landläufigen

Meinung entgegensteht. Menschen, die als »Egozentriker« gelten, besitzen oft ein kleineres Ego, weil sie es ständig »streicheln« und bestätigen müssen. Ihr Bedürfnis nach ständiger Bestätigung und Anerkennung deutet darauf hin, dass ihr Ego tatsächlich fragil und leicht zu erschüttern ist. Im Gegensatz dazu können diejenigen, die nach außen hin ruhig und zurückhaltend wirken, innerlich einem enormen Druck ausgesetzt sein, da sie ihre Bedürfnisse und ihr Ego ständig unterdrücken.

Diese Erkenntnis unterstreicht die Bedeutung eines ausgewogenen Umgangs mit unserem Ego. Ein zu stark unterdrücktes Ego kann zu innerem Unbehagen und letztendlich zu einem Ausbruch von unterdrückten Emotionen führen. Andererseits kann ein übermäßig gepflegtes Ego zu Selbstüberschätzung und einem unstillbaren Bedürfnis nach Anerkennung führen. Die Kunst liegt darin, das Ego weder zu vernachlässigen noch zu überhöhen, sondern es als integralen Teil unseres Seins zu akzeptieren und in Harmonie mit unseren tieferen Werten und Zielen zu bringen.

Indem wir lernen, mit unserem Ego und unseren Emotionen bewusst und achtsam umzugehen, können wir einen Zustand innerer Balance erreichen, der es uns ermöglicht, authentisch und erfüllt zu leben.

15. Mesmerismus und Humanenergetik

Die Faszination der Humanenergetik

Die Humanenergetik, ein Reich voller Mysterien und unergründlicher Tiefen, fesselt die menschliche Neugier seit Jahrtausenden. Diese faszinierende Disziplin vereint das alte Wissen traditioneller Heilmethoden mit den Entdeckungen moderner Therapieansätze und bietet einen einzigartigen Einblick in die komplexen Wechselwirkungen, die unseren physischen und psychischen Zustand prägen. Im Kern der Humanenergetik steht die Vorstellung, dass eine subtile, doch kraftvolle Lebensenergie – das Qi in der Traditionellen Chinesischen Medizin, Prana im Ayurveda – wie ein unsichtbarer Fluss unseren Körper durchzieht und vitalisiert.

Diese Lebensenergie, so lehren es die alten Traditionen, ist die Quintessenz unserer Existenz, der Treibstoff unserer Lebensprozesse und der Schlüssel zu Gesundheit und Wohlbefinden. Sie webt ein feines Netzwerk durch unseren Körper, verbindet unsere Organe und Systeme und harmonisiert unsere körperlichen Funktionen mit unseren emotionalen und geistigen Zuständen. Wenn diese Energie frei und ungehindert fließt, befinden wir uns in einem Zustand optimaler Gesundheit und Vitalität. Blockaden oder Ungleichgewichte in diesem Energiefluss hingegen können zu verschiedensten Beschwerden und Krankheiten führen.

Traditionelle Heilsysteme wie die TCM und der Ayurveda

haben detaillierte Karten dieser Energiebahnen – der Meridiane und Nadis – erstellt und Praktiken wie Akupunktur, Qigong, Yoga und Pranayama entwickelt, um den Energiefluss zu regulieren und das energetische Gleichgewicht wiederherzustellen. Diese Methoden, die auf einer tiefen Verbindung zwischen Körper und Geist beruhen, zielen darauf ab, die Selbstheilungskräfte des Körpers zu aktivieren und das Wohlbefinden auf allen Ebenen zu fördern.

In der modernen Welt finden diese uralten Konzepte ihre Entsprechung in therapeutischen Ansätzen, die die Übertragung und Harmonisierung von Energie betonen, wie beispielsweise die Reiki-Therapie. Obwohl die wissenschaftliche Forschung die Existenz einer universellen Lebensenergie bisher nicht eindeutig nachweisen konnte, erkennen immer mehr Menschen die Bedeutung energetischer Praktiken für die Gesundheit und das Wohlbefinden an.

Die Humanenergetik lädt uns ein, unseren Blick über die materiellen Aspekte des Daseins hinaus zu erweitern und die subtilen Energien zu erkunden, die unser Leben durchdringen und formen. Sie fordert uns auf, die tiefe Verbundenheit aller Lebensformen anzuerkennen und zu verstehen, dass Gesundheit mehr ist als die Abwesenheit von Krankheit – sie ist ein Zustand des harmonischen Einklangs mit den natürlichen Rhythmen und Energien des Universums. In dieser Erkenntnis liegt die wahre Magie der Humanenergetik: Sie öffnet uns die Tür zu einem ganzheitlichen Verständnis des Lebens und seiner unendlichen Möglichkeiten.

Die Welt der traditionellen Ansätze zur Gesundheit und

Heilung ist reich und vielfältig, mit einem tiefen Verständnis für die unsichtbaren Kräfte, die Leben und Vitalität beeinflussen. Ein herausragendes Beispiel für solch ein Verständnis bietet die Traditionelle Chinesische Medizin (TCM), eine jahrtausendealte Heilkunst, die auf der zentralen Prämisse des Qi basiert – der Lebensenergie, die durch alle lebenden Wesen fließt.

In der TCM wird Qi als die essentielle Kraft angesehen, die Körper und Geist belebt und verbindet. Es wird gelehrt, dass dieses Qi in einem komplexen Netzwerk von Pfaden, bekannt als Meridiane, durch den Körper zirkuliert. Diese Meridiane, oft verglichen mit Flüssen, die das Land bewässern, sind die Hauptstraßen, auf denen die Lebensenergie reist, um die verschiedenen Organe und Systeme mit Vitalität zu versorgen. Gleich einem Flusssystem, das durch Dämme blockiert oder durch Trockenheit reduziert werden kann, können auch im Meridiansystem Blockaden oder Ungleichgewichte entstehen, die zu einer Vielzahl von gesundheitlichen Beschwerden führen.

Die TCM hat eine Reihe von Praktiken entwickelt, um das Qi zu harmonisieren und einen freien Fluss der Lebensenergie zu fördern. Akupunktur, eine der bekanntesten Methoden, nutzt feine Nadeln, die an spezifischen Punkten entlang der Meridiane eingeführt werden, um Blockaden zu lösen und das Gleichgewicht wiederherzustellen. Diese Praxis basiert auf der Vorstellung, dass durch die gezielte Stimulation dieser Punkte die Selbstheilungskräfte des Körpers aktiviert und das natürliche Gleichgewicht von Yin und Yang – den komplementären Kräften, die alle Aspekte des Lebens durchdringen – wiederhergestellt werden kann.

Qigong, eine andere zentrale Praxis der TCM, kombiniert Bewegung, Atmung und Meditation, um das Qi zu kultivieren und zu leiten. Es ist eine Kunst, die sowohl die physische als auch die energetische Dimension des Seins anspricht, mit dem Ziel, die innere Harmonie zu stärken und die Verbindung zwischen Körper und Geist zu vertiefen. Qigong-Übungen sind darauf ausgerichtet, den Energiefluss zu öffnen und zu verstärken, was zu erhöhter Vitalität, verbessertem Wohlbefinden und einer tiefen spirituellen Verbundenheit führen kann.

Diese traditionellen Perspektiven und Praktiken, die das Qi und seine Bewegung durch den Körper betreffen, bieten einen reichen Einblick in eine ganzheitliche Sicht auf Gesundheit und Heilung. Sie lehren uns, dass wahre Gesundheit mehr ist als die Abwesenheit von Krankheit; es ist ein Zustand des dynamischen Gleichgewichts und der Harmonie innerhalb des Energieflusses des Lebens.

Durch das Verständnis und die Anwendung dieser alten Weisheit können wir lernen, unsere eigene Gesundheit auf tieferen Ebenen zu pflegen und zu fördern, und so zu einem umfassenderen Verständnis von Wohlbefinden gelangen.

Ähnlich verhält es sich im Ayurveda, der traditionellen indischen Heilkunst, wo die Lebensenergie als »Prana« bekannt ist und durch »Nadis« fließt. Yoga und Pranayama (Atemübungen) sind Praktiken, die darauf ausgerichtet sind, das Prana zu balancieren und zu stärken.

Moderne Sichtweisen und Therapieformen

In der modernen Welt, wo Wissenschaft und Techno-
logie das Verständnis von Gesundheit und Heilung prägen, haben sich neue Perspektiven und Therapieformen
entwickelt, die die subtilen Energien des menschlichen
Körpers adressieren. Ein leuchtendes Beispiel für solch
einen Ansatz ist die Reiki-Therapie, eine Praxis, die tief in
der Vorstellung verwurzelt ist, dass die Übertragung und
Harmonisierung von Energie wesentliche Elemente des
Heilungsprozesses darstellen.

Reiki, ein Wort, das aus dem Japanischen stammt und
»universelle Lebensenergie« bedeutet, basiert auf der Annahme, dass jeder Mensch von einer Lebenskraft durchströmt wird, die Gesundheit und Wohlbefinden fördert.
In Zeiten von Stress, Krankheit oder emotionaler Unaus-
geglichenheit kann diese Energiefluss gestört werden, was
zu Ungleichgewichten und gesundheitlichen Problemen
führt. Die Reiki-Therapie zielt darauf ab, diese Energien zu
harmonisieren und die natürlichen Selbstheilungskräfte
des Körpers zu stärken.

Die Methode des Handauflegens, die für Reiki charak-
teristisch ist, ist sowohl einfach als auch tiefgründig. Ein
Reiki-Praktizierender nutzt seine Hände, um als Kanal für
die universelle Energie zu fungieren, die dann an den Empfänger weitergegeben wird. Diese sanfte Berührung oder
das Halten der Hände knapp über dem Körper ermöglicht
es, Energieblockaden zu lösen und den Energiefluss zu stimulieren. Viele berichten von einem tiefen Gefühl der Entspannung, des Friedens und des Wohlbefindens nach einer
Reiki-Sitzung, was die Therapie zu einer beliebten Wahl

für diejenigen macht, die nach natürlichen Wegen zur Förderung der Gesundheit suchen.

Die moderne Annäherung an die menschliche Energetik durch Praktiken wie Reiki eröffnet eine faszinierende Brücke zwischen altem Heilwissen und zeitgenössischer therapeutischer Praxis. Sie erweitert das Spektrum der Heilungsmöglichkeiten über die Grenzen der konventionellen Medizin hinaus und betont die Bedeutung der ganzheitlichen Betrachtung des Menschen.

Neben Reiki haben auch andere zeitgenössische energetische Therapieformen Anerkennung gefunden, darunter Praktiken wie die Heilung durch Klang, die Arbeit mit Chakren und die Aura-Lesung. Diese Methoden unterstreichen die vielschichtige Natur der menschlichen Existenz und die Überzeugung, dass die Harmonisierung der energetischen Dimension eine Schlüsselrolle bei der Förderung von Gesundheit und Wohlbefinden spielt.

Die moderne Energetik stellt somit ein lebendiges und sich ständig weiterentwickelndes Feld dar, das die Grenzen unseres Verständnisses von Heilung erweitert. Indem sie die tiefen Verbindungen zwischen Körper, Geist und der uns umgebenden Energie erkundet, bietet sie neue Wege zur Erreichung von Gleichgewicht und Harmonie in unserem Leben.

Wissenschaftliche Betrachtung

In der Schnittstelle zwischen der uralten Weisheit traditioneller Heilsysteme und dem analytischen Rahmen der modernen Wissenschaft entfaltet sich eine faszinierende

Diskussion um das Konzept der Lebensenergie. Die wissenschaftliche Gemeinschaft nähert sich dem Thema mit einer natürlichen Skepsis, die aus dem Bedürfnis nach empirischer Evidenz und messbaren Daten herrührt. Traditionelle Vorstellungen von einer allgegenwärtigen, durch den Körper fließenden Energie – sei es Qi, Prana oder eine andere Form der Lebenskraft – finden oft keinen direkten Widerhall in den Forschungslaboren, wo der Fokus auf physiologische und biochemische Prozesse liegt.

Trotz dieser scheinbaren Diskrepanz öffnet die Wissenschaft jedoch langsam die Türen für ein erweitertes Verständnis des menschlichen Körpers und seiner komplexen Funktionsweisen. Die Anerkennung, dass der Körper elektromagnetische Felder erzeugt und dass bioelektrische Phänomene – wie neuronale Signale, die Gedanken und Emotionen übertragen, Herzschläge, die Leben pumpen, und Muskelkontraktionen, die Bewegung ermöglichen – essenziell für das menschliche Funktionieren sind, markiert einen wichtigen Berührungspunkt zwischen traditioneller Weisheit und moderner Wissenschaft.

Diese bioelektrischen und elektromagnetischen Phänomene bieten einen greifbaren Ansatzpunkt für die wissenschaftliche Untersuchung energetischer Prozesse im Körper. Sie laden dazu ein, die Möglichkeiten eines subtileren Energieaustausches und –flusses innerhalb des Körpers und zwischen Körpern zu erkunden. Während die direkte Messung und Quantifizierung der traditionell beschriebenen Lebensenergie noch eine Herausforderung darstellt, öffnen die erkennbaren elektromagnetischen und bioelektrischen Signaturen des Körpers eine Tür für ein tieferes Verständnis der Schnittstellen, an denen Energie und Materie interagieren.

Diese Entwicklung deutet darauf hin, dass das Konzept der Lebensenergie, auch wenn es sich der direkten Messung entzieht, in den Rahmen der modernen Wissenschaft integriert werden könnte. Indem Forscher die subtilen energetischen Muster und ihre Auswirkungen auf die Gesundheit weiter untersuchen, könnten neue Verbindungen zwischen alten Heilpraktiken und aktuellen medizinischen Verständnissen geknüpft werden. Es ist eine spannende Zeit des Dialogs und der Entdeckung, in der die Grenzen zwischen dem Alten und dem Neuen, dem Messbaren und dem Spürbaren, zunehmend verschwimmen.

Letztlich lädt diese wachsende Anerkennung elektromagnetischer und bioelektrischer Phänomene im Körper dazu ein, die Konzepte von Energie und Lebenskraft in einem neuen Licht zu betrachten. Sie bietet die Möglichkeit, die Brücke zwischen der empirischen Strenge der Wissenschaft und der intuitiven Weisheit traditioneller Energielehren zu schlagen und so ein umfassenderes Verständnis des Lebens und seiner vielfältigen Ausdrucksformen zu entwickeln.

Zusammenführung der Perspektiven

In der menschlichen Energetik geht es um den Fluss und die Auswirkungen von Energie im Körper sowie um das Lösen energetischer Ungleichgewichte. Trotz der Kluft zwischen traditionellen Heilpraktiken und moderner Wissenschaft, bietet die Integration beider Sichtweisen eine umfassende

Betrachtung des menschlichen Wohlbefindens. Als Hypnose-therapeut verbindet man die Bedeutung energetischer Balance mit dem Verständnis psychischer Prozesse, um auf das Unterbewusstsein einzuwirken und Blockaden zu lösen, die sowohl psychisch als auch energetisch wirksam sind.

Diese Verbindung zwischen Mesmerismus und Humanenergetik zeigt, wie vielfältig die Ansätze zur Förderung der Gesundheit sein können und unterstreicht die Notwendigkeit, über Disziplinengrenzen hinweg zu denken und zu arbeiten, um das menschliche Wohlergehen in all seinen Facetten zu unterstützen.

Die Synergie von Mesmerismus und Humanenergetik bietet ein tiefgreifendes Verständnis für die Komplexität menschlicher Existenz, das über die Grenzen konventioneller medizinischer Modelle hinausgeht. Diese integrative Perspektive erkennt an, dass die Gesundheit des Menschen nicht allein durch die physische Dimension definiert wird, sondern auch durch energetische und psychische Aspekte beeinflusst ist.

Erweiterung des therapeutischen Spektrums

In der Schnittmenge von Mesmerismus und Humanenergetik entsteht ein faszinierendes Feld therapeutischer Möglichkeiten, das die Grenzen traditioneller Heilmethoden sprengt und in neue Dimensionen des Heilens vorstößt. Diese konvergierenden Disziplinen eröffnen Therapeuten den Zugang zu einem erweiterten Arsenal an Techniken und Praktiken, die das Wohlbefinden des Menschen auf einer tiefgreifenden Ebene fördern.

Die Kombination von Mesmerismus, mit seinem Fokus auf die Nutzung von Lebensenergien und dem Einfluss des Unterbewusstseins, und der Humanenergetik, die sich mit den subtilen energetischen Strukturen des Körpers beschäftigt, ermöglicht es, ein umfassendes Spektrum menschlicher Erfahrungen und Bedürfnisse zu adressieren. Dieser integrative Ansatz zielt darauf ab, Harmonie und Gleichgewicht nicht nur im physischen Körper, sondern auch in der emotionalen und spirituellen Dimension des Seins wiederherzustellen.

Indem Therapeuten Methoden aus beiden Bereichen anwenden, öffnen sie die Tür zu einer Behandlungsform, die den Menschen als Ganzes betrachtet. Sie erkennen an, dass körperliche Beschwerden oft Wurzeln in emotionalen oder energetischen Ungleichgewichten haben können und dass die Heilung dieser Aspekte entscheidend für die Wiederherstellung der Gesundheit ist. Durch die Kombination von Techniken wie dem energetischen Handauflegen des Mesmerismus mit den Prinzipien der Energiefluss-Harmonisierung der Humanenergetik können Therapeuten gezielt auf die individuellen Bedürfnisse ihrer Klienten eingehen.

Dieser holistische Ansatz ermöglicht es, energetische Blockaden zu identifizieren und aufzulösen, die psychische Gesundheit zu fördern und das körperliche Wohlbefinden zu steigern. Es ist ein Dialog zwischen Therapeut und Klient, in dem durch Achtsamkeit, Empathie und die gezielte Anwendung energetischer Techniken ein Raum für Heilung und Transformation geschaffen wird.

Die Verschmelzung von Mesmerismus und Humanenergetik illustriert das wachsende Verständnis in der therapeutischen Gemeinschaft, dass wahre Heilung die Integration aller Aspekte des menschlichen Seins erfordert. Indem sie die physischen, emotionalen und energetischen Ebenen des Lebens in Einklang bringen, bieten Therapeuten ihren Klienten die Möglichkeit, tiefe innere Harmonie zu erfahren und ihr volles Potenzial für Gesundheit und Glück zu entfalten. In dieser Synthese liegt die Kraft, nicht nur Symptome zu behandeln, sondern die Wurzeln des Unwohlseins zu erreichen und nachhaltige, positive Veränderungen im Leben der Menschen zu bewirken.

Die Rolle des Bewusstseins

Im Herzen der Verbindung zwischen Mesmerismus und Humanenergetik liegt die zentrale Rolle des Bewusstseins – ein Schlüsselelement, das für Heilung und persönliche Transformation unerlässlich ist. Diese beiden tiefgründigen Disziplinen erkennen übereinstimmend an, dass eine aktive Beteiligung des Bewusstseins nicht nur wünschenswert, sondern essentiell ist, um den Heilungsprozess wirklich effektiv zu gestalten.

Das Bewusstsein, weit mehr als nur ein passiver Beobachter unserer Erfahrungen, wird als ein dynamisches Feld verstanden, das die Fähigkeit besitzt, unsere physische und energetische Realität tiefgreifend zu beeinflussen. Mesmerismus und Humanenergetik teilen die Überzeugung, dass durch die bewusste Lenkung und Erweiterung unseres Bewusstseins Zugang zu den tiefsten Schichten unseres Seins erlangt werden kann. Dies eröffnet die Möglichkeit, nicht nur Symptome zu lindern, sondern die tieferen Ursachen von Disharmonie und Krankheit direkt anzusprechen.

Die Einbeziehung des Bewusstseins in den therapeutischen Prozess ermöglicht es, die Selbstheilungskräfte des Körpers zu aktivieren. Durch gezielte Aufmerksamkeit und Intention können energetische Blockaden gelöst und der natürliche Energiefluss wiederhergestellt werden. Dieser Ansatz berücksichtigt, dass Heilung nicht allein auf einer physischen Ebene stattfindet, sondern eine tiefgreifende Veränderung des energetischen und psychischen Zustands des Individuums erfordert.

Beide Disziplinen nutzen die Kraft des Bewusstseins, um eine Brücke zwischen dem sichtbaren und dem unsichtbaren, zwischen dem Körper und dem Geist zu schlagen. Sie lehren, dass unsere Gedanken, Überzeugungen und Emotionen direkte Auswirkungen auf unsere physische Gesundheit haben und dass durch die Transformation unseres inneren Erlebens tiefgreifende Heilung möglich ist.

Diese gemeinsame Grundlage von Mesmerismus und Humanenergetik unterstreicht die Bedeutung eines ganzheitlichen Ansatzes in der Therapie, der die Wechselwirkungen zwischen Körper, Geist und Bewusstsein anerkennt. Indem wir lernen, unser Bewusstsein bewusst zu nutzen und zu erweitern, eröffnen wir uns die Möglichkeit, die Wurzeln unserer Disharmonien zu erkennen und zu transformieren. Es ist dieser bewusste Prozess der Selbstreflexion und –transformation, der wahre Heilung ermöglicht – eine Heilung, die nicht nur die Symptome adressiert, sondern das gesamte Wesen in Einklang und Balance bringt.

Die Herausforderung und Chance der Akzeptanz

Die Eingliederung von Mesmerismus und Human-energetik in das etablierte medizinische System stößt auf eine bedeutsame Hürde: die Herausforderung der Akzeptanz. In einem Umfeld, das traditionell auf empirisch belegte Methoden und die messbare Wirksamkeit von Behandlungen setzt, finden die subtilen, oft nicht quantifizierbaren Ansätze der energetischen und holistischen Heilpraktiken nur zögerlich Anerkennung. Diese Skepsis innerhalb der Schulmedizin gegenüber alternativen Heilmethoden wurzelt in einem tiefen Bedürfnis nach wissenschaftlicher Validierung und der Sorge um Patientensicherheit und -wirksamkeit.

Trotz dieser Herausforderungen zeichnet sich ein Silberstreif am Horizont ab. Die zunehmende Popularität und Anerkennung komplementärer und alternativer Therapieformen deuten darauf hin, dass sich die Perspektiven langsam verschieben. Immer mehr Patienten und auch Mediziner erkennen den Wert und die Wirksamkeit dieser alternativen Ansätze an, besonders in Fällen, in denen konventionelle Behandlungen an ihre Grenzen stoßen oder unerwünschte Nebenwirkungen hervorrufen.

Diese Entwicklung bietet eine einzigartige Gelegenheit, Brücken zwischen den scheinbar getrennten Welten der traditionellen und der modernen Medizin zu schlagen. Durch die Integration von Methoden des Mesmerismus und der Humanenergetik in den medizinischen Mainstream könnten wir eine umfassendere, patientenzentrierte Herangehensweise an Gesundheit und Heilung fördern. Eine solche Herangehensweise würde nicht nur die physischen Aspekte von Krankheiten adressieren, sondern auch die psychischen, emotionalen und energetischen Dimensionen des menschlichen Wohlbefindens berücksichtigen.

Die Schlüssel zur Überwindung dieser Akzeptanzhürde liegen in Bildung, Forschung und Dialog. Durch die Förderung eines offenen Austauschs zwischen Praktikern der konventionellen Medizin und Experten in den Bereichen Mesmerismus und Humanenergetik können Vorurteile abgebaut und ein tieferes Verständnis für die Komplementarität der verschiedenen Heilansätze entwickelt werden. Gleichzeitig ist es wichtig, die wissenschaftliche Forschung in diesen Bereichen voranzutreiben, um die Wirksamkeit energetischer und holistischer Praktiken durch solide Daten zu untermauern.

Letztendlich könnte die erfolgreiche Integration von Mesmerismus und Humanenergetik in das gesundheitliche Versorgungssystem zu einer revolutionären Erweiterung unserer Möglichkeiten führen, Gesundheit und Krankheit zu verstehen und zu behandeln.

Sie ermutigt uns, über die Grenzen traditioneller Medizin hinauszudenken und ein ganzheitlicheres, integratives Gesundheitsmodell zu umarmen, das das volle Spektrum menschlicher Erfahrungen und Bedürfnisse anerkennt.

Zukunftsperspektiven

Die Zukunft der Verbindung zwischen Mesmerismus und Humanenergetik liegt in der fortlaufenden Forschung, der Ausbildung und der praktischen Anwendung. Durch die Kombination von altem Wissen und moderner Wissenschaft können wir unser Verständnis von Gesundheit und Heilung erweitern. Es ist eine Einladung, über den Tellerrand hinauszublicken und die vielfältigen Wege zu erkunden, die zu Wohlbefinden und Ganzheit führen.

In der Synergie von Mesmerismus und Humanenergetik spiegelt sich das Bestreben wider, den Menschen nicht als Summe isolierter Teile, sondern als ein dynamisches, interaktives System zu betrachten, dessen Gesundheit von einem harmonischen Zusammenspiel aller seiner Aspekte abhängt. Indem wir die Weisheit beider Disziplinen nutzen, können wir einen umfassenderen, empathischeren und wirksameren Ansatz zur Förderung der menschlichen Gesundheit entwickeln

16. Klassische Hypnose vs Mesmerismus

Die klassische Hypnose, auch traditionelle Hypnose genannt, ist eine Form der Hypnotherapie, die sich auf die Anwendung direkter Suggestionen konzentriert, um Veränderungen im Verhalten, in den Gedanken oder im emotionalen Zustand des Teilnehmenden zu bewirken. Im Gegensatz zu neueren Formen der Hypnotherapie, die auf einem eher erkenntnisorientierten Ansatz basieren und die Ursachen hinter den Symptomen eines Klienten erforschen, nutzt die klassische Hypnose oft ein Skript oder eine Reihe von Anweisungen, um den gewünschten Zustand der Trance zu erreichen und spezifische Ziele zu erreichen.

Während einer Sitzung der klassischen Hypnose leitet der Therapeut den Klienten an, sich zu entspannen und seine Aufmerksamkeit zu fokussieren, oft durch die Verwendung von Visualisierungstechniken oder durch das Zählen. Sobald der Klient einen tiefen Entspannungszustand erreicht hat und offen für Suggestionen ist, verwendet der Therapeut direkte Suggestionen, um das gewünschte Verhalten oder die Veränderung zu fördern. Diese Suggestionen sind klar und unmissverständlich formuliert, um die Akzeptanz im Unterbewusstsein des Klienten zu erhöhen.

Die Effektivität der klassischen Hypnose hängt stark von der Bereitschaft und Offenheit des Klienten ab, sich auf den Prozess einzulassen. Es wird angenommen, dass der veränderte Bewusstseinszustand während der Hypnose die kritische Bewertungsfähigkeit des bewussten Geistes verringert, was den direkten Zugang zum Unterbewusstsein ermöglicht. Dies kann die Annahme von Suggestionen erleichtern, die im normalen Wachzustand möglicherweise auf Widerstand stoßen würden.

Die Anwendungen der klassischen Hypnose sind vielfältig und umfassen die Behandlung von Phobien, Angstzuständen, Schmerzmanagement, Stressabbau, Verbesserung der Leistungsfähigkeit in verschiedenen Bereichen sowie Unterstützung bei der Raucherentwöhnung und Gewichtsreduktion. Trotz der vielfältigen Anwendungsmöglichkeiten ist es wichtig zu beachten, dass nicht jeder gleich gut auf Hypnose anspricht und der Erfolg der Therapie von individuellen Faktoren wie der Beziehung zum Hypnotherapeuten, den persönlichen Überzeugungen und der Fähigkeit, sich auf den Prozess einzulassen, abhängt.

Die klassische Hypnose, mit ihrem direkten und oft skriptbasierten Ansatz, bietet eine klare Struktur für die Hypnotherapie. Sie ermöglicht schnelle Veränderungen und ist besonders nützlich in Situationen, in denen spezifische Verhaltensänderungen oder die Bewältigung von Symptomen im Vordergrund stehen. Jedoch erkennen viele Praktizierende und Klienten auch den Wert integrativer Ansätze, die Elemente der klassischen Hypnose mit anderen therapeutischen Techniken kombinieren, um eine umfassendere und individuell angepasste Behandlung zu bieten.

Die Tatsache, dass verbale Kommunikation lediglich 7% der gesamten Kommunikation ausmacht, während die restlichen 93% auf nonverbale Signale wie Körpersprache,

Mimik, Gestik und Tonfall entfallen, spielt in der Praxis der klassischen Hypnose eine besonders interessante Rolle. Obwohl die Hypnose primär auf Sprache basiert, um Veränderungen im Bewusstseinszustand zu bewirken und Suggestionen zu vermitteln, ist die Art und Weise, wie diese Sprache präsentiert wird, entscheidend für ihren Erfolg.

In der Hypnotherapie ist die Verwendung der Sprache nuanciert und tiefgreifend. Die Stimme des Therapeuten – ihr Rhythmus, ihre Melodie, ihr Tempo und ihre Lautstärke – ist ein wesentliches Instrument, das die verbalen Anweisungen unterstützt und verstärkt. Diese Elemente der Sprachführung können beruhigend wirken, Vertrauen schaffen und die Bereitschaft des Klienten erhöhen, sich auf den Prozess einzulassen. So wird der verbale Teil der Kommunikation durch nonverbale Signale ergänzt und verstärkt, was die Wirksamkeit der Hypnose maßgeblich beeinflusst.

Darüber hinaus spielen die Atmosphäre und das Setting, in dem die Hypnosesitzung stattfindet, eine wichtige Rolle. Die physische Umgebung und die nonverbale Kommunikation des Therapeuten tragen zu einem Gefühl der Sicherheit und Entspannung bei, das für eine erfolgreiche Hypnose entscheidend ist. Die nonverbalen Aspekte der Kommunikation helfen dabei, eine tiefe Verbindung zwischen Therapeut und Klient herzustellen, die für den Zugang zum Unterbewusstsein notwendig ist.

Die klassische Hypnose nutzt die Sprache als Werkzeug, um das Bewusstsein zu beeinflussen, doch der Kontext, in dem diese Sprache eingebettet ist, und die nonverbalen Signale, die sie begleiten, sind ebenso wichtig. Diese Elemente zusammen schaffen eine umfassende kommunikative

Erfahrung, die den Klienten dazu befähigt, tiefgreifende Veränderungen auf einer unterbewussten Ebene zu erleben. Es zeigt sich, dass in der Hypnotherapie die Kunst der Sprachverwendung weit über die bloßen Worte hinausgeht und eine Symphonie aus verbalen und nonverbalen Elementen umfasst, die zusammenwirken, um Heilung und Transformation zu fördern.

Die Bezugnahme auf Dave Elman und seine Prägung der modernen Hypnotherapie-Ausbildung ist ein wesentliches Element, um die gegenwärtige Landschaft der Hypnosekurse und deren methodische Ausrichtung zu verstehen. Dave Elman, ein Pionier in der Welt der Hypnose, hat mit seinen Techniken und Ansätzen einen tiefgreifenden Einfluss auf die Art und Weise ausgeübt, wie Hypnose heute gelehrt und praktiziert wird.

Sein pragmatischer Ansatz, der sich durch eine effiziente und zielgerichtete Nutzung der Hypnose auszeichnet, wurde speziell für die Bedürfnisse und den Kontext der amerikanischen Bevölkerung in der Mitte des 20. Jahrhunderts entwickelt.

Elman legte besonderen Wert darauf, schnell und direkt zum Kern des Problems zu gelangen, und sah viele traditionelle Techniken und Rituale der Hypnose als unnötig oder umständlich an. Sein Fokus lag auf der Anwendbarkeit und Effektivität der Hypnose in therapeutischen sowie medizinischen Settings, was ihn dazu veranlasste, Techniken zu entwickeln, die schnell in die Tiefe gehen und direkte Ergebnisse liefern. Dieser Ansatz hat die Gestaltung von Hypnosekursen stark beeinflusst, wobei viele moderne Programme sich an Elmans Techniken orientieren und seine Hypnoseskripte als Grundlage verwenden.

Jedoch bringt die starke Orientierung an Elmans Arbeit und die Anwendung seiner für Amerikaner entwickelten Hypnoseskripte auch Herausforderungen mit sich, insbesondere wenn es um die kulturelle Übertragbarkeit und die Anpassung an unterschiedliche Bedürfnisse und Kontexte geht. Kulturelle Unterschiede können die Art und Weise beeinflussen, wie Menschen auf Hypnose reagieren, welche Art von Sprache als ansprechend oder beruhigend empfunden wird und wie Suggestionen formuliert werden sollten, um effektiv zu sein.

Die Betonung auf Elmans Ansätzen in der Ausbildung kann dazu führen, dass andere wertvolle Techniken und Perspektiven, die ebenfalls effektiv sein könnten, nicht ausreichend berücksichtigt werden. Es gibt eine Vielzahl von Hypnosetechniken und –ansätzen, die aus verschiedenen Kulturen und historischen Kontexten stammen und die eine Bereicherung für die Praxis der Hypnotherapie darstellen können. Ein integrativer Ansatz, der verschiedene Methoden berücksichtigt und sich nicht ausschließlich auf Elmans Arbeit stützt, könnte eine breitere Palette von Werkzeugen bieten, um auf die individuellen Bedürfnisse von Klienten einzugehen und kulturelle Nuancen zu berücksichtigen.

Während Elmans Beiträge zur Hypnose zweifellos wertvoll und wegweisend sind, ist es wichtig, eine Balance zu finden und offen für die Integration anderer Ansätze und Techniken zu sein. Dies ermöglicht eine flexiblere und individuell angepasste Anwendung der Hypnotherapie, die die vielfältigen Bedürfnisse und Hintergründe von Klienten weltweit berücksichtigt. Die Entwicklung und Weiterbildung in der Hypnotherapie sollten daher nicht nur die bewährten Methoden Elmans umfassen, sondern auch ein breites Spektrum an Techniken und Perspektiven, die die Effektivität und Reichweite der Hypnose als therapeutisches Werkzeug erweitern.

Der Kernunterschied zwischen klassischer Hypnose und Mesmerismus liegt in ihren Ansätzen und der Art, wie sie Veränderungen beim Klienten herbeiführen. Während die klassische Hypnose vorrangig auf verbale Techniken setzt, nutzt der Mesmerismus nonverbale, energetische Methoden. Diese Unterscheidung spiegelt sich in den Techniken, der Interaktion zwischen Therapeut und Klient sowie den zugrundeliegenden Mechanismen der beiden Methoden wider.

Klassische Hypnose

In der klassischen Hypnose wird der Klient durch verbale Kommunikation in einen Trancezustand geführt. Der Therapeut verwendet dabei gezielte Sprache und Suggestionen, um den Geist des Klienten zu erreichen und zu beeinflussen. Diese Technik basiert auf der Überzeugung, dass durch gezielte verbale Anweisungen eine Veränderung im Denken, Fühlen oder Verhalten des Klienten herbeigeführt werden kann. Der Prozess ist insofern interaktiv, als dass der Therapeut aktiv spricht und der Klient auf diese verbalen Stimuli reagiert. Die Induktion in die Trance und die anschließende therapeutische Arbeit basieren hauptsächlich auf diesen verbalen Elementen, wobei der Therapeut den Prozess steuert und durch gezielte Sprache leitet.

Mesmerismus

Im Gegensatz dazu operiert der Mesmerismus auf einer nonverbalen, energetischen Ebene. Anstatt durch Worte in den Geist des Klienten einzudringen, verwendet der Mesmerist energetische Techniken, um eine direkte Wirkung auf den Körper des Klienten auszuüben. Diese Methode beruht auf der Wirkung, dass ein energetischer Austausch oder eine Beeinflussung stattfinden kann, ohne dass verbale Kommunikation notwendig ist. Die Trance oder der veränderte Bewusstseinszustand, der durch Mesmerismus erreicht wird, entsteht aus dieser energetischen Interaktion heraus und wird vom Körper des Klienten selbst weitergeführt. Der Mesmerist initiiert den Prozess, wird dann aber zum Beobachter, während der Klient auf diese energetische Anregung reagiert und die Erfahrung vertieft.

Kernunterschiede in der Anwendung

Techniken:
Klassische Hypnose nutzt verbale Suggestionen als Hauptwerkzeug, während Mesmerismus auf nonverbale, energetische Einflüsse setzt.

Interaktion:
In der klassischen Hypnose ist der Therapeut aktiv in einen verbalen Austausch involviert; im Mesmerismus initiiert der Therapeut den Prozess energetisch und nimmt dann eine beobachtende Rolle ein.

Ziel und Wirkmechanismus:

Während die klassische Hypnose darauf abzielt, durch verbale Kommunikation Veränderungen im Bewusstseinszustand herbeizuführen, strebt der Mesmerismus eine direkte, nonverbale Beeinflussung des Körperzustandes an, die eine Trance auslöst und vertieft.

Diese Unterscheidung macht deutlich, dass die klassische Hypnose und der Mesmerismus unterschiedliche Zugänge und Verständnisse darüber haben, wie therapeutische Veränderungen initiiert und unterstützt werden können. Während die klassische Hypnose die Macht der Sprache nutzt, um den Geist zu beeinflussen, fokussiert der Mesmerismus auf die energetische Ebene, um eine Reaktion im Körper zu bewirken, die dann in eine selbsttragende Trance übergeht.

Die Rolle des Mesmeristen im therapeutischen Prozess ist besonders interessant, da sie sich deutlich von der aktiven, leitenden Rolle unterscheidet, die in der klassischen Hypnose üblich ist. Im Mesmerismus dient der Mesmerist als ein Katalysator oder Werkzeug, das den Raum für die Erfahrung des Klienten öffnet, um eine stabile und angenehme Trance zu ermöglichen. Die Grundphilosophie hierbei betont, dass der Klient selbst der beste Therapeut ist. Diese Perspektive erkennt die innere Weisheit und Selbstheilungskräfte des Klienten an und positioniert den Mesmeristen in einer unterstützenden, aber nicht direktiven Rolle.

Erweiterter Ansatz im Mesmerismus

Raumöffnung:
Der Mesmerist öffnet den Raum für die Tranceerfahrung, indem er energetische Techniken anwendet, die eine Atmosphäre der Ruhe und Entspannung schaffen. Diese nicht-invasive Methode ermöglicht es dem Klienten, in einen Zustand tiefer Trance einzutreten, ohne durch verbale Anweisungen geleitet zu werden.

Werkzeug der Trance:
Der Mesmerist agiert als das Werkzeug, durch das die energetische Interaktion stattfindet. Diese Rolle beinhaltet, dass der Mesmerist seine eigenen Fähigkeiten und seine energetische Präsenz nutzt, um den Prozess zu initiieren. Es geht nicht darum, den Klienten zu manipulieren oder spezifische Ergebnisse zu erzwingen, sondern vielmehr darum, die Bedingungen zu schaffen, unter denen der Klient seine eigene Tranceerfahrung vertiefen kann.

Selbstheilungskräfte:
Der Mesmerismus legt großen Wert auf die Selbstheilungskräfte des Klienten. Indem der Mesmerist den Raum öffnet und sich dann als Beobachter zurückzieht, wird dem Klienten die Möglichkeit gegeben, seine eigenen inneren Prozesse zu navigieren und zu steuern. Diese Herangehensweise beruht auf dem Vertrauen in die Fähigkeit des Klienten, seine eigene Heilung zu leiten und zu realisieren.

Rolle des Beobachters:

Ab einem gewissen Punkt im Prozess wird der Mesmerist zum Beobachter der Erfahrung des Klienten. Diese Zurückhaltung ist entscheidend, da sie dem Klienten den notwendigen Freiraum lässt, um mit seinen eigenen inneren Erfahrungen zu arbeiten. Der Mesmerist bleibt präsent und unterstützend, greift aber nicht aktiv ein, sodass der Klient die Hauptarbeit der Selbstentdeckung und –heilung verrichten kann.

Diese erweiterte Perspektive auf die Rolle des Mesmeristen unterstreicht die Bedeutung der Eigenverantwortung des Klienten im therapeutischen Prozess. Es wird anerkannt, dass der Klient, ausgestattet mit den richtigen Bedingungen und dem notwendigen Raum, am besten in der Lage ist, seine eigene Heilung zu navigieren und voranzutreiben. Der Mesmerismus bietet somit einen Rahmen, in dem die Selbstheilungskräfte des Klienten aktiviert und unterstützt werden, mit dem Mesmeristen als Wegbereiter und Begleiter, nicht als derjenige, der die Heilung »macht«.

17. Kinesiologie und Mesmerismus

Die Diskussion über die Unterschiede und Nuancen zwischen klassischer Hypnose und Mesmerismus bietet einen faszinierenden Einblick in die vielfältigen Methoden, die zur Förderung von Heilung und Wohlbefinden eingesetzt werden. Diese Methoden, die sich durch ihre Herangehensweisen an die menschliche Psyche und die Nutzung energetischer Prinzipien unterscheiden, leiten uns zu einem weiteren faszinierenden Bereich der alternativen Medizin: der Kinesiologie.

Die Kinesiologie, ähnlich dem Mesmerismus, betont die Bedeutung von Energieflüssen im Körper und wie diese unser physisches und psychisches Wohlbefinden beeinflussen. Während der Mesmerismus sich auf die direkte Übertragung und Modulation dieser Energien durch nonverbale Techniken konzentriert, nutzt die Kinesiologie die Körperbewegungen und Muskeltests, um Ungleichgewichte im Energiefluss des Körpers zu identifizieren und zu korrigieren.

Beide Praktiken erkennen an, dass der Körper und der Geist nicht getrennt voneinander existieren, sondern in einer dynamischen Wechselbeziehung stehen, in der Energie eine zentrale Rolle spielt. Im Mesmerismus wird der Therapeut zum Kanal dieser Energie, um Heilungsprozesse zu initiieren, während in der Kinesiologie der Körper selbst als Wegweiser dient, um Blockaden und Disharmonien aufzudecken.

Die Kinesiologie erweitert das Verständnis von Körperarbeit und energetischer Heilung, indem sie spezifische Techniken anwendet, die es ermöglichen, auf die Weisheit des Körpers zuzugreifen. Durch Muskeltests – eine Methode, bei der die Reaktion eines Muskels auf leichten Druck bewertet wird – kann der Kinesiologe Rückschlüsse auf energetische, ernährungsbedingte, emotionale und physische Ungleichgewichte im Körper ziehen. Diese Technik ermöglicht es, individuell angepasste Behandlungen zu entwickeln, die nicht nur auf die Symptome abzielen, sondern auch auf die zugrundeliegenden Ursachen von Beschwerden und Erkrankungen.

Sowohl der Mesmerismus als auch die Kinesiologie betonen die Bedeutung der energetischen Komponente im Heilungsprozess und bieten einzigartige Perspektiven auf die Art und Weise, wie wir Gesundheit und Wohlbefinden fördern können. Indem wir die Prinzipien und Techniken beider Praktiken verstehen, eröffnen wir neue Wege, um die komplexen Wechselwirkungen zwischen Körper, Geist und Energie anzugehen und zu harmonisieren.

Die Kinesiologie bewegt sich an der Schnittstelle zwischen traditioneller Körperarbeit und den Bereichen der alternativen Medizin, wobei sie Aspekte aus Chiropraktik und energetischer Heilung vereint. Ihre Anwendung und Theoriebildung entstammen einem Bereich, der von einigen als Parawissenschaft betrachtet wird, da sie Praktiken und Annahmen beinhaltet, die sich außerhalb des etablierten naturwissenschaftlichen Verständnisses bewegen.

Die Grundannahme der angewandten Kinesiologie, dass Veränderungen in der Muskelspannung direkte Hinweise auf Ungleichgewichte oder Dysfunktionen im Körper geben können, spiegelt ein holistisches Verständnis von Gesundheit wider. Dieses Verständnis beruht auf der Vorstellung, dass physische, chemische und emotionale Aspekte des Lebens eng miteinander verwoben sind und sich gegenseitig beeinflussen.

Praktische Anwendung und Kritik

In der Praxis nutzen Kinesiologen manuelle Muskeltests, um den Zustand des Körpers zu beurteilen. Diese Tests sollen Aufschluss über die Gesundheit und das Wohlbefinden des Klienten geben sowie mögliche Ursachen für Beschwerden aufdecken. Die daraus resultierenden Informationen dienen dann als Grundlage für die Entwicklung individueller Behandlungspläne, die auf die spezifischen Bedürfnisse und Ungleichgewichte des Klienten abgestimmt sind.

Die Kritik an der Kinesiologie, insbesondere an ihrem Anspruch, eine Diagnose- und Behandlungsmethode zu sein, gründet vor allem auf dem Mangel an naturwissenschaftlichen Belegen für ihre Wirksamkeit. Die wissenschaftliche Gemeinschaft fordert evidenzbasierte Belege, die durch standardisierte, kontrollierte Studien erbracht werden, um die Wirksamkeit medizinischer und therapeutischer Interventionen zu bestätigen. Für viele Praktiken der angewandten Kinesiologie stehen solche Belege bislang aus, was zu einer kritischen Einschätzung ihrer Validität und Zuverlässigkeit als diagnostisches Werkzeug führt.

Integrativer Ansatz

Trotz der Kritik finden Methoden wie die angewandte Kinesiologie in der Praxis Verwendung, oft als Teil eines integrativen Behandlungsansatzes, der traditionelle medizinische Verfahren mit alternativen Methoden kombiniert. Viele Praktiker und Klienten berichten von positiven Erfahrungen, insbesondere in Bezug auf das allgemeine Wohlbefinden und die Unterstützung bei der Bewältigung von Stress und emotionalen Belastungen.

Es ist wichtig, einen offenen Dialog zwischen traditionellen und alternativen Heilmethoden zu fördern, um das Verständnis für die verschiedenen Ansätze zu verbessern und die besten möglichen Behandlungsergebnisse für Klienten zu erzielen. Eine kritische, aber offene Haltung gegenüber unterschiedlichen Therapieformen kann dazu beitragen, die Grenzen unseres Wissens zu erweitern und Wege zu finden, wie verschiedene Heilmethoden zum Nutzen der Patienten zusammenwirken können.

Die Entwicklung von der traditionellen zur modernen Kinesiologie und der Einfluss des Mesmerismus auf ähnliche Praktiken bietet eine faszinierende Perspektive auf die Evolution alternativer Heilmethoden und deren Anwendungsbereiche. Die anfängliche Anwendung des Muskeltests in der Kinesiologie als universelles Werkzeug zur Aufdeckung sowohl körperlicher als auch mentaler Zustände hat sich im Laufe der Zeit gewandelt, wobei der Fokus zunehmend auf den physischen Aspekt verlagert wurde. Dieser Wandel spiegelt eine zunehmende Zurückhaltung wider, den mentalen und emotionalen Aspekten dieselbe Bedeutung beizumessen, wie es in den Anfängen der Kinesiologie der Fall war.

Die Besorgnis einiger Kinesiologen, dass das Bewusstsein und das Ego das Ergebnis eines Muskeltests beeinflussen könnten, verdeutlicht eine Verschiebung weg von einem ganzheitlichen Verständnis hin zu einem enger gefassten, physisch orientierten Ansatz. Diese Entwicklung kann als eine Art »Verwässerung« der ursprünglichen Intentionen und Methoden der Kinesiologie angesehen werden, bei der die Integration und das Verständnis des gesamten menschlichen Seins im Zentrum standen.

Im Gegensatz dazu integriert der Mesmerismus aktiv die Arbeit mit Ego und Bewusstsein in seine Praxis und betrachtet diese Aspekte als wesentliche Elemente des Heilungsprozesses. Durch die Einbeziehung sowohl physischer als auch mentaler Zustände in den Muskeltest, erlaubt der Mesmerismus eine umfassendere Betrachtung des Individuums. Dieser Ansatz unterstreicht die Überzeugung, dass der Klient selbst der beste Therapeut ist. Was der Klient bewusst oder unbewusst definiert, hat einen direkten Einfluss auf sein Wohlbefinden und seine Heilung. Diese Perspektive ehrt die Komplexität und Ganzheit des menschlichen Seins und erkennt an, dass wahre Heilung aus der Integration aller Aspekte des Selbst – physisch, mental und emotional – entsteht.

Die Unterschiede in der Anwendung und Philosophie zwischen der modernen Kinesiologie und dem Mesmerismus beleuchten die Vielfalt und Tiefe alternativer Heilmethoden. Sie zeigen auf, wie wichtig es ist, den Menschen als Ganzes zu betrachten und wie die Einbeziehung aller Facetten des Seins – einschließlich des Bewusstseins und des Egos – zu tieferen Einsichten und wirkungsvolleren Heilungsergebnissen führen kann.

Die Arbeit des Mesmeristen, die alle Faktoren integriert und den Klienten in den Mittelpunkt des Prozesses stellt, bietet ein leuchtendes Beispiel dafür, wie eine umfassende und respektvolle Annäherung an Gesundheit und Heilung gestaltet werden kann.

Der Muskeltest, eine Schlüsselkomponente sowohl in der Kinesiologie als auch im Mesmerismus, beruht auf der faszinierenden Prämisse, dass die physischen Reaktionen unseres Körpers, insbesondere die Kraft spezifischer Muskeln, Aufschluss darüber geben können, wie unser Körper oder unser Unterbewusstsein auf unterschiedliche Stimuli oder Fragen reagiert. Diese Methode ist bei Anhängern alternativer Gesundheitspraktiken beliebt, da sie davon ausgehen, dass der Körper in einer Weise reagiert, die aufzeigt, ob etwas für ihn von Nutzen oder Schaden ist.

Prinzip der Methode

Das fundamentale Prinzip hinter dem Muskeltest basiert auf der Annahme, dass der Körper über eine Art »innere Weisheit« oder »unterbewusstes Wissen« verfügt, das durch die Reaktion der Muskeln zugänglich gemacht werden kann. Diese innere Weisheit, so glaubt man, kann direkte Einblicke in das Wohlsein und die Bedürfnisse des Körpers geben, weit über das hinaus, was dem bewussten Verstand zu jedem gegebenen Zeitpunkt bewusst ist.

Anwendung des Muskeltests

Die Anwendung des Muskeltests ist vielfältig und reicht von der Identifizierung von Nahrungsmittelunverträglichkeiten über die Aufdeckung von emotionalen Blockaden bis hin zur Bestimmung der Verträglichkeit von bestimmten Substanzen oder Umgebungen. Im Kontext des Muskeltests wird ein bestimmter Muskel ausgewählt und einer leichten Kraft ausgesetzt. Der Praktizierende beurteilt dann die Stärke oder Schwäche dieses Muskels als Reaktion auf eine spezifische Frage oder einen Reiz.

Positive Reaktion:
Wird der Körper mit einem Stimulus konfrontiert, der als positiv oder zuträglich wahrgenommen wird, wird angenommen, dass der getestete Muskel stark und widerstandsfähig bleibt. Diese Reaktion wird interpretiert als ein Zeichen dafür, dass der vorgelegte Stimulus harmonisch mit dem Wohlsein des Körpers übereinstimmt.

Negative Reaktion:
Umgekehrt wird angenommen, dass ein Muskel schwach reagiert oder sich unter leichtem Druck einfacher bewegen lässt, wenn er einem negativen oder schädlichen Stimulus ausgesetzt ist. Diese muskuläre Schwäche wird als Indikator gesehen, dass der betreffende Reiz für den Körper oder das Unterbewusstsein des Individuums unvorteilhaft ist.

Bedeutung im therapeutischen Kontext

Im therapeutischen Kontext, sowohl im Mesmerismus als auch in der Kinesiologie, dient der Muskeltest nicht nur als Diagnosewerkzeug, sondern auch als ein Weg, um den Rapport zwischen Therapeut und Klient zu vertiefen und als Convincer zu fungieren. Durch die direkte Erfahrung der körperlichen Reaktionen wird dem Klienten die Wirksamkeit und Relevanz der therapeutischen Methode vor Augen geführt. Dies stärkt das Vertrauen in den Heilungsprozess und fördert eine tiefere Einsicht in die eigenen inneren Prozesse und Bedürfnisse.

Der Muskeltest illustriert somit die tiefe Verbindung zwischen Körper und Geist und die Fähigkeit des Körpers, als Wegweiser für Heilung und Wohlbefinden zu dienen. Diese Praxis betont die Wichtigkeit, auf die Signale unseres Körpers zu hören und ihnen Vertrauen zu schenken, als einen integralen Bestandteil des Weges zur Gesundheit und Harmonie.

Die Verwendung des Muskeltests durch Mesmeristen geht über die bloße Diagnose körperlicher und mentaler Zustände hinaus und dient auch als überzeugendes Mittel (Convincer) für den Klienten. Diese Anwendung des Muskeltests ist besonders wertvoll, um den Rapport zwischen dem Mesmeristen und dem Klienten zu intensivieren und das Vertrauen in den therapeutischen Prozess zu stärken.

Convincer im Mesmerismus

Ein »Convincer« ist eine Technik oder Erfahrung, die dem Klienten hilft, den Wert und die Wirksamkeit der Methode zu erkennen. Im Kontext des Mesmerismus ermöglicht der Muskeltest dem Klienten, unmittelbar zu erleben, wie physische Reaktionen auf energetische oder mentale Einflüsse hinweisen können. Diese direkte Erfahrung kann Augen öffnend sein und dient oft als kraftvoller Moment der Einsicht, der die Bereitschaft des Klienten erhöht, sich tiefer auf den therapeutischen Prozess einzulassen.

Intensivierung des Rapports

Der Rapport, also die harmonische Beziehung zwischen Therapeut und Klient, ist entscheidend für den Erfolg jeder therapeutischen Arbeit. Durch den Einsatz des Muskeltests als Convincer verstärken Mesmeristen diese Beziehung, indem sie eine direkte, erfahrbare Verbindung zwischen den Interventionen des Mesmeristen und den Reaktionen des Klienten herstellen. Diese Erfahrung unterstreicht die Kompetenz des Mesmeristen und die Relevanz der Methode für den Klienten, was wiederum das Vertrauen und die Offenheit des Klienten fördert.

Vertrauen in den Heilungsprozess

Indem der Muskeltest als Convincer verwendet wird, wird nicht nur der Rapport verstärkt, sondern auch das Vertrauen des Klienten in seine eigenen Heilungsfähigkeiten. Der Klient erkennt, dass er aktiv an seinem eigenen Heilungsprozess teilnehmen kann und dass seine körperlichen und mentalen Reaktionen wichtige Hinweise für sein Wohlbefinden und seine Entwicklung sind. Diese Erkenntnis stärkt das Selbstvertrauen des Klienten und fördert eine tiefere Zusammenarbeit im Heilungsprozess.

Zusammenfassung

Die erweiterte Nutzung des Muskeltests im Mesmerismus als Convincer reflektiert eine tiefgreifende Verständnisweise der therapeutischen Beziehung und des Heilungsprozesses. Indem Mesmeristen diesen Ansatz wählen, nutzen sie die direkte, körperliche Erfahrung des Klienten, um Einsichten zu fördern, den therapeutischen Rapport zu intensivieren und das Vertrauen in die Effektivität der Behandlung zu stärken. Dieser ganzheitliche Ansatz ehrt die Weisheit des Körpers und die Fähigkeit des Klienten, aktiv zur eigenen Heilung beizutragen, und bildet eine starke Grundlage für tiefgreifende Veränderungen und Heilung.

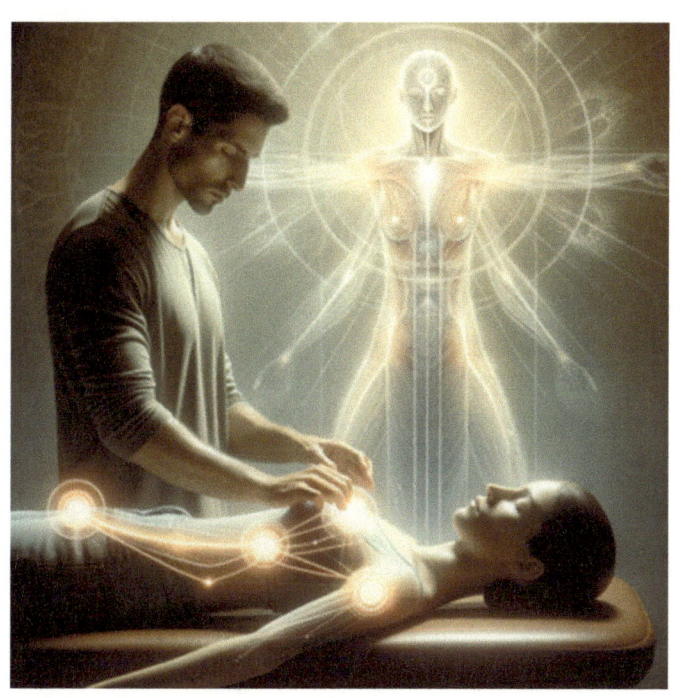

18. Von Mudras und Ankern

Mudras, die in der Praxis des Yoga und der Meditation oft als einfache Handgesten wahrgenommen werden, tragen eine tiefere Bedeutung und Anwendung, die über ihre sichtbare Einfachheit hinausgeht. Diese traditionellen Gesten dienen nicht nur als kraftvolle Werkzeuge zur Steuerung und Harmonisierung unserer inneren Zustände, sondern sie fungieren auch als effektive Anker, die uns erlauben, Zugang zu spezifischen psychischen und emotionalen Zuständen zu finden und diese gezielt zu beeinflussen.

Flexibilität und Anpassung durch Mudras

Mudras bieten eine einzigartige Flexibilität und Anpassungsfähigkeit in ihrer Anwendung. Sie erfordern keine speziellen Hilfsmittel oder äußeren Bedingungen und können nahezu jederzeit und überall praktiziert werden. Diese Zugänglichkeit macht sie zu einem besonders wertvollen Instrument für Menschen, die nach Wegen suchen, ihr Wohlbefinden in den Alltag zu integrieren. Durch die bewusste Anwendung von Mudras kann eine Person lernen, ihre Gedanken, Emotionen und sogar physische Sensationen mit größerer Absicht und Bewusstheit zu steuern.

Einführung in Mudras

Mudras werden durch bestimmte Positionen und Bewegungen der Hände und Finger ausgeführt. Jedes Mudra hat eine eigene Bedeutung und ist darauf ausgerichtet, spezifische energetische Wirkungen im Körper zu erzeugen. Die Verbindung von physischen Gesten mit mentalen und emotionalen Zuständen gründet auf der Vorstellung, dass der physische Körper und das psychische Erleben tief miteinander verwoben sind und sich gegenseitig beeinflussen können.

Mudras als Anker

Der Begriff »Anker« stammt aus der Hypnotherapie und beschreibt einen Stimulus, der eine spezifische Reaktion oder einen bestimmten Zustand hervorrufen kann. Mudras funktionieren ähnlich, indem sie durch die regelmäßige Praxis mit bestimmten Bewusstseinszuständen, Gefühlen oder Gedanken verknüpft werden. Sobald diese Verknüpfung hergestellt ist, kann das Ausführen eines bestimmten Mudras diese Zustände bewusst aktivieren. Dieser Prozess ermöglicht es, auf eine tiefe Ebene des Selbstbewusstseins und der Selbststeuerung zuzugreifen.

Praktische Anwendung von Mudras

Die Praxis der Mudras kann in nahezu jede Form der Meditation oder des Yoga integriert werden, um die Erfahrung zu vertiefen und zu bereichern. Darüber hinaus können Mudras auch im Alltag als schnelle und effektive Methode eingesetzt werden, um sich zu zentrieren, Stress abzubauen oder sich auf bestimmte Aufgaben und Herausforderungen vorzubereiten. Die bewusste Verbindung von Mudras mit positiven, stärkenden Zuständen kann dabei helfen, ein Gefühl der Ruhe und Klarheit in anspruchsvollen Situationen zu bewahren.

Die Integration von Mudras in die tägliche Praxis bietet eine wunderbare Möglichkeit, den Geist zu beruhigen, das emotionale Gleichgewicht zu fördern und ein tieferes Verständnis für die eigenen inneren Prozesse zu entwickeln. Durch die regelmäßige Anwendung dieser alten Techniken kann jeder Einzelne lernen, seine innere Welt mit größerer Absicht und Achtsamkeit zu navigieren.

Die Anpassung und Veränderung von Mudras erweitert die Bandbreite ihrer Anwendung und unterstreicht ihre Rolle als flexible und individuell zugeschnittene Werkzeuge innerhalb therapeutischer Kontexte wie Hypnotherapie und Mesmerismus. Diese individuelle Anpassungsfähigkeit macht Mudras zu einem besonders wertvollen Instrument, das es ermöglicht, persönlich resonante Anker zu schaffen und zu nutzen.

Flexibilität und Anpassungsfähigkeit von Mudras

Ein zentraler Aspekt der Arbeit mit Mudras ist ihre außergewöhnliche Flexibilität und Anpassungsfähigkeit. Traditionelle Mudras kommen mit einer reichen symbolischen und energetischen Bedeutung, die in jahrhundertealten Praktiken verwurzelt ist. Doch im modernen therapeutischen Kontext ist die Erkenntnis entscheidend, dass letztlich jede Geste oder Bewegung zu einem wirksamen Anker werden kann, sofern sie für den Einzelnen resonant und bedeutsam ist.

Individualisierung der Mudras

Die Individualisierung der Mudras ist ein Prozess, der die einzigartigen Bedürfnisse und Vorlieben jedes Klienten berücksichtigt. Es geht nicht nur darum, die traditionellen Gesten zu nutzen, sondern auch darum, die Freiheit zu haben, diese zu modifizieren oder völlig neue Gesten zu kreieren, die eine persönliche und tiefe Bedeutung für den Klienten haben. Diese persönliche Anpassung macht Mudras zu einem noch mächtigeren Werkzeug in der therapeutischen Arbeit, da sie eine direkte Verbindung zwischen der Geste und den individuellen psychischen und emotionalen Zuständen des Klienten herstellen.

Experimentieren und Anpassen

Der Schlüssel zur erfolgreichen Integration von Mudras in therapeutische Praktiken liegt im Experimentieren und Anpassen. Durch das Ausprobieren verschiedener Gesten und das Beobachten der damit verbundenen Gefühle und Reaktionen können Klienten jene Mudras identifizieren, die für sie am meisten Resonanz finden. Dieser Prozess fördert nicht nur eine tiefere Selbstkenntnis und Selbstwirksamkeit, sondern ermöglicht es auch, Mudras als maßgeschneiderte Werkzeuge für die persönliche Entwicklung und Heilung zu nutzen.

Bedeutung in Hypnotherapie und Mesmerismus

In Kontexten wie Hypnotherapie und Mesmerismus, wo der Aufbau eines tiefen Rapports und das Erreichen spezifischer Bewusstseinszustände zentral sind, können individuell angepasste Mudras eine entscheidende Rolle spielen. Sie dienen nicht nur als Anker, um gewünschte Zustände zu induzieren, sondern auch als Mittel zur Intensivierung des therapeutischen Prozesses. Durch die bewusste Wahl und Anwendung von Mudras können Klienten lernen, ihre inneren Erfahrungen gezielt zu steuern und zu vertiefen.

Die Anpassung und Veränderung von Mudras betont die Wichtigkeit der Flexibilität und individuellen Resonanz in der therapeutischen Arbeit. Durch die Individualisierung der Mudras können tiefe und persönlich bedeutsame Verbindungen zwischen physischen Gesten und inneren

Zuständen geschaffen werden, die die Grundlage für wirksame therapeutische Interventionen bilden. Diese Praxis unterstreicht die Kraft der Mudras als vielseitige Werkzeuge für Heilung und Selbstentfaltung, angepasst an die individuellen Pfade und Bedürfnisse jedes Einzelnen.

Die Integration individuell angepasster Mudras in die Hypnosetherapie erweitert das Repertoire therapeutischer Techniken, indem es Klienten ermöglicht, auf eine subtile, aber kraftvolle Weise mit ihren emotionalen und mentalen Zuständen zu interagieren. Diese praktische Anwendung von Mudras bietet eine einzigartige Methode, um den therapeutischen Prozess zu unterstützen und zu vertiefen.

Integration in die Praxis

In der Hypnosetherapie dienen angepasste Mudras als Werkzeuge, um Klienten zu helfen, spezifische emotionale oder mentale Zustände zu erreichen oder zu modifizieren. Durch die Verknüpfung bestimmter Gesten mit gewünschten Zuständen während der Therapiesitzungen können Klienten lernen, diese Zustände eigenständig zu aktivieren.

Die regelmäßige Anwendung dieser individuell gestalteten Mudras im Alltag oder während der Selbsthypnose-Sitzungen kann dazu beitragen, positive psychische Zustände zu verstärken und den Zugang zu tiefen Entspannungszuständen zu erleichtern.

Diese Technik kann besonders nützlich sein, um Klienten Werkzeuge an die Hand zu geben, die sie außerhalb der Therapiesitzungen eigenständig nutzen können. Dies fördert die Selbstwirksamkeit und das Gefühl der Kontrolle über die eigenen emotionalen und mentalen Prozesse. Mudras können dabei als schnelle und effektive Anker dienen, die es den Klienten ermöglichen, bewusst Einfluss auf ihr Wohlbefinden zu nehmen.

Schlussfolgerung

Mudras, tief verwurzelt in antiken Traditionen, erweisen sich als äußerst flexible und relevante Werkzeuge in der modernen therapeutischen Praxis. Ihre Anwendung in der Hypnosetherapie unterstreicht die untrennbare Verbindung zwischen Körper und Geist und bietet eine sanfte, doch tiefgreifende Methode, um diese Beziehung zu harmonisieren und zu stärken. Durch die Integration von Mudras in therapeutische Prozesse eröffnen sich neue Wege, um ein tieferes Verständnis für die dynamischen Wechselwirkungen zwischen physischen Handlungen und psychischen Zuständen zu fördern.

Mudras bieten somit nicht nur einen Zugang zu alter Weisheit, sondern dienen auch als Brücke zur Selbstentdeckung und –heilung in der modernen Welt. Sie ermöglichen es Klienten, aktive Teilnehmer ihres eigenen Heilungsprozesses zu sein, und bieten eine Methode zur Selbsthilfe, die tiefgreifende Veränderungen in ihrem Leben bewirken kann. Die Anwendung von Mudras in der Hypnosetherapie repräsentiert einen innovativen Ansatz, der die Grenzen traditioneller Methoden erweitert und die ganzheitliche Natur der Heilung betont.

19. Meridiane und Mesmerismus

Die Vorstellung von Meridianen im Mesmerismus als Antennen des Körpers, die externe Energien aufnehmen und verarbeiten können, erweitert unsere Sicht auf den menschlichen Körper und dessen Interaktion mit der Umwelt. Diese Perspektive, die eher metaphorisch als streng wissenschaftlich ist, betrachtet den Körper als ein durchzogenes Netzwerk feiner energetischer Linien oder Ströme, vergleichbar mit einem Landkarten-Netzwerk, wobei jeder Meridian eine spezifische Funktion und Art der Energie trägt.

Meridiane als energetische Antennen

Die Konzeption der Meridiane als Antennen, die externe Energien aufnehmen, fängt die Vorstellung ein, dass der menschliche Körper in ständiger Wechselwirkung mit seiner Umgebung steht. Diese Wechselwirkung umfasst nicht nur physische, sondern auch energetische, emotionale und geistige Ebenen. Wenn Energie von außen auf den Körper trifft – sei es durch natürliche Umgebungen, soziale Interaktionen oder persönliche Erfahrungen –, nehmen diese Meridiane die Energie auf, leiten sie weiter und verteilen sie im Körper, wo sie genutzt, transformiert oder zum Ausgleich gebracht werden kann.

Bedeutung für Gesundheit und Wohlbefinden

Die Rolle der Meridiane als Verbindung zwischen unserem inneren und äußeren Selbst hat direkten Einfluss auf unsere Gesundheit und unser Wohlbefinden. Ein harmonisches Gleichgewicht dieser energetischen Kanäle zu fördern, bedeutet, eine Umgebung zu schaffen, die emotionales, geistiges und körperliches Wohlbefinden unterstützt. Traditionelle Heilpraktiken wie die Akupunktur, die auf der Stimulation spezifischer Punkte entlang der Meridiane basieren, zielen darauf ab, dieses energetische Gleichgewicht wiederherzustellen – vergleichbar mit dem Feintuning einer Antenne für ein klareres Signal.

Der Körper als empfängliches und dynamisches System

Die Sichtweise der Meridiane als energetische Antennen unterstreicht ein Verständnis des Körpers als ein empfängliches und dynamisches System, das in kontinuierlicher Interaktion mit seiner Umgebung steht. Diese Perspektive betrachtet den Körper nicht nur als physische Entität, sondern auch als ein energetisches Wesen, fähig, auf die subtilen Energien seiner Umgebung zu reagieren. Sie eröffnet ein tieferes Verständnis für die Komplexität des menschlichen Daseins und die vielfältigen Ebenen, auf denen Heilung und Harmonisierung stattfinden können.

Die Betrachtung der Meridiane im Kontext des Mesmerismus als energetische Antennen, die den Körper mit seiner Umwelt verbinden, bietet eine reiche metaphorische Perspektive auf die Gesundheit und das Wohlbefinden des Menschen. Sie lädt dazu ein, den Körper als Teil eines größeren energetischen Netzwerks zu verstehen und die Bedeutung der Pflege dieser Verbindungen für die Förderung von Harmonie und Balance zu erkennen. Diese Sichtweise ermutigt uns, über traditionelle physische Konzepte hinaus zu denken und die Bedeutung energetischer und emotionaler Wechselwirkungen in unserem Leben zu würdigen.

Im Mesmerismus spielt die Harmonisierung der Meridiane eine zentrale Rolle, indem der Mesmerist gezielt energetische Ungleichgewichte im Körper ausgleicht. Diese Praxis basiert auf der Vorstellung, dass die Meridiane – gedacht als ein Netzwerk energetischer Bahnen, die den Körper durchziehen – entscheidend für die Gesundheit und das Wohlbefinden einer Person sind. Eine optimale Funktion dieser Meridiane ist essentiell, um einen Zustand der Balance und Harmonie im energetischen System des Menschen zu gewährleisten.

Techniken zur Balancierung der Meridiane

Der Mesmerist verwendet verschiedene Techniken, um über- oder unterversorgte Meridiane auszubalancieren. Diese Methoden können die sanfte Berührung, die Manipulation energetischer Felder ohne direkten Körperkontakt oder die Anwendung spezifischer energetischer Übungen umfassen. Ziel ist es, den freien Fluss der Lebensenergie (oft Qi genannt) zu fördern und Blockaden oder Stagnationen zu lösen, die zu gesundheitlichen Problemen führen können.

Die Bedeutung von Balance

Das Konzept der Balance ist ein Grundpfeiler sowohl in der traditionellen chinesischen Medizin (TCM) als auch im Mesmerismus. Die TCM lehrt, dass jede Form von Krankheit auf eine Disharmonie oder ein Ungleichgewicht im Körper zurückzuführen ist. Diese Perspektive wird im Mesmerismus geteilt, wo das energetische Gleichgewicht als Schlüssel zur Gesundheit und zum Wohlbefinden angesehen wird. Der Mesmerist zielt darauf ab, diese Balance wiederherzustellen, indem er die Meridiane und den Energiefluss innerhalb des Körpers harmonisiert.

Grenzen konventioneller Medizin

Während die konventionelle Medizin sich oft auf die Behandlung spezifischer Symptome mit Medikamenten konzentriert, bietet der Mesmerismus einen anderen Ansatz. Kein Medikament kann das feine energetische Gleichgewicht wiederherstellen, das für die umfassende Gesundheit notwendig ist.

Der Mesmerismus betrachtet den Menschen holistisch und erkennt an, dass wahre Heilung eine Wiederherstellung der inneren Harmonie erfordert, die über die bloße Symptomlinderung hinausgeht.

Schlussfolgerung

Die Praxis des Mesmerismus bietet eine tiefe Einsicht in die Bedeutung der energetischen Balance im Körper und betont die Notwendigkeit, auf die Meridiane und den Fluss der Lebensenergie zu achten. Durch das Ausbalancieren der Meridiane strebt der Mesmerist danach, nicht nur physische, sondern auch emotionale und geistige Gesundheit zu fördern. Dieser Ansatz unterstreicht die Überzeugung, dass die Wiederherstellung und Erhaltung des energetischen Gleichgewichts grundlegend für das Erreichen von Wohlbefinden und die Prävention von Krankheiten ist. Der Mesmerismus lädt dazu ein, über traditionelle medizinische Modelle hinaus zu denken und die heilende Kraft der Energiebalance zu erkunden.

Beweise für die Existenz der Meridiane, die von der Schulmedizin abgelehnt werden:

Die Vorstellung von Meridianen als zentrale Elemente sowohl in traditionellen Heilpraktiken wie dem Mesmerismus als auch in der traditionellen chinesischen Medizin (TCM) wird durch moderne Forschungen und Entdeckungen weiter vertieft. Insbesondere die Arbeiten des koreanischen Forschers Dr. Kim Bong-han in den 1960er Jahren und die nachfolgenden Untersuchungen von Professor Kwang-Sup Soh und seinem Team an der Seoul National University haben neue Perspektiven auf die physische Existenz und Funktion der Meridiane eröffnet.

Die Forschung von Dr. Kim Bong-han

Dr. Kim Bong-han führte in den 1960er Jahren bahnbrechende Studien durch, in denen er tubuläre Strukturen innerhalb und außerhalb von Blut- und Lymphgefäßen sowie auf der Oberfläche von inneren Organen und unter der Haut identifizierte. Diese Strukturen, die er als physische Manifestationen der Meridiane interpretierte, wurden später als »Bonghan-Dukte« oder das »Primo-Vaskuläre System« bekannt. Dr. Kims Arbeit legte nahe, dass die Meridiane, ein fundamentales Konzept in der TCM, eine konkrete biologische Grundlage haben könnten, die energetische Signale durch den Körper leitet.

Bestätigung und Weiterführung der Forschung

Lange Zeit wurden Dr. Kims Entdeckungen von der wissenschaftlichen Gemeinschaft weitgehend ignoriert, bis sie Anfang der 2000er Jahre von Professor Kwang-Sup Soh und seinem Team an der Seoul National University erneut untersucht wurden.

Diese neueren Forschungen bestätigten die Existenz des von Dr. Kim beschriebenen Systems und unterstützten die Hypothese, dass die Meridiane eine physische Komponente haben, die für die Übertragung von Informationen und Energie im Körper verantwortlich ist.

Bedeutung für die Praxis des Mesmerismus

Diese wissenschaftlichen Erkenntnisse untermauern die Praxis des Mesmerismus, in der die Balance und Harmonisierung der Meridiane eine wesentliche Rolle spielen. Die Vorstellung, dass die Meridiane als Antennen fungieren, die sowohl innere als auch äußere energetische Einflüsse aufnehmen und verarbeiten, findet in den Entdeckungen von Dr. Kim Bong-han und den weiterführenden Forschungen eine faszinierende Parallele. Diese Perspektive erweitert das Verständnis des menschlichen Körpers als ein empfängliches und dynamisches System, das in der Lage ist, auf subtile Energien zu reagieren und diese zu nutzen.

Schlussfolgerung

Die Forschungen rund um die physische Existenz der Meridiane eröffnen neue Wege für das Verständnis traditioneller Heilpraktiken und die Integration dieser alten Weisheit in moderne therapeutische Ansätze. Sie betonen die Bedeutung der energetischen Balance für die Gesundheit und das Wohlbefinden und stärken die Brücke zwischen traditionellen und wissenschaftlichen Perspektiven auf Heilung und Medizin. Die Arbeit von Dr. Kim Bong-han und die Bestätigung seiner Entdeckungen sind ein Zeugnis dafür, wie alte Konzepte und moderne Wissenschaft zusammenkommen können, um unser Verständnis vom menschlichen Körper und seinen Heilungspotenzialen zu erweitern.

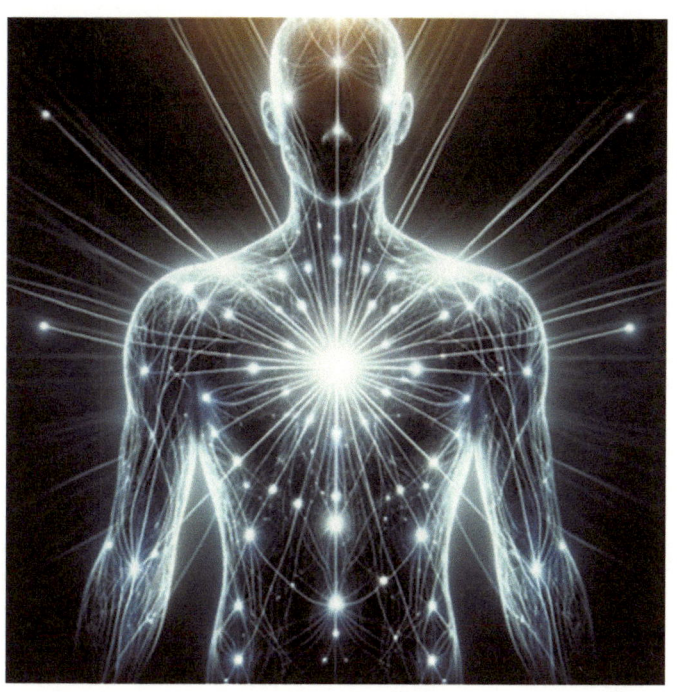

20. Ideomotorik im Mesmerismus

Im Kontext des Mesmerismus gewinnt das Phänomen der Ideomotorik eine besondere Bedeutung, da es die Brücke zwischen mentalen Zuständen und physischen Reaktionen verdeutlicht. Die Praxis des Mesmerismus, die sich intensiv mit der Manipulation und Steuerung von energetischen und unbewussten Prozessen beschäftigt, nutzt das Verständnis der Ideomotorik, um tiefere Ebenen der mentalen und physischen Interaktion zu erreichen. Das Phänomen der Ideomotorik offenbart die beeindruckende Kapazität unseres Unterbewusstseins, physische Aktionen und Reaktionen zu steuern, und veranschaulicht die tiefgehende Verbindung zwischen Geist und Körper. Diese Verbindung ist weit mehr als nur eine faszinierende wissenschaftliche Beobachtung; sie ist ein integraler Bestandteil unserer täglichen Erfahrung und beeinflusst, wie wir auf die Welt um uns herum reagieren, Entscheidungen treffen und mit unseren eigenen inneren Zuständen interagieren.

Ideomotorik und energetische Heilung

Innerhalb des Mesmerismus eröffnet die Ideomotorik eine faszinierende Möglichkeit, direkt und nonverbal mit dem Unterbewusstsein zu kommunizieren. Diese tiefgreifende Interaktion ermöglicht es, nicht nur verborgene Gedanken und Emotionen aufzudecken, sondern auch Lösungsansätze für bestehende Probleme zu entwickeln. Die Nutzung ideomotorischer Bewegungen als Kommunikationskanal zum Unterbewusstsein mag auf den ersten Blick beinahe mysteriös erscheinen, hat sich jedoch als eine effektive therapeutische Praxis erwiesen.

Ein herausragendes Beispiel für die Etablierung und Anerkennung dieser Praxis ist das Simpson-Protokoll, entwickelt von Ines Simpson. Dieses Protokoll hat die Art und Weise revolutioniert, wie Hypnotherapeuten mit dem Unterbewusstsein ihrer Klienten interagieren, indem es einen strukturierten Ansatz bietet, der es ermöglicht, tief in das Unterbewusstsein einzudringen und gleichzeitig dem Klienten erlaubt, in einem Zustand tiefer Entspannung zu bleiben.

Im Mesmerismus werden ideomotorische Bewegungen als klare Indikatoren für die Kommunikation zwischen dem bewussten und dem unbewussten Geist betrachtet. Diese feinen, oft unbewussten Bewegungen bieten wertvolle Einblicke in die Reaktionen des Körpers auf bestimmte Gedanken, Emotionen oder energetische Einflüsse. Durch sorgfältiges Beobachten und Interpretieren dieser Bewegungen kann der Mesmerist tiefe Einsichten in die inneren Prozesse des Klienten gewinnen und gezielte Interventionen zur Förderung der Heilung anbieten.

Diese direkte Kommunikation mit dem Unterbewusstsein im Mesmerismus, verstärkt durch Techniken wie das Simpson-Protokoll, eröffnet neue Wege zur Lösung von Problemen und zur Förderung des persönlichen Wachstums. Sie demonstriert eindrucksvoll, wie das Verständnis und die Nutzung der Ideomotorik therapeutische Prozesse bereichern und die Effektivität von Behandlungen steigern können.

Die Rolle des Unterbewusstseins

Das Unterbewusstsein agiert als eine mächtige Kraft hinter den Kulissen unseres bewussten Geistes. Es speichert unsere tiefsten Überzeugungen, Erfahrungen und Erwartungen und beeinflusst damit unsere Wahrnehmung und unser Verhalten auf subtile Weise. Ideomotorische Bewegungen sind ein direkter Ausdruck dieser unterbewussten Einflüsse, die sich in physischen Reaktionen manifestieren, oft ohne dass wir uns dessen bewusst sind.

Ideomotorik im Alltag

Im Alltag manifestiert sich die Ideomotorik in vielfältiger Weise, beispielsweise in der unbewussten Mimik, die unsere wahren Gefühle verrät, oder in den Nervenbewegungen, die Aufregung oder Stress signalisieren. Selbst in scheinbar willkürlichen Gesten oder in der Art, wie wir auf bestimmte Situationen reagieren, können ideomotorische Einflüsse erkennbar sein. Diese unbewussten Bewegungen und Reaktionen geben oft tiefe Einblicke in unsere innersten Gedanken und Emotionen.

Bedeutung für die persönliche Entwicklung

Die Erkenntnis, dass unser Unterbewusstsein in der Lage ist, direkte physische Reaktionen zu steuern, hat bedeutende Implikationen für die persönliche Entwicklung und Selbstwahrnehmung. Indem wir lernen, die subtilen Zeichen unseres Körpers zu erkennen und zu interpretieren, können wir ein tieferes Verständnis für unsere unbewussten Überzeugungen und Muster erlangen. Diese Einsichten können uns dabei helfen, bewusstere Entscheidungen zu treffen, unsere Reaktionen besser zu steuern und letztendlich ein erfüllteres Leben zu führen.

Anwendung in der Praxis

In der praktischen Anwendung nutzt der Mesmerist Techniken, die darauf abzielen, das Bewusstsein des Klienten auf bestimmte Gedanken oder Vorstellungen zu lenken, um ideomotorische Reaktionen hervorzurufen. Diese können dann als Wegweiser dienen, um energetische Blockaden zu identifizieren oder den Fluss der Lebensenergie (Qi) zu fördern.

Beispielsweise kann der Mesmerist den Klienten bitten, sich auf die Lösung eines spezifischen emotionalen Konflikts zu konzentrieren, und dabei auf die unbewussten, körperlichen Reaktionen achten, die diese Konzentration hervorruft.

Ideomotorische Bewegungen als therapeutisches Werkzeug

Die Nutzung ideomotorischer Bewegungen im Mesmerismus geht über die reine Diagnose hinaus. Sie können auch als therapeutisches Werkzeug eingesetzt werden, um den Klienten zu helfen, unbewusste Konflikte oder Blockaden zu erkennen und zu bearbeiten. Durch die bewusste Integration dieser unbewussten Bewegungen in den therapeutischen Prozess kann der Mesmerist dem Klienten helfen, tieferliegende Ursachen für physische oder psychische Beschwerden zu identifizieren und anzugehen.

In therapeutischen Kontexten, wie der Hypnotherapie, wird das Verständnis der Ideomotorik genutzt, um Zugang zu unterbewussten Überzeugungen und Emotionen zu finden und diese zu transformieren. Durch gezielte Techniken können Therapeuten helfen, unbewusste Konflikte zu lösen und positive Veränderungen im Denken und Verhalten zu fördern. Diese Arbeit mit dem Unterbewusstsein ermöglicht tiefgreifende und nachhaltige Heilungsprozesse.

Schlussfolgerung

Das Konzept der Ideomotorik im Mesmerismus unterstreicht die komplexe Wechselwirkung zwischen Geist und Körper und bietet einen einzigartigen Ansatz zur Erforschung und Beeinflussung dieser Dynamik. Durch die bewusste Nutzung und Interpretation ideomotorischer Bewegungen können Mesmeristen eine tiefere Ebene der Heilung fördern, die sowohl das energetische Gleichgewicht des Körpers als auch das psychische Wohlbefinden des Klienten berücksichtigt. Die Ideomotorik ist ein lebendiges Beispiel für die untrennbare Verbindung zwischen Geist und Körper und erinnert uns daran, dass unsere inneren Zustände sich ständig in unserer physischen Präsenz widerspiegeln. Indem wir diese Verbindung anerkennen und verstehen lernen, können wir einen bewussteren Umgang mit uns selbst und unserer Umwelt entwickeln. Die Ideomotorik lädt uns ein, die subtilen Wege zu erforschen, auf denen unser Unterbewusstsein unser Leben formt, und bietet uns die Möglichkeit, tiefer in das Verständnis unseres wahren Selbst einzutauchen.

Die Erweiterung des Themas Ideomotorik noch um den Carpenter-Effekt bietet eine weitere faszinierende Perspektive auf die Verbindung zwischen mentalen Zuständen und physischen Reaktionen. Der Carpenter-Effekt, auch bekannt als das ideomotorische Prinzip, wurde erstmals im 19. Jahrhundert von dem Psychologen William B. Carpenter beschrieben.

Er postulierte, dass bloße Gedanken an eine Bewegung die Tendenz haben, diese Bewegung auch ohne bewusste Entscheidung auszulösen. Dieses Prinzip unterstreicht die Kraft des Geistes, unbewusste körperliche Reaktionen zu initiieren, und bildet die wissenschaftliche Grundlage für das Verständnis ideomotorischer Bewegungen.

Der Carpenter-Effekt im Mesmerismus

Im Kontext des Mesmerismus gewinnt der Carpenter-Effekt eine besondere Bedeutung, da er das theoretische Fundament für die Arbeit mit dem Unterbewusstsein und ideomotorischen Bewegungen liefert. Dieser Effekt erklärt, wie die fokussierte Konzentration auf bestimmte Gedanken oder Gefühle unbewusste Bewegungen hervorrufen kann, die dann als Kommunikationsmittel zwischen Therapeut und Klient dienen. Die Erkenntnis, dass Gedanken direkte körperliche Reaktionen auslösen können, unterstützt die mesmeristische Praxis, das Unterbewusstsein nonverbal zu befragen und Lösungsansätze zu entwickeln.

Anwendung und Bedeutung

Die praktische Anwendung des Carpenter-Effekts im Mesmerismus erlaubt es, tieferliegende psychische oder energetische Blockaden zu identifizieren, indem auf subtile körperliche Reaktionen geachtet wird, die durch mentale Fokussierung ausgelöst werden. Diese Methodik bietet nicht nur einen direkten Zugang zu unterbewussten Prozessen, sondern ermöglicht es auch, diese Prozesse zu beeinflussen und zu steuern. Durch das Verständnis und die Anwendung des Carpenter-Effekts können Mesmeristen gezieltere und effektivere Behandlungsstrategien entwickeln, die auf den individuellen Bedürfnissen und inneren Zuständen ihrer Klienten basieren.

Schlussfolgerung

Der Carpenter-Effekt bietet eine wissenschaftliche Erklärung für die tiefgreifende Verbindung zwischen Geist und Körper und erweitert unser Verständnis davon, wie mentale Zustände physische Reaktionen beeinflussen können. In der Praxis des Mesmerismus wird dieses Prinzip genutzt, um eine effektive Kommunikation mit dem Unterbewusstsein zu ermöglichen und therapeutische Prozesse zu unterstützen. Die Integration des Carpenter-Effekts in die mesmeristische Arbeit verdeutlicht die Komplexität menschlicher Bewusstseinszustände und die Möglichkeiten, diese zum Wohle des Klienten zu nutzen.

21. Psychosomatik im Mesmerismus

Die Betrachtung der Psychosomatik im Mesmerismus bietet einen tiefgreifenden Einblick in das Verständnis von Krankheit und Heilung. Im Mesmerismus wird davon ausgegangen, dass jede Krankheit – unabhängig von ihrer Art – ihren Ursprung in energetischen Ungleichgewichten hat. Diese Perspektive betont, dass physische Symptome oft nur die sichtbaren Auswirkungen tiefer liegender energetischer oder psychischer Störungen sind.

Energetischer Ursprung von Krankheiten

Nach der Auffassung des Mesmerismus entstehen Krankheiten zunächst auf einer energetischen Ebene. Störungen im Fluss der Lebensenergie, verursacht durch emotionale Konflikte, Stress oder negative Gedankenmuster, können zu energetischen Blockaden führen. Diese energetischen Ungleichgewichte manifestieren sich zunächst auf einer subtilen Ebene, bevor sie körperliche Symptome hervorrufen.

Psychosomatische Manifestation

Wenn diese energetischen Ursachen unbeachtet bleiben, können sie sich psychosomatisch manifestieren. Der Begriff »psychosomatisch« verweist darauf, dass der Geist (Psyche) einen direkten Einfluss auf den Körper (Soma) hat. In diesem Stadium werden emotionale oder energetische Störungen in physische Symptome umgewandelt, als Ausdruck des inneren Ungleichgewichts. Dieser Prozess verdeutlicht, wie eng Körper und Geist miteinander verbunden sind und dass emotionales oder energetisches Leid direkte körperliche Auswirkungen haben kann.

Strukturelle oder chemische Veränderungen

Wenn psychosomatische Symptome weiterhin unbehandelt bleiben, können sie zu strukturellen oder chemischen Veränderungen im Körper führen. In diesem Stadium werden die Krankheiten oft als »strukturell« oder »chemisch« klassifiziert, da sie sichtbare Veränderungen im Körper verursachen. Zu diesem Zeitpunkt suchen viele Menschen medizinische Hilfe.

Grenzen der konventionellen Medizin

Die konventionelle Medizin fokussiert sich häufig auf die Behandlung dieser sichtbaren Symptome, ohne die tieferen energetischen oder psychosomatischen Ursachen zu adressieren. Dies führt oft zu einer symptomatischen

Behandlung, die zwar kurzfristige Linderung bieten kann, jedoch nicht die zugrundeliegende Ursache der Krankheit heilt.

Ohne eine Behandlung, die auch die energetischen und psychischen Aspekte berücksichtigt, bleibt das grundlegende Ungleichgewicht bestehen und kann zu wiederkehrenden oder chronischen Beschwerden führen.

Mesmerismus und Heilung

Der Mesmerismus bietet einen alternativen Ansatz, der darauf abzielt, die wahren Ursachen von Krankheiten zu identifizieren und zu behandeln, indem er das energetische Gleichgewicht wiederherstellt. Durch Techniken, die den Energiefluss im Körper harmonisieren und Blockaden lösen, strebt der Mesmerismus danach, die Wurzel des Problems zu adressieren. Dieser ganzheitliche Ansatz berücksichtigt die komplexe Wechselwirkung zwischen Körper, Geist und Energie und ermöglicht tiefgreifende und nachhaltige Heilungsprozesse.

In dieser Sichtweise ist der Mesmerismus nicht nur eine Methode zur Behandlung von Krankheiten, sondern auch ein Weg zur Förderung eines umfassenden Wohlbefindens, indem er die Einheit von Körper und Geist anerkennt und stärkt.

Die Perspektive des Mesmerismus auf die Psychosomatik bietet eine umfassende Sichtweise auf die Entstehung und Behandlung von Krankheiten, die weit über die konventionelle medizinische Praxis hinausgeht. Indem er die Wichtigkeit energetischer Gleichgewichte hervorhebt, betont der Mesmerismus die enge Verbindung zwischen Geist und Körper und die Auswirkungen, die emotionale und energetische Zustände auf unsere physische Gesundheit haben können.

Der Löwenzahn als Metapher für Heilung und Resilienz

Die tiefe Einsicht in den Ursprung und die Manifestation von Krankheiten im Mesmerismus lässt sich durch die Metapher eines Löwenzahns veranschaulichen. Für viele mag der Löwenzahn lediglich ein hartnäckiges Unkraut im Garten sein, doch er ist auch eine kraftvolle Heilpflanze. Ähnlich den tiefen Wurzeln des Löwenzahns, die, wenn nicht vollständig entfernt, immer wieder zu neuem Wachstum führen, können die Ursachen von Krankheiten nur durch eine Behandlung der tiefer liegenden energetischen Ungleichgewichte vollständig geheilt werden.

Integration in die Praxis des Mesmerismus

Im Mesmerismus wird die Bedeutung des energetischen Gleichgewichts und der tiefen psychosomatischen Zusammenhänge in den Vordergrund der therapeutischen Arbeit gerückt. Durch Techniken, die auf eine Harmonisierung des Energieflusses im Körper abzielen, adressiert der Mesmerismus nicht nur die Symptome, sondern vor allem die tieferen Ursachen von Krankheiten.

Dieser Ansatz erkennt an, dass eine dauerhafte Heilung nur möglich ist, wenn die energetischen und psychischen Wurzeln der Krankheit behandelt werden.

Herausforderungen und Möglichkeiten

Die konventionelle Medizin stößt oft an ihre Grenzen, wenn es darum geht, die komplexen psychosomatischen und energetischen Ursachen von Krankheiten zu verstehen und zu behandeln. Der Mesmerismus bietet hier einen alternativen Weg, der eine umfassendere Sicht auf Gesundheit und Krankheit ermöglicht. Durch die Betonung der Wichtigkeit, die energetischen Wurzeln von Krankheiten zu behandeln, eröffnet der Mesmerismus neue Möglichkeiten für Heilung und persönliches Wachstum.

Schlussfolgerung

Der Mesmerismus lädt uns ein, unser Verständnis von Krankheit und Heilung zu erweitern, indem er die tiefe Verbindung zwischen unserem energetischen Zustand, unserem emotionalen und psychischen Wohlbefinden und unserer physischen Gesundheit hervorhebt. Durch die Anerkennung und Behandlung der energetischen und psychosomatischen Ursachen von Krankheiten bietet der Mesmerismus einen Weg zur wahren Heilung, der das Gleichgewicht zwischen Körper und Geist wiederherstellt und fördert.

22. Schamanismus und Mesmerismus

Die Verbindung zwischen Schamanismus und Mesmerismus offenbart faszinierende Parallelen und Divergenzen in ihren Ansätzen zur Heilung und zum Verständnis der Welt. Beide Praktiken erkennen die Existenz einer unsichtbaren, energetischen Dimension hinter der materiellen Realität an und nutzen diese Erkenntnis, um Heilung und Transformation zu fördern.

Schamanismus: Die Verbindung mit dem Spirituellen
Der Schamanismus basiert auf einem tiefen, spirituellen Wissen, das sich über Tausende von Jahren entwickelt hat. Schamanen agieren als Mittler zwischen der physischen Welt und der spirituellen Ebene, wobei sie mit Energien, Geistern und Wesenheiten interagieren, um Heilung und Rat zu suchen. Ihre Praxis ist tief in der Natur und in der Überzeugung verwurzelt, dass alles im Universum miteinander verbunden ist und eine energetische Signatur besitzt.

Mesmerismus: Die Manipulation energetischer Ströme
Der Mesmerismus, mit seiner Fokussierung auf die direkte Manipulation energetischer Ströme im menschlichen Körper, präsentiert einen Ansatz zur Heilung, der sowohl subtil als auch tiefgreifend ist. Diese Praxis, obwohl sie sich weniger explizit mit der spirituellen Welt auseinandersetzt, wie es im Schamanismus üblich ist, erkennt dennoch

die kritische Rolle an, die die unsichtbare, energetische Dimension in Bezug auf die physische und psychische Gesundheit spielt. Der Mesmerismus greift auf ein fundiertes Verständnis der energetischen Landschaft des Körpers zurück und nutzt dieses Wissen, um Disharmonien zu identifizieren und zu korrigieren, die zu Leiden führen können.

Im Zentrum des Mesmerismus steht die Überzeugung, dass der menschliche Körper von einem Netz energetischer Ströme durchzogen ist, die für sein Funktionieren essentiell sind. Störungen oder Blockaden in diesem Netz können zu einer Vielzahl von Problemen führen, von physischen Beschwerden bis hin zu tiefgreifenden psychischen Störungen. Durch gezielte Techniken versucht der Mesmerismus, diese energetischen Ungleichgewichte direkt zu adressieren, indem er den natürlichen Fluss der Lebensenergie wiederherstellt und fördert. Diese Arbeit beruht auf der Annahme, dass eine optimale Energiezirkulation entscheidend für Gesundheit und Wohlbefinden ist.

Die Methoden des Mesmerismus variieren, haben aber alle das Ziel, das energetische Gleichgewicht wiederherzustellen. Dies kann durch Handauflegen, gezielte Konzentration oder die Nutzung spezifischer energetischer Übungen geschehen.

Der Mesmerist wirkt als Kanal oder Vermittler, der hilft, die energetischen Blockaden zu lösen und den Klienten dabei unterstützt, sein eigenes energetisches Gleichgewicht wiederzufinden. Diese nicht-invasive Herangehensweise macht den Mesmerismus zu einem kraftvollen Werkzeug für die Heilung, das ohne die Notwendigkeit direkter spiritueller Kommunikation auskommt, wie sie im Schamanismus praktiziert wird.

Auch wenn der Mesmerismus in seinen Methoden und seiner Philosophie tief historisch verwurzelt ist, findet er in der modernen Welt zunehmend Anerkennung. Die wachsende Akzeptanz alternativer und komplementärer Heilmethoden hat zu einem neuen Verständnis der Wichtigkeit energetischer Praktiken geführt. Der Mesmerismus, mit seiner Fähigkeit, tiefe energetische Heilung zu fördern, ohne sich notwendigerweise auf die explizite Interaktion mit der spirituellen Welt zu verlassen, bietet einen wertvollen Ansatz für diejenigen, die eine Brücke zwischen traditionellen Heilmethoden und zeitgenössischen wissenschaftlichen Erkenntnissen suchen.

Sowohl der Schamanismus als auch der Mesmerismus bieten einzigartige Pfade zur Heilung, die die tiefe Verbindung zwischen energetischen, physischen und psychischen Aspekten des menschlichen Seins anerkennen. Während der Schamanismus eine Brücke zur spirituellen Welt schlägt, konzentriert sich der Mesmerismus auf die wissenschaftlich fundierte Manipulation der energetischen Ströme des Körpers. Beide Ansätze, obwohl unterschiedlich in Praxis und Perspektive, unterstreichen die Notwendigkeit, über die oberflächliche Behandlung von Symptomen hinauszugehen und die tieferen Ursachen von Leiden anzugehen, um echte Heilung und Harmonie zu erreichen.

Gemeinsame Grundlagen

Die Anerkennung einer tiefgreifenden Verbindung zwischen dem energetischen und dem materiellen Sein ist ein grundlegendes Prinzip, das sowohl vom Schamanismus als auch vom Mesmerismus geteilt wird. Diese gemeinsame Erkenntnis unterstreicht die Überzeugung, dass unsere physische Realität nur die Oberfläche einer viel tieferen, energetischen Ebene ist, die unser Leben auf fundamentale Weise beeinflusst.

Beide Praktiken erkennen an, dass hinter der sichtbaren Realität eine komplexe Ebene aus energetischen Mustern und Strömen existiert. Diese energetischen Strukturen sind nicht statisch; sie sind dynamisch und in ständiger Interaktion mit der physischen Welt. Im Schamanismus wie im Mesmerismus wird verstanden, dass diese Muster das Potenzial haben, sowohl heilend als auch schädlich zu wirken, abhängig von ihrem Zustand der Harmonie oder Disharmonie.

Das Wohlbefinden und die Lebenserfahrungen von Individuen werden maßgeblich von diesen energetischen Strömen beeinflusst. Gesundheit wird in beiden Traditionen nicht nur als Abwesenheit von Krankheit verstanden, sondern als Zustand energetischer Harmonie und Balance. Krankheit entsteht demnach, wenn energetische Blockaden oder Ungleichgewichte die freie Zirkulation der Lebensenergie stören. Sowohl Schamanen als auch Mesmeristen arbeiten daher daran, diese energetischen Störungen zu identifizieren und zu korrigieren, um Heilung auf allen Ebenen des Seins zu ermöglichen.

Schamanen erreichen dies durch Rituale, Reisen in

andere Welten und die Kommunikation mit spirituellen Wesen, um Einsicht in die zugrundeliegenden energetischen Muster zu gewinnen und Heilung zu bewirken. Mesmeristen hingegen nutzen ein tiefes Verständnis der energetischen Anatomie des Menschen und wenden spezifische Techniken an, um den Energiefluss direkt zu manipulieren und so physisches und psychisches Gleichgewicht wiederherzustellen.

Beide Ansätze erkennen die untrennbare Einheit von Energie und Materie an und verstehen den Menschen als ein Wesen, das tief in ein universelles energetisches Netzwerk eingebettet ist. Diese Sichtweise erweitert das Verständnis von Heilung, indem sie die Notwendigkeit betont, sowohl die physischen als auch die energetischen Aspekte des Seins zu berücksichtigen. Die Anerkennung, dass energetische Muster und Ströme das Wohlbefinden auf tiefgreifende Weise beeinflussen, führt zu einem ganzheitlichen Ansatz in der Heilpraxis, der über die Grenzen traditioneller medizinischer Modelle hinausgeht.

Die gemeinsame Anerkennung der Verbindung zwischen energetischem und materiellem Sein durch den Schamanismus und den Mesmerismus unterstreicht die Komplexität der menschlichen Existenz und bietet einen umfassenden Rahmen für das Verständnis und die Behandlung von Krankheiten. Indem sie die unsichtbare, energetische Dimension des Lebens würdigen, ermöglichen diese Praktiken einen tieferen Zugang zu Heilung und Transformation, der das volle Spektrum menschlicher Erfahrungen umfasst.

Unterschiedliche Wege, ähnliches Ziel

Während Schamanen durch Rituale, Reisen in die Anders-
welt und die Kommunikation mit Geistern arbeiten, um
Heilung und Erkenntnis zu erlangen, nutzen Mesmeristen ihre Fähigkeiten, um energetische Ungleichgewichte
direkt zu korrigieren und das natürliche energetische
Gleichgewicht wiederherzustellen. Beide Ansätze streben
danach, Heilung auf einer tiefen, oft unsichtbaren Ebene
zu bewirken, obwohl die Methoden und Werkzeuge, die sie
verwenden, unterschiedlich sein mögen.

Integration und Respekt

Sowohl der Schamanismus als auch der Mesmerismus erfordern ein hohes Maß an Sensibilität, Respekt und Verständnis für die energetische Dimension des Lebens. Die
Praktizierenden beider Disziplinen müssen ein tiefes Verständnis für die Komplexität der menschlichen Erfahrung
entwickeln und bereit sein, sich auf einen Prozess einzulassen, der über die Grenzen der physischen Welt hinausgeht.

In der modernen Welt, in der die Suche nach Heilung
und Sinn oft auf materielle Lösungen beschränkt ist, bieten sowohl Schamanismus als auch Mesmerismus wertvolle Perspektiven, die uns daran erinnern, dass die Quel-
len wahrer Heilung und Transformation in den Tiefen
unserer energetischen und spirituellen Verbindungen zu
finden sind.

Die Parallelen zwischen modernen Schamanen und

Mesmeristen beleuchten eine faszinierende Konvergenz zwischen spiritueller und wissenschaftlicher Praxis, die sich beide der Heilung und dem Wohlbefinden des Menschen widmen, allerdings auf unterschiedlichen Ebenen. Diese Erweiterung des Verständnisses zeigt auf, wie beide Ansätze, obwohl sie in verschiedenen Traditionen verwurzelt sind, ähnliche Ziele verfolgen, jedoch durch unterschiedliche Perspektiven und Methoden.

Moderne Schamanen: Spirituelle Ebene

Moderne Schamanen setzen die uralte Tradition fort, indem sie sich als Vermittler zwischen der materiellen und der spirituellen Welt verstehen. Sie nutzen ihre tiefe Verbindung zum Spirituellen, um Heilung und Unterstützung anzubieten, basierend auf dem Verständnis, dass hinter der physischen Realität eine tiefere, energetische Dimension existiert. Ihre Praxis ist tief in der spirituellen Erfahrung verwurzelt und nutzt rituelle Techniken, um mit nicht-physischen Wesenheiten zu kommunizieren und von ihnen zu lernen. Dieser Zugang zur spirituellen Ebene ermöglicht es dem Schamanen, Heilung auf einer tiefen, seelischen Ebene zu fördern, indem energetische Disharmonien, die physische oder psychische Probleme verursachen, identifiziert und behandelt werden.

Moderne Mesmeristen: Wissenschaftliche Ebene

Im Gegensatz dazu operieren moderne Mesmeristen auf einer wissenschaftlicheren Ebene, indem sie die Prinzipien der Energie und des Bewusstseins durch ein Verständnis von Psychologie, Neurologie und den energetischen Körpertheorien erforschen. Obwohl der Mesmerismus historische und spirituelle Wurzeln hat, basiert die moderne Praxis stark auf der Beobachtung und Manipulation energetischer Zustände innerhalb des physischen Körpers.

Mesmeristen nutzen Techniken, die darauf abzielen, das energetische Gleichgewicht zu restaurieren und Blockaden im Fluss der Lebensenergie zu lösen. Ihre Arbeit ist oft durch ein tiefes Verständnis der Wechselwirkungen zwischen Geist, Körper und Energie geprägt, unterstützt durch einen Rahmen, der wissenschaftliche Erkenntnisse und psychologische Einsichten integriert.

Konvergenz der Welten

Obwohl Schamanen und Mesmeristen ihre Praxis aus unterschiedlichen Perspektiven heraus angehen, ist das grundlegende Ziel beider Traditionen ähnlich: die Förderung von Heilung und Ausgleich. Beide erkennen die Existenz und Bedeutung einer tieferen energetischen Ebene an, die das physische und psychische Wohlbefinden beeinflusst. Während der Schamane diese Arbeit in einem spirituellen Rahmen durchführt, nutzt der Mesmerist eine mehr wissenschaftlich orientierte Methodik. Beide

Ansätze ergänzen sich jedoch in ihrem Streben, das Wohlbefinden des Individuums auf allen Ebenen zu fördern.

Diese Betrachtung unterstreicht die Vielfalt und Tiefe der menschlichen Erfahrung und Heilung. Sie zeigt auf, dass, unabhängig von der Methode oder Tradition, das Streben nach Balance, Heilung und Verständnis eine gemeinsame menschliche Anstrengung ist, die sowohl die spirituelle als auch die wissenschaftliche Suche nach Erkenntnis vereint.

Die Betrachtung der Parallelen und Schnittpunkte zwischen modernem Schamanismus und Mesmerismus öffnet uns die Augen für die vielschichtigen Wege, auf denen energetische und materielle Welten in der Heilpraxis verwoben sind. Beide Traditionen, obwohl sie in unterschiedlichen kulturellen und methodischen Kontexten verwurzelt sind, teilen die tiefe Anerkennung einer untrennbaren Verbindung zwischen Körper, Geist und energetischen Strömen. Diese Erkenntnis bildet eine solide Grundlage für ein umfassendes Verständnis von Gesundheit und Heilung, das weit über die Grenzen konventioneller Medizin hinausgeht.

Nun möchten wir unseren Fokus speziell auf den Mesmerismus richten, eine Praxis, die sich durch ihre einzigartige Herangehensweise an die Manipulation und Harmonisierung energetischer Felder innerhalb des menschlichen Körpers auszeichnet. Im Mesmerismus finden wir eine faszinierende Synthese aus historischer Weisheit und modernen Anwendungsmöglichkeiten, die das Potenzial hat, unsere Perspektive auf Heilung und das menschliche Dasein selbst zu erweitern.

Der Mesmerismus, benannt nach seinem Begründer Franz Anton Mesmer, bietet eine tiefgreifende Methode zur Förderung von Gleichgewicht und Wohlbefinden durch die gezielte Beeinflussung der Lebensenergie. Diese Praxis, die sowohl subtile als auch transformative Veränderungen im energetischen System des Menschen bewirken kann, lädt uns ein, die komplexen Wechselwirkungen zwischen unseren Gedanken, Emotionen und der physischen Gesundheit neu zu bewerten.

Indem wir uns jetzt intensiver mit dem Mesmerismus beschäftigen, tauchen wir tiefer in die Welt der energetischen Heilung ein. Wir erkunden, wie durch die bewusste

Steuerung und Balance energetischer Ströme nicht nur körperliche und psychische Heilung gefördert, sondern auch ein tieferes Verständnis für die dynamische Einheit unseres Seins erlangt werden kann.

23. Der moderne Mesmerismus

Was ist Mesmerismus, also der moderne Mesmerismus?

Der moderne Mesmerismus, als evolutionäre Praxis verstanden, basiert auf der Philosophie, dass die bewusste Bewegung von Energie durch Intention grundlegend für Heilung und Gleichgewicht ist. Diese Praxis, tief verwurzelt in der Überzeugung, dass Energie das fundamentale Element ist, das Leben und Bewusstsein verbindet, nutzt die Kraft der bedingungslosen Absicht, um positive Veränderungen auf energetischer Ebene zu bewirken. »Die Stärke des Mesmerismus in bedingungsloser Absicht« könnte als Leitmotiv dienen, das die Essenz dieser Heilkunst einfängt.

Im Zentrum des modernen Mesmerismus steht die Vorstellung, dass jeder Mensch von einem Feld lebendiger Energie umgeben ist, welches nicht nur seine physische Gesundheit, sondern auch sein emotionales und mentales Wohlbefinden beeinflusst. Durch die gezielte Lenkung dieser Energie mit klarer und fokussierter Intention wird angestrebt, Harmonie und Ausgleich sowohl im energetischen als auch im physischen Bereich herzustellen.

Diese Philosophie erkennt an, dass der Mensch mehr ist als nur sein physischer Körper; er ist auch ein energetisches Wesen, dessen Zustand von einer Vielzahl von Faktoren beeinflusst wird, die über das Materielle hinausgehen. Der moderne Mesmerismus betont, dass wahre Heilung und nachhaltiges Wohlbefinden nur erreicht werden können, wenn diese energetische Dimension berücksichtigt und gepflegt wird.

Die Praxis des modernen Mesmerismus ist eine Einladung, tiefer in das Verständnis der eigenen energetischen Natur einzutauchen und Wege zu entdecken, wie man durch die Kraft der Intention bewusst Einfluss auf sein Leben und seine Gesundheit nehmen kann. Es ist eine Reise, die nicht nur die Heilung fördert, sondern auch ein größeres Bewusstsein für die feinstofflichen Energien, die uns und die Welt um uns herum durchdringen.

Im modernen Mesmerismus wird die Energie nicht manipuliert im Sinne einer Kontrolle oder eines Zwanges; vielmehr wird sie mit Respekt und Achtsamkeit bewegt, mit einer Absicht, die frei von Bedingungen und Erwartungen ist. Diese Herangehensweise ermöglicht eine tiefgreifende Verbindung mit dem energetischen Feld und fördert einen Zustand, in dem Heilung auf natürliche Weise erfolgen kann.

Durch die Praxis des Mesmerismus eröffnet sich eine Welt, in der Energie und Bewusstsein in einem dynamischen Tanz verwoben sind, der das Potenzial hat, unser Verständnis von Gesundheit und Heilung zu revolutionieren. Es ist eine Philosophie, die nicht nur die Kraft hat, individuelle Leben zu verändern, sondern auch die Art und Weise, wie wir die Beziehung zwischen Geist, Körper und Energie betrachten.

Die Philosophie des modernen Mesmerismus lässt sich wunderbar mit dem Bild eines Tanzes veranschaulichen, bei dem der Mesmerist zunächst die Führung übernimmt, um den Klienten durch die komplexe Welt der energetischen Ströme zu geleiten. In diesem Tanz ist es die Aufgabe des Mesmeristen, mit sanfter Hand und klarer Intention den Weg zu weisen, ähnlich einem erfahrenen Tanzpartner, der die Schritte kennt und den Rhythmus spürt. Der Mesmerist führt mit einer Präsenz, die sowohl bestimmt als auch einladend ist, und schafft einen Raum, in dem der Klient die Melodie – oder in diesem Fall, die eigene energetische Harmonie – erkennen und sich ihr öffnen kann.

Diese Metapher des Tanzes verdeutlicht, wie im Mesmerismus die Energiebewegung durch Intention geleitet wird, nicht als autoritärer Akt, sondern als ein Akt der Kooperation und Harmonie. Der Mesmerist setzt sein Wissen und seine Fähigkeiten ein, um den energetischen Fluss so zu lenken, dass Blockaden gelöst und das energetische Gleichgewicht wiederhergestellt wird. Diese Führung ist jedoch nur der erste Teil des Prozesses.

Der wahre Zauber geschieht, wenn der Klient beginnt, die Melodie – die feinstofflichen Schwingungen seiner eigenen Energie – zu erkennen und sich ihr hinzugeben. Mit der Zeit und durch die behutsame Führung des Mesmeristen lernt der Klient, selbst zu tanzen, das heißt, seine eigene Energie bewusst zu bewegen und zu harmonisieren. Dieser Moment, in dem der Klient die Führung übernimmt, markiert einen Wendepunkt in der therapeutischen Beziehung und im Heilungsprozess. Der Klient wird zum aktiven Teilnehmer seiner eigenen Heilung, lernt, seine energetischen Zustände zu navigieren und seine Lebensenergie im Einklang mit seinem höchsten Wohl zu lenken.

Der Tanz des Mesmerismus ist somit ein dynamischer Austausch, ein Lernprozess, in dem der Klient befähigt wird, die Kontrolle über seine eigene energetische Gesundheit zu übernehmen. Diese Transformation vom

Geführten zum Selbstführer ist das ultimative Ziel des Mesmerismus: nicht nur vorübergehende Linderung zu bieten, sondern den Klienten zu befähigen, in Harmonie mit der eigenen energetischen Natur zu leben. In diesem Sinne ist der Mesmerismus nicht nur ein therapeutischer Ansatz, sondern auch ein Weg zur Selbstentdeckung und – ermächtigung, bei dem der Klient lernt, im Einklang mit der universellen Melodie des Lebens zu tanzen.

Um als Mesmerist effektiv mit Menschen oder Tieren arbeiten zu können, ist es entscheidend, bestimmte Fähigkeiten zu entwickeln und zu verfeinern. Diese Kompetenzen bilden das Fundament der Praxis und ermöglichen es dem Mesmeristen, den energetischen Tanz, der zur Heilung führt, wirkungsvoll zu leiten.

Präsenz

Eine starke, ruhige Präsenz ist grundlegend für den Mesmerismus. Die Fähigkeit, vollständig im Moment präsent zu sein, schafft einen sicheren und vertrauensvollen Raum, in dem sich Klienten öffnen und energetische Veränderungen zulassen können. Die Präsenz des Mesmeristen wirkt beruhigend und ermutigend, was eine entscheidende Rolle in der Heilungsarbeit spielt.

Persönlicher Magnetismus

Persönlicher Magnetismus bezieht sich auf die Ausstrahlung und die energetische Anziehungskraft, die ein Mesmerist besitzt. Diese Qualität ermöglicht es, Klienten auf einer tieferen, energetischen Ebene zu erreichen und einen starken, positiven Einfluss auszuüben. Die Entwicklung des persönlichen Magnetismus erfordert Selbstkenntnis und die Fähigkeit, die eigenen energetischen Zustände zu meistern.

Fokus

Ein klarer, unerschütterlicher Fokus ist entscheidend, um die Intention effektiv zu lenken und energetische Blockaden gezielt anzugehen. Der Mesmerist muss in der Lage sein, seine Aufmerksamkeit vollständig auf den Klienten und den Heilungsprozess zu richten, ohne von äußeren Ablenkungen oder eigenen Gedanken abgelenkt zu werden.

Der Beobachter

Die Rolle des Beobachters ist essentiell im Mesmerismus. Diese Fähigkeit umfasst die sorgfältige, wertfreie Beobachtung des Klienten und der sich entfaltenden energetischen Dynamik. Ein gut entwickeltes Beobachtungsvermögen ermöglicht es dem Mesmeristen, subtile Veränderungen im energetischen Feld des Klienten wahrzunehmen und entsprechend zu handeln.

Diese Fähigkeiten bilden zusammen das Rückgrat der mesmeristischen Praxis und müssen sorgfältig entwickelt werden, bevor man effektiv mit anderen arbeiten kann. Sie sind nicht nur Werkzeuge, sondern auch Ausdruck der inneren Haltung und des Engagements des Mesmeristen für den Heilungsprozess. Die Entwicklung und Verfeinerung dieser Kompetenzen ermöglicht es dem Mesmeristen, eine tiefe Verbindung zum Klienten herzustellen und einen Raum zu schaffen, in dem wahre Heilung geschehen kann.

Sehen wir uns diese Fähigkeiten mal etwas genauer an:

Die Präsenz eines Mesmeristen ist weit mehr als nur physische Anwesenheit; sie ist eine tiefgreifende Qualität der Aufmerksamkeit und des energetischen Bewusstseins, die einen entscheidenden Einfluss auf den Heilungsprozess hat. Diese Art von Präsenz schafft einen Raum, in dem sich Klienten sicher und verstanden fühlen, was eine grundlegende Voraussetzung für jede Form der energetischen Arbeit ist.

Die Tiefe der Präsenz

Die Präsenz im Mesmerismus umfasst eine ganzheitliche Beteiligung des Mesmeristen an dem Prozess, in dem er mit einem Klienten arbeitet. Diese Präsenz bedeutet, dass der Mesmerist nicht nur körperlich anwesend ist, sondern auch sein gesamtes Bewusstsein, seine Gedanken und seine energetische Aufmerksamkeit voll und ganz auf den Moment und den Klienten ausrichtet. Es ist eine tiefe Verankerung im »Jetzt«, die es dem Mesmeristen ermöglicht, über die Oberfläche des Offensichtlichen hinauszugehen und die feineren, energetischen Strömungen zu erfassen, die unterhalb der bewussten Wahrnehmungsebene fließen.

Diese Art von Präsenz zu kultivieren, erfordert eine bewusste Anstrengung, sich von den Ketten der Vergangenheit zu lösen und die Sorgen um die Zukunft beiseite zu legen. In der Praxis bedeutet dies, dass ein Mesmerist während einer Sitzung eine Art meditativen Zustand erreicht, in dem er vollständig aufmerksam und empfänglich ist für alles, was im gegenwärtigen Moment geschieht. Diese Haltung schafft einen Raum der Ruhe und Klarheit, der es dem Mesmeristen ermöglicht, die subtilsten Hinweise und energetischen Signale des Klienten zu erkennen.

Diese vollständige Aufmerksamkeit ist entscheidend, denn sie ermöglicht es dem Mesmeristen, auf die energetischen Bedürfnisse des Klienten präzise einzugehen. Durch die bewusste Wahrnehmung der energetischen Zustände des Klienten kann der Mesmerist Veränderungen im energetischen Feld wahrnehmen, die Hinweise auf Blockaden, Disharmonien oder energetische Ungleichgewichte geben können. Diese Sensibilität für energetische Nuancen ist das, was den Mesmeristen befähigt, gezielte Interventionen durchzuführen, die den natürlichen Fluss der Lebensenergie wiederherstellen und fördern.

Die Fähigkeit, in solch einer tiefen Präsenz zu verweilen, ist nicht nur eine Technik, sondern auch eine Kunst, die durch ständige Praxis und Selbstreflexion verfeinert wird. Es erfordert vom Mesmeristen, dass er lernt, seine eigenen Gedanken und Emotionen zu managen, um als klarer Kanal für die Heilenergie zu fungieren. Diese Selbstmeisterschaft ist ein wesentlicher Aspekt der mesmeristischen Praxis, denn nur ein Mesmerist, der in der Lage ist, seine innere Welt zu beherrschen, kann die energetische Welt anderer effektiv navigieren und beeinflussen.

Die Präsenz im Mesmerismus ist somit eine fundamentale Fähigkeit, die den Grundstein für alle weiteren Aspekte der energetischen Arbeit legt. Sie ermöglicht es dem Mesmeristen, eine tiefe Verbindung zum Klienten herzustellen und eine wirksame Unterstützung im Heilungsprozess zu bieten. Durch die Kultivierung dieser Präsenz schafft der Mesmerist einen heiligen Raum, in dem wahre Transformation und Heilung möglich werden.

Schaffung eines heilenden Raumes

Die Präsenz eines Mesmeristen ist nicht nur ein Zustand des Seins, sondern auch ein aktiver Prozess, der einen heilenden Raum erschafft – einen Raum, in dem Transformation möglich wird. Dieser Raum wird nicht allein durch die physische Umgebung definiert, sondern vielmehr durch die Qualität der Aufmerksamkeit, die der Mesmerist in jede Interaktion einbringt. Die bewusste Haltung und die energetische Ausstrahlung des Mesmeristen spielen eine zentrale Rolle bei der Schaffung einer Atmosphäre, in der sich Klienten sicher und verstanden fühlen.

Es ist die Präsenz des Mesmeristen, die eine Brücke zwischen dem Sichtbaren und dem Unsichtbaren bildet, zwischen dem Körperlichen und dem Energetischen. Indem der Mesmerist vollkommen im Moment verankert ist, mit einer tiefen Achtsamkeit für das Hier und Jetzt, wird eine

Umgebung des Vertrauens und der Offenheit gefördert. In diesem Raum fühlen sich Klienten ermutigt, sich zu öffnen und ihre innersten Erfahrungen zu teilen, wohl wissend, dass sie in einem sicheren Rahmen gehalten werden.

Diese Atmosphäre des Vertrauens und der Sicherheit ist für die energetische Arbeit unerlässlich. Sie ermöglicht es dem Klienten, sich auf tiefere Ebenen der eigenen Psyche und des energetischen Feldes einzulassen, ohne Angst vor Verletzlichkeit oder Missverständnis. Die energetische Ausstrahlung des Mesmeristen, geprägt von Empathie, Respekt und bedingungsloser Akzeptanz, verstärkt dieses Gefühl der Sicherheit und des Angenommenseins.

Innerhalb dieses heilenden Raumes wird es möglich, die subtilen energetischen Ströme zu navigieren, die die Grundlage für physische, emotionale und mentale Zustände bilden. Der Mesmerist, ausgestattet mit der Fähigkeit, diese Energien wahrzunehmen und zu lenken, kann nun gezielt auf energetische Blockaden und Disharmonien einwirken. Durch die bewusste Manipulation dieser Energien – immer geleitet von der Intention der Heilung und des höchsten Wohls des Klienten – werden Wege zur Transformation und Heilung eröffnet.

In diesem Sinne wird der heilende Raum, den die Präsenz des Mesmeristen schafft, zu einem heiligen Ort der Begegnung zwischen individueller Erfahrung und universeller Energie. Es ist ein Ort, an dem tiefgreifende Veränderungen möglich sind, wo Einsichten gewonnen, alte Wunden geheilt und neue Perspektiven für ein harmonisches Leben entdeckt werden können. Die Präsenz des Mesmeristen ist somit der Schlüssel zur Ermöglichung dieser tiefgreifenden Prozesse, ein Geschenk der

Aufmerksamkeit und der energetischen Meisterschaft, das den Weg zur wahren Transformation ebnet.

Energetische Resonanz

Die Präsenz eines Mesmeristen wirkt nicht nur als Fundament für den heilenden Raum, sondern beeinflusst auch maßgeblich die energetische Resonanz zwischen Mesmerist und Klient. Diese Resonanz ist der Schlüssel, der eine tiefe, energetische Kommunikation ermöglicht, eine Kommunikation, die jenseits von Worten existiert und direkt auf die Ebene des energetischen Austauschs wirkt. Durch die bewusste Ausrichtung und Harmonisierung ihrer eigenen energetischen Felder können Mesmeristen eine Verbindung mit dem Klienten herstellen, die durch eine tiefe Harmonie und Abstimmung gekennzeichnet ist.

Diese harmonische Verbindung, die sich aus der resonanten Übereinstimmung der energetischen Frequenzen von Mesmerist und Klient ergibt, schafft ein dynamisches Feld, in dem Heilenergie frei fließen und wirken kann. Die Fähigkeit des Mesmeristen, seine Energie bewusst auszurichten und zu modulieren, ermöglicht es, den energetischen Zustand des Klienten feinfühlig zu beeinflussen. Diese energetische Feinabstimmung ist essenziell, denn sie erlaubt es, Blockaden zu lösen, Disharmonien auszugleichen und die natürlichen Selbstheilungskräfte des Körpers zu aktivieren.

Die Schaffung dieser resonanten Verbindung ist ein Prozess der Einfühlung und des energetischen Dialogs. Der Mesmerist nutzt sein tiefes Verständnis der energetischen

Dynamiken, um die spezifischen Frequenzen zu identifizieren, die den Zustand des Klienten am besten unterstützen und fördern. Durch diese feinfühlige Anpassung der energetischen Frequenzen wird eine Atmosphäre geschaffen, in der Heilung nicht nur möglich, sondern auch wahrscheinlich wird.

Diese Art der energetischen Resonanz ist fundamental für den Erfolg der mesmeristischen Praxis. Sie bildet die Basis, auf der die transformative Kraft der Energiearbeit entfaltet werden kann. Die Fähigkeit, eine solche Verbindung herzustellen, erfordert vom Mesmeristen nicht nur ein tiefes energetisches Bewusstsein und eine ausgeprägte Sensibilität, sondern auch eine Hingabe an das Wohl des Klienten. Es ist diese Hingabe, kombiniert mit der Fähigkeit zur energetischen Feinabstimmung, die den Mesmeristen in die Lage versetzt, als wirkungsvoller Kanal für Heilenergie zu fungieren.

Indem der Mesmerist und der Klient in dieser Weise energetisch miteinander resonieren, wird ein Prozess in Gang gesetzt, der weit über die Sitzung hinausreicht. Diese tiefe energetische Verbindung fördert nicht nur die Heilung im Moment, sondern unterstützt auch den Klienten dabei, ein größeres Bewusstsein für die eigenen energetischen Zustände und Potenziale zu entwickeln.

Die Präsenz des Mesmeristen und die dadurch geschaffene resonante Verbindung eröffnen somit einen Weg zur tiefgreifenden Transformation, die das Leben des Klienten auf nachhaltige Weise bereichert.

Selbstbewusstsein und Selbstregulierung

Die Entwicklung einer tiefen Präsenz, die für die Praxis des Mesmerismus unerlässlich ist, erfordert vom Mesmeristen mehr als nur technisches Können; sie verlangt eine tiefe Selbstkenntnis und die Meisterschaft der Selbstregulierung. Diese persönliche Entwicklungsarbeit ist grundlegend, da sie den Mesmeristen in die Lage versetzt, nicht nur ein Bewusstsein für die eigenen energetischen Zustände zu entwickeln, sondern auch diese Zustände bewusst zu steuern und zu harmonisieren.

Ein hohes Maß an Selbstbewusstsein ermöglicht es dem Mesmeristen, die feinen Schwingungen des eigenen energetischen Feldes wahrzunehmen und zu verstehen. Diese Selbstwahrnehmung ist die Basis dafür, innere Ruhe und Klarheit zu kultivieren – Zustände, die essentiell sind, um in der energetischen Arbeit mit Klienten effektiv zu sein. Die Fähigkeit zur Selbstregulierung erlaubt es dem Mesmeristen, seine eigene Energie bewusst zu modulieren und anzupassen, um eine optimale Resonanz mit dem Klienten zu erreichen und als Kanal für Heilenergie zu fungieren.

Die kontinuierliche Arbeit an sich selbst umfasst verschiedene Praktiken und Techniken der Selbstreflexion, Meditation und energetischen Zentrierung. Diese Praktiken helfen dem Mesmeristen, ein tiefes Verständnis für die eigenen Gedanken, Emotionen und energetischen Muster zu entwickeln. Durch diese innere Arbeit lernt der Mesmerist, wie er seine Energie bewusst lenken kann, um eine stabile und harmonische Präsenz zu bewahren – eine Präsenz, die für die Schaffung eines heilenden Raumes unerlässlich ist.

Darüber hinaus ermöglicht die Fähigkeit zur Selbstregulierung dem Mesmeristen, in Zeiten der Herausforderung oder des energetischen Ungleichgewichts schnell wieder in einen Zustand der inneren Balance zurückzukehren. Dies ist besonders wichtig, da die energetische Arbeit oft tiefgreifend und emotional belastend sein kann. Ein Mesmerist, der gelernt hat, sich selbst zu zentrieren und seine energetische Ausrichtung zu bewahren, kann diese Herausforderungen meistern, ohne von ihnen überwältigt zu werden.

Letztlich ist es diese tiefe Verbindung mit dem eigenen inneren Kern und die Fähigkeit, die eigene Energie bewusst zu steuern, die den Mesmeristen zu einem wirksamen Kanal für Heilenergie macht. Die Selbstmeisterschaft, die durch kontinuierliche Selbstarbeit erlangt wird, ist somit nicht nur ein Akt der persönlichen Entwicklung, sondern auch ein wesentlicher Beitrag zur Heilung anderer.

Sie bildet das Fundament, auf dem der Mesmerist seine Arbeit aufbaut, und ermöglicht es ihm, mit Integrität, Empathie und Effektivität zu handeln.

Praktische Anwendung

Die Praxis der Präsenz im Mesmerismus ist eine Kunst, die über die bloße Anwesenheit hinausgeht und in die Tiefe der energetischen Verbindung zwischen Mesmerist und Klient reicht. Diese Präsenz in der praktischen Anwendung zu manifestieren, bedeutet für den Mesmeristen, in jedem Augenblick der Sitzung mit seiner gesamten

Aufmerksamkeit beim Klienten und dem sich entfaltenden energetischen Prozess zu sein. Eine solche Fokussierung erfordert nicht nur eine Achtsamkeitspraxis, die über das Übliche hinausgeht, sondern auch eine bewusste Selbstreflexion und die Fähigkeit, sich schnell wieder zu zentrieren, falls die Gedanken oder die Aufmerksamkeit abschweifen sollten.

Diese Form der Präsenz ist essenziell, da sie den Mesmeristen befähigt, nicht nur die offensichtlichen Bedürfnisse des Klienten zu erkennen, sondern auch die subtileren energetischen Signale wahrzunehmen, die Aufschluss über tiefer liegende Ungleichgewichte geben können. Es ist diese Fähigkeit, tief zu hören und zu fühlen, was unter der Oberfläche liegt, die den Mesmeristen in die Lage versetzt, effektiv auf das energetische Feld des Klienten einzuwirken und eine wirkliche Veränderung zu bewirken.

Darüber hinaus bildet die Präsenz des Mesmeristen den Grundstein für alle weiteren Aspekte der Heilungsarbeit. Sie schafft den notwendigen Raum für eine tiefe energetische Kommunikation und Interaktion, die es dem Mesmeristen ermöglicht, präzise und mitfühlend auf die individuellen Bedürfnisse des Klienten einzugehen. Diese tiefe Verbindung ist der Schlüssel zur Wiederherstellung des energetischen Gleichgewichts und zur Förderung von Heilung auf allen Ebenen – physisch, emotional und spirituell.

Die kontinuierliche Achtsamkeitspraxis, die für diese Art der Präsenz erforderlich ist, dient nicht nur der Vorbereitung auf die Sitzungen, sondern ist auch ein Weg der persönlichen Entwicklung und des spirituellen Wachstums für den Mesmeristen selbst. Indem der Mesmerist lernt, in jedem Moment präsent zu sein, entwickelt er auch ein tieferes Verständnis für die eigene innere Welt und die dynamischen Ströme des Lebens, die uns alle durchfließen.

Die Präsenz im Mesmerismus ist daher nicht nur eine Technik, sondern ein Zustand des Seins, der es dem Mesmeristen erlaubt, als effektiver Kanal für Heilenergie zu fungieren. Sie ist das Herzstück der Praxis, das den Mesmeristen dazu befähigt, eine Brücke zu bauen – nicht nur zwischen sich und dem Klienten, sondern auch zwischen der sichtbaren Welt des Materiellen und der unsichtbaren Welt der Energie.

24. Der Beobachter

Der Beobachter im Mesmerismus und die Quantentheorie:
Eine Verbindung der untätigen Tätigkeit

Einleitung:

Die essenzielle Rolle des Beobachters durchzieht sowohl die geheimnisvolle Welt des Mesmerismus als auch
die Grenzen der Quantentheorie, wo das einfache Akt
des Beobachtens eine transformative Kraft entfaltet. Im
Mesmerismus wird dem Zustand des Beobachters, der
durch seine bewusste Anwesenheit und gezielte Aufmerksamkeit Einfluss nimmt, eine tiefe Bedeutung zugeschrieben. Diese Vorstellung findet ein faszinierendes
Echo in der Quantentheorie, in der der Beobachter die
Realität auf subtile, aber entscheidende Weise beeinflusst,
ein Phänomen, das die untrennbare Verbindung zwischen
Beobachter und dem Beobachteten hervorhebt.

Im Kern des Mesmerismus steht die Überzeugung, dass
der Beobachter, weit entfernt von einer passiven Rolle,
aktiv an der Gestaltung der energetischen Realität teil-
nimmt. Diese Aktivität, obwohl sie auf den ersten Blick
als untätig erscheinen mag, ist tatsächlich eine Form der
»untätigen Tätigkeit«, ein Zustand, in dem die reine Beobachtung selbst zum aktiven Element der Veränderung
wird. Es ist die Präsenz und die fokussierte Intention
des Mesmeristen, die eine Atmosphäre schafft, in der

energetische Verschiebungen möglich werden. Durch das einfache, aber tiefe Akt des Beobachtens kann der Mesmerist energetische Blockaden identifizieren, Ungleichgewichte wahrnehmen und den Weg zur Harmonisierung ebnen.

Diese Perspektive auf den Beobachter als einen aktiven Teilnehmer am energetischen Geschehen öffnet eine neue Sichtweise auf die Praxis des Mesmerismus. Sie betont die Kraft der Aufmerksamkeit, der Intention und des Bewusstseinszustandes des Mesmeristen, die alle zusammenwirken, um die energetische Landschaft zu modulieren. In dieser Hinsicht wird der Mesmerist zu einem Künstler, der mit den Pinselstrichen seiner Aufmerksamkeit das Bild der energetischen Realität neu gestaltet.

Die Parallele zur Quantentheorie, in der die Präsenz des Beobachters die Ergebnisse von Experimenten beeinflussen kann, unterstreicht die tiefe Verbindung zwischen Bewusstsein und Materie. Diese Verbindung zwischen dem Mesmerismus und der Quantentheorie erweitert unser Verständnis dafür, wie Bewusstseinszustände die physische und energetische Welt beeinflussen können. Sie lädt uns ein, die Möglichkeiten zu erkunden, die sich eröffnen, wenn wir lernen, unsere Aufmerksamkeit und Intention bewusst zu lenken.

In der Praxis des Mesmerismus wird somit der Beobachter zu einem zentralen Akteur, der durch seine bewusste Präsenz und seine gezielte Aufmerksamkeit die Energiebahnen lenkt und das energetische Gleichgewicht fördert. Diese tiefgreifende Rolle des Beobachters erinnert uns daran, dass in der Welt der Energie und des Bewusstseins unsere innerste Haltung und unsere fokussierte

Intention mächtige Werkzeuge der Veränderung sind. Der Mesmerismus, mit seiner Betonung der Rolle des Beobachters, öffnet somit ein Fenster zu einer Welt, in der die Grenzen zwischen dem Beobachter und dem Beobachteten verschwimmen und wo die reine Beobachtung selbst eine Form der Heilung werden kann.

Der Beobachter im Mesmerismus:
Im Herzen des Mesmerismus liegt ein tiefes Verständnis für die Kraft des Bewusstseins und dessen Fähigkeit, die materielle und energetische Welt zu beeinflussen. Der Zustand des Beobachters, wie er im Mesmerismus verstanden wird, ist ein faszinierendes Beispiel für diese Wechselwirkung. In diesem Zustand greift der Praktizierende nicht direkt in das energetische Feld des Klienten ein, sondern es ist seine fokussierte Präsenz und Aufmerksamkeit, die eine subtile, doch tiefgreifende Veränderung bewirkt. Diese Art der Einflussnahme, die sich in der »untätigen Tätigkeit« manifestiert, offenbart die Stärke der reinen Absicht und Beobachtung.

Der Begriff »untätige Tätigkeit« mag zunächst paradox erscheinen, doch erfasst er die Essenz der mesmeristischen Praxis: Es ist die bewusste Intention des Mesmeristen, ohne physisches Eingreifen, die eine Transformation im energetischen Feld des Klienten ermöglicht. Diese Form der Einflussnahme ist subtil und doch kraftvoll, weil sie auf der grundlegenden Annahme beruht, dass eine unauflösliche Verbindung zwischen dem Bewusstsein des Beobachters und der materiellen Welt besteht. Durch seine Präsenz und Aufmerksamkeit wird der Mesmerist zum Katalysator für Veränderung, der die energetischen

Ströme lenkt und harmonisiert, ohne dabei direkten physischen Kontakt zu benötigen.

Diese Praxis erfordert vom Mesmeristen ein hohes Maß an Bewusstheit und Selbstkontrolle, da die Qualität seiner Aufmerksamkeit und die Reinheit seiner Intention direkt die Wirksamkeit seiner Arbeit beeinflussen. Die Fähigkeit, in einem Zustand der untätigen Tätigkeit zu verweilen, in dem die Beobachtung selbst zum aktiven Element der Heilung wird, setzt voraus, dass der Mesmerist in der Lage ist, sein eigenes energetisches Feld zu klären und zu stabilisieren. Nur so kann er eine Atmosphäre schaffen, in der heilende Veränderungen möglich sind.

Diese tiefe Verbindung zwischen Bewusstsein und materieller Welt, die im Mesmerismus erforscht wird, eröffnet eine neue Perspektive auf die Natur der Realität und unsere Fähigkeit, diese zu beeinflussen.

Der Zustand des Beobachters im Mesmerismus ist somit nicht nur eine Technik der energetischen Heilung, sondern auch ein Weg zur Erkenntnis über die untrennbaren Verbindungen, die unsere Welt durchziehen. Durch die Praxis der untätigen Tätigkeit lädt der Mesmerismus uns ein, die Macht unseres Bewusstseins zu erkennen und verantwortungsvoll einzusetzen, um positive Veränderungen sowohl im energetischen Feld des Klienten als auch in der Welt um uns herum zu bewirken.

Beobachtung in der Quantentheorie:
Die faszinierende Welt der Quantenphysik enthüllt eine der grundlegendsten und doch verstörendsten Wahrheiten über unsere Realität: die zentrale Rolle des Beobachtungseffekts. Innerhalb dieses Rahmens wird der

Akt der Beobachtung nicht als passiver, neutraler Vorgang angesehen, sondern als eine Kraft, die das Ergebnis eines Experiments maßgeblich beeinflusst. Diese Vorstellung, dass die Realität auf subatomarer Ebene durch den Akt des Beobachtens selbst geformt wird, stellt unsere herkömmlichen Auffassungen von Objektivität und Determinismus in Frage.

Das Gedankenexperiment von Schrödingers Katze illustriert dieses Prinzip auf eindrückliche Weise. In diesem Experiment befindet sich eine Katze in einem versiegelten Behälter, zusammen mit einer Vorrichtung, die sie potenziell töten könnte. Solange der Behälter verschlossen ist und niemand hineinsieht, befindet sich die Katze nach den Regeln der Quantenmechanik in einem Zustand der Überlagerung, in dem sie gleichzeitig als ›lebendig‹ und ›tot‹ betrachtet wird. Erst wenn ein Beobachter den Behälter öffnet und den Zustand der Katze feststellt, ›kollabiert‹ diese Überlagerung zu einem der beiden möglichen Zustände.

Diese Idee, dass die Realität in gewisser Weise durch den Akt des Beobachtens geformt wird, öffnet ein Fenster zu einem tieferen Verständnis der Natur des Bewusstseins und seiner Wechselwirkung mit der materiellen Welt. Die Quantenmechanik legt nahe, dass unsere Beobachtungen nicht nur passive Registrierungen einer vorgegebenen Realität sind, sondern aktive Teilnehmer am Prozess der Realitätsbildung.

Die Implikationen dieses Prinzips reichen weit über die Physik hinaus und berühren fundamentale philosophische Fragen über die Natur der Realität, die Rolle des Bewusstseins im Universum und die tiefgreifende Verbindung zwischen Beobachter und Beobachtetem. Es erinnert uns daran, dass unsere Wahrnehmung der Welt nicht einfach eine direkte Reflexion einer objektiven Realität ist, sondern ein komplexes Zusammenspiel von Bewusstsein, Materie und den dynamischen Prozessen der Beobachtung.

In diesem Licht betrachtet, bietet die Quantenphysik eine ergänzende Perspektive zu den Prinzipien des Mesmerismus, in denen der Zustand des Beobachters ebenfalls eine entscheidende Rolle spielt. Beide Disziplinen – die eine verankert in der Wissenschaft, die andere in der energetischen Heilpraxis – offenbaren die tiefgreifende Wahrheit, dass unsere Interaktion mit der Welt um uns herum nicht nur durch die physischen Aktionen bestimmt wird, die wir ausführen, sondern auch durch die subtilen Akte der Beobachtung und Intention.

Die Idee des »Meeres aller Möglichkeiten«, ein Konzept, das tief in der Quantenphysik verwurzelt ist, eröffnet eine weitere Dimension im Verständnis des Mesmerismus und seiner Praxis. In der Quantentheorie wird postuliert, dass auf der subatomaren Ebene alle Potentiale gleichzeitig existieren, bis der Akt der Beobachtung eines dieser Potentiale in die Realität ›schaltet‹. Dieses Meer aller Möglichkeiten umfasst eine unendliche Vielfalt an Zuständen, Ereignissen und Ergebnissen, die alle potenziell existieren, bis sie durch Beobachtung konkretisiert werden.

Im Kontext des Mesmerismus spiegelt sich dieses Konzept in der Arbeit des Mesmeristen mit dem Klienten wider. Der Mesmerist, der die Rolle des bewussten Beobachters einnimmt, hilft dem Klienten, aus dem unendlichen Meer der energetischen Potentiale ein spezifisches Potential auszuwählen und in die Realität zu überführen. Diese Praxis basiert auf der Annahme, dass auch im energetischen Feld des Menschen alle möglichen Zustände der Gesundheit, des Wohlbefindens und der Harmonie bereits existieren. Der Mesmerist arbeitet somit nicht nur daran, energetische Blockaden zu lösen, sondern auch daran, dem Klienten zu helfen, ein gewünschtes energetisches Potential zu aktivieren.

Diese Zusammenarbeit zwischen Mesmerist und Klient ist ein subtiler, doch kraftvoller Prozess der Intention und Fokussierung, in dem beide Parteien sich auf das gewünschte Ergebnis ausrichten. Durch die gemeinsame Konzentration und die gezielte Lenkung der Aufmerksamkeit wird das energetische Feld so moduliert, dass das ausgewählte Potential aus dem Meer aller Möglichkeiten in die manifestierte Realität ›geschaltet‹ wird. Dieser Prozess der Manifestation ist tiefgründig und transformationell, da er nicht nur die äußeren Umstände verändert, sondern auch das innere Erleben und die energetische Struktur des Klienten.

Die Fähigkeit, ein spezifisches Potential in die Realität zu schalten, erfordert vom Mesmeristen ein tiefes Verständnis der energetischen Dynamiken sowie eine hohe Präzision in der Anwendung seiner Techniken. Es ist eine Kunst, die auf der feinen Abstimmung zwischen dem Mesmeristen und dem Klienten basiert, einer Abstimmung, die von Vertrauen, offener Kommunikation und der gemeinsamen Vision eines positiven Ergebnisses getragen wird.

Die Vorstellung vom Meer aller Möglichkeiten erweitert somit die Perspektive auf den Mesmerismus und betont die kreativen und transformationellen Möglichkeiten, die in der energetischen Arbeit liegen. Es ist eine Einladung, über die Grenzen der physischen Realität hinauszuschauen und die tiefe Verbindung zwischen Bewusstsein, Intention und materieller Manifestation zu erkunden. In dieser Sichtweise wird der Mesmerismus zu einem Weg, nicht nur Heilung zu fördern, sondern auch das Potenzial für tiefgreifende Veränderungen in der Realität des Klienten zu eröffnen.

Die tiefe Einsicht in den Beobachterzustand im Mesmerismus offenbart eine Dimension, die weit über die Klientenarbeit hinausgeht und in das tägliche Leben des Praktizierenden hineinreicht. Dieser Zustand der »untätigen Tätigkeit« ist nicht nur ein Werkzeug für die therapeutische Praxis, sondern auch ein Wegweiser für ein bewusstes und selbstbestimmtes Leben. Durch die Fähigkeit, in diesem Zustand zu verweilen, erlangt der Mesmerist eine umfassende Kontrolle über sich selbst und sein Umfeld, ein Zustand, der durch tiefe Achtsamkeit und das Loslassen der Bindung an spezifische Ereignisse charakterisiert ist.

In diesem erweiterten Verständnis des Beobachterzustands lässt sich der Mesmerist nicht unreflektiert in Situationen oder emotionale Zustände hineinziehen, ohne seine bewusste Zustimmung zu geben. Diese Art der bewussten Distanzierung ermöglicht es ihm, Ereignisse und Umstände aus einer allumfassenden Perspektive zu betrachten, ohne den Fokus ausschließlich auf ein spezifisches Ereignis zu legen. Es ist diese Fähigkeit, das größere Bild zu sehen und gleichzeitig in jedem Moment präsent zu sein, die dem Mesmeristen eine einzigartige Form der Freiheit und Selbstkontrolle verleiht.

Durch die Praxis des Beobachterzustands entwickelt der Mesmerist eine tiefgreifende Verbindung zu seinem inneren Selbst und eine erhöhte Sensibilität für die energetischen Ströme, die durch sein Leben fließen. Diese Sensibilität ermöglicht es ihm, bewusste Entscheidungen darüber zu treffen, wie er auf seine Umgebung reagiert, und wie er seine Energie in einer Weise einsetzt, die seine Integrität und sein Wohlbefinden fördert. Er lernt, in Harmonie mit den subtilen energetischen Dynamiken zu leben, die das Fundament seiner Existenz bilden.

Diese Fähigkeit, sich nicht ohne Zustimmung involvieren zu lassen, ist besonders wertvoll in einer Welt, die oft von Ablenkungen, Überstimulation und externem Druck geprägt ist. Der Mesmerist, der im Beobachterzustand verweilt, navigiert durch das Leben mit einer Klarheit und Gelassenheit, die aus dem tiefen Verständnis seiner eigenen energetischen Natur und der Natur des Universums resultiert. Er wird zum Meister seines eigenen Lebens, indem er lernt, seine Energie bewusst zu lenken und Situationen mit Weisheit und Mitgefühl zu begegnen.

So betrachtet, ist der Beobachterzustand im Mesmerismus eine Lebenskunst, die dem Praktizierenden ermöglicht, nicht nur in seiner therapeutischen Arbeit, sondern auch im täglichen Leben eine tiefe Wirkung zu erzielen. Es ist ein Pfad der Selbstentdeckung und Selbstmeisterschaft, der den Mesmeristen befähigt, sein Leben mit Bewusstsein, Intention und einer tiefen Verbindung zum energetischen Gewebe der Realität zu gestalten.

Die Verbindung: Untätige Tätigkeit als Einflusskraft:
Die Parallele zwischen Mesmerismus und Quantentheorie liegt in der Kraft der Beobachtung. Im Mesmerismus wie in der Quantenphysik ist der Beobachter nicht nur ein

passiver Zeuge, sondern ein aktiver Gestalter der Realität. Diese untätige Tätigkeit – das Beobachten ohne direktes Eingreifen – stellt eine subtile, aber mächtige Verbindung zwischen Bewusstsein und materieller Welt dar. Es ist eine Art, in der unsere Aufmerksamkeit, Intention und Präsenz die Grundstruktur der Realität selbst beeinflussen können.

Schlussfolgerung:
Die tiefgreifende Erkenntnis, dass der Beobachter sowohl in der mystischen Welt des Mesmerismus als auch in der rationalen Sphäre der Quantentheorie eine aktive und gestaltende Rolle einnimmt, eröffnet einen revolutionären Blick auf unsere Interaktion mit der Welt. Diese Perspektive enthüllt, wie unsere tiefsten Absichten und unsere bewusste Aufmerksamkeit nicht bloß passive Begleiter unserer Lebensreise sind, sondern vielmehr entscheidende Faktoren, die die Realität, in der wir leben, formen und definieren.

Diese Erkenntnis schlägt eine Brücke zwischen der alten Praxis des Mesmerismus und der modernen Wissenschaft der Quantentheorie und zeigt auf, dass trotz ihrer unterschiedlichen Herangehensweisen und Erklärungsmodelle beide zu einem ähnlichen Schluss kommen: Die Qualität unserer Aufmerksamkeit und die Klarheit unserer Intentionen haben einen direkten Einfluss auf die Gestaltung unserer Erfahrungen und unserer Realität.

Diese Einsicht lädt uns ein, die Praxis der »untätigen Tätigkeit« – ein Zustand, in dem die bewusste Nicht-Handlung und reine Beobachtung transformative Kräfte freisetzen – in unserem täglichen Leben und unserer Arbeit zu erkunden und zu nutzen. Es ermutigt uns, unsere eigene Fähigkeit zur bewussten Gestaltung der Welt um uns herum neu zu bewerten und zu würdigen. Durch das Verständnis, dass unsere Gedanken, Gefühle und Absichten die materielle Welt beeinflussen können, werden wir ermutigt, mit größerer Achtsamkeit und Intention durch das Leben zu gehen.

Diese Verbindung von alter Praxis und moderner Wissenschaft bestärkt die Vorstellung, dass wir nicht nur passive Beobachter unserer Realität sind, sondern aktive Teilnehmer, die die Fähigkeit besitzen, durch unsere innere Haltung und unsere fokussierte Aufmerksamkeit Veränderungen herbeizuführen. Die Erkenntnis, dass wir durch die »untätige Tätigkeit« eine bedeutende Rolle in der Gestaltung unserer Erfahrungen spielen, bietet eine kraftvolle Perspektive auf die menschliche Fähigkeit zur Transformation und Heilung.

So werden wir ermutigt, die tiefen Weisheiten des Mesmerismus und die bahnbrechenden Erkenntnisse der Quantentheorie in unser tägliches Leben zu integrieren, um ein bewussteres, erfüllteres und harmonischeres Dasein zu führen. Diese Verschmelzung von Wissen und Praxis eröffnet neue Horizonte für die Art und Weise, wie wir über uns selbst, unsere Beziehungen und unsere Rolle im Universum denken, und betont die außergewöhnliche Macht, die in der bewussten Aufmerksamkeit und Intention liegt.

25. Loslassen und Vergeben

Der Weg zum Beobachter

Loslassen

Um den Zustand des Beobachters zu erreichen und zu kultivieren, ist ein tiefgreifendes Verständnis und die Praxis des Loslassens unerlässlich. Dieser Prozess verlangt von dir, dich von alten Glaubenssätzen, Mangelgefühlen und selbst auferlegten Limitierungen zu befreien, die wie unsichtbare Fesseln deine Entwicklung und Wahrnehmung begrenzen. Es ist eine Reise, die dich dazu einlädt, in die Tiefen deines inneren Selbst einzutauchen und die Bereitschaft mitzubringen, dich von jenen Überzeugungen zu lösen, die nicht länger deinem wahren Ich oder deinen aktuellen Zielen dienen.

Alte Glaubenssätze sind oft so tief in unserem Unterbewusstsein verwurzelt, dass sie unsere Sicht auf die Welt und unser Handeln formen, ohne dass wir uns dessen bewusst sind. Der erste Schritt auf dem Weg zum Beobachter ist daher, diese Glaubenssätze zu identifizieren und zu hinterfragen. Es geht darum, dich zu fragen, ob sie wirklich deinen eigenen Erfahrungen und Überzeugungen entsprechen oder lediglich Relikte aus der Vergangenheit sind, die nicht mehr zu dir passen. Das Bewusstwerden und das anschließende Loslassen dieser überholten Überzeugungen ebnet den Weg für ein bewussteres und freieres Leben.

Ebenso sind das Gefühl des Mangels und die selbst

auferlegten Limitierungen Hindernisse, die deine Wahrnehmung einengen und dich davon abhalten, die Fülle des Lebens in all seinen Facetten zu erkennen und anzunehmen. Indem du lernst, diese Beschränkungen hinter dir zu lassen und dich der Unbegrenztheit deines Potenzials zu öffnen, eröffnest du dir die Möglichkeit, das Leben aus einer Position der Stärke und Fülle zu betrachten.

Die Praxis des Loslassens umfasst mehrere Aspekte: Die regelmäßige Selbstreflexion, etwa durch Meditation oder das Führen eines Tagebuchs, hilft dir, tief verwurzelte Überzeugungen zu beleuchten. Das Bewusstsein für die Momente, in denen alte Glaubenssätze und Limitierungen dein Denken und Handeln beeinflussen, ermöglicht es dir, diese Muster zu erkennen und aktiv dagegen zu entscheiden. Positive Affirmationen können dein Unterbewusstsein mit neuen, ermächtigenden Glaubenssätzen prägen. Eine Achtsamkeitspraxis erlaubt es dir, im gegenwärtigen Moment präsent zu sein, frei von der Last vergangener Erfahrungen oder der Sorge um die Zukunft.

Indem du das Loslassen kultivierst, bereitest du den Boden für einen tiefgreifenden Wandel in deinem Leben vor und öffnest dich für den Zustand des Beobachters, in dem du aktiv an der Gestaltung deiner Realität teilnimmst. Diese Reise zu dir selbst ist eine Einladung, dein wahres Potenzial zu erkennen und vollständig zu leben, bereichert durch die Erkenntnis, dass du durch deine Präsenz und Aufmerksamkeit die Welt um dich herum formen kannst.

Diese Reise des Loslassens und der Selbstentdeckung führt dich zu einer tiefen Verbindung mit dem Zustand des Beobachters, einem Zustand, in dem du nicht nur Zeuge deiner eigenen Transformation bist, sondern auch ein aktiver Gestalter deiner Erfahrungen und deiner Realität. Im Kern dieser Praxis steht die Erkenntnis, dass durch die bewusste Lenkung deiner Aufmerksamkeit und deiner Intentionen, du die Fähigkeit besitzt, auf das energetische Feld um dich herum Einfluss zu nehmen.

Das Loslassen alter Glaubenssätze und das Überwinden von Limitierungen ermöglichen es dir, mit einer neuen Klarheit und Offenheit durch das Leben zu gehen. Du beginnst zu erkennen, dass die Beschränkungen, die du einmal als unumstößlich betrachtet hast, tatsächlich veränderbar sind. Diese Erkenntnis ebnet den Weg für eine tiefgreifende Freiheit: die Freiheit, zu wählen, wie du auf die Welt reagierst, die Freiheit, zu entscheiden, welche Glaubenssätze du pflegen möchtest, und die Freiheit, dein Leben in Übereinstimmung mit deinen wahren Werten und Wünschen zu gestalten.

In diesem erweiterten Bewusstseinszustand wirst du sensibler für die subtilen energetischen Strömungen, die deine Erfahrungen und deine Interaktionen mit der Welt prägen. Du lernst, diese Strömungen bewusst zu navigieren und zu modulieren, was dir nicht nur in der therapeutischen Praxis des Mesmerismus zugutekommt, sondern auch in deinem täglichen Leben. Die Fähigkeit, im Zustand des Beobachters zu verweilen, verleiht dir eine außergewöhnliche Kontrolle über deine innere Welt und ermöglicht es dir, mit einer bemerkenswerten Gelassenheit und Bestimmtheit auf äußere Umstände zu reagieren.

Darüber hinaus eröffnet die Praxis des Loslassens und die Kultivierung des Beobachterzustands neue Wege der Interaktion mit deinem Umfeld. Du wirst zu einem Anker der Ruhe und Präsenz für die Menschen um dich herum, inspirierst durch dein Beispiel und unterstützt andere in ihrem eigenen Prozess des Wachstums und der Transformation.

Letztendlich ist die Entwicklung zum Beobachter ein fortwährender Prozess der Selbstentfaltung, der dich einlädt, die Grenzen dessen, was du für möglich hältst, kontinuierlich zu erweitern. Es ist eine Reise, die dich tief in die Mysterien deines eigenen Bewusstseins führt und dir zeigt, wie du durch die Kraft der Aufmerksamkeit und der Intention die Welt um dich herum – und in dir – zum Besseren wandeln kannst.

Vergeben

Vergebung ist der zweite entscheidende Aspekt auf dem Weg, den Zustand des Beobachters zu erreichen und zu kultivieren. Sie spielt eine zentrale Rolle, weil sie uns von den Ketten der Vergangenheit befreit und uns ermöglicht, in Frieden mit uns selbst und unserer Umwelt zu leben. Vergebung ist ein Akt der Selbstliebe und des Selbstrespekts; sie ist immer nur für uns selbst. Es geht nicht darum, jemand anderem Schuld zuzuweisen oder diese Schuld aufzuheben. Vielmehr ist es ein innerer Prozess, bei dem wir uns von dem Gewicht alter Verletzungen und Groll lösen.

Die Metapher des Schiefers, der aus der Haut gezogen wird, damit die Wunde heilen kann, veranschaulicht eindrucksvoll, was Vergebung bewirkt. Solange der Splitter der Verletzung tief in uns steckt, bleibt die Wunde entzündet, schmerzt und kann nicht heilen. Vergebung bedeutet, diesen Splitter behutsam zu entfernen, um den natürlichen Heilungsprozess zu ermöglichen. Dieser Akt befreit uns nicht nur von anhaltendem Schmerz und Leid, sondern öffnet auch den Raum für neues Wachstum und positive Erfahrungen.

Vergebung erfordert oft Mut und die Bereitschaft, tief in uns selbst zu blicken. Es geht darum, die Geschichten und Narrative, die wir um unsere Verletzungen herum aufgebaut haben, zu erkennen und loszulassen. Dieser Prozess kann herausfordernd sein, denn er verlangt von uns, uns unseren tiefsten Ängsten und Schmerzen zu stellen. Doch die Freiheit und Leichtigkeit, die mit echter Vergebung einhergehen, sind der Lohn für diese innere Arbeit.

Praktiken wie Meditation, geführte Vergebungsübungen und das Schreiben von Briefen, die nie gesendet werden, können hilfreiche Werkzeuge auf dem Weg der Vergebung sein. Sie ermöglichen es uns, unsere Gefühle auszudrücken, unseren Frieden mit der Vergangenheit zu machen und schließlich loszulassen. Durch Vergebung lösen wir uns von der Last der Vergangenheit und gewinnen die Freiheit, unser Leben bewusster und voller zu gestalten.

Indem du Vergebung übst, ermöglichst du dir, in einen Zustand des Beobachters zu gelangen, in dem du das Leben aus einer Perspektive der Klarheit und des Mitgefühls betrachten kannst. Vergebung befreit dich von den Fesseln der Vergangenheit und erlaubt es dir, mit offenen Armen die Gegenwart und Zukunft zu umarmen. Sie ist ein entscheidender Schritt auf dem Weg zur Selbstmeisterschaft und ein wesentliches Element, um ein erfülltes und harmonisches Leben zu führen.

Die Praxis der Vergebung ist ein fortwährender Prozess, der uns lehrt, mit größerer Gelassenheit und Akzeptanz durch das Leben zu gehen. Sie lehrt uns, dass das Festhalten an Groll und Verletzungen uns nur in einem Zustand der Unruhe und des Schmerzes hält. Durch Vergebung schaffen wir Raum in unserem Herzen und unserem Geist für neue Erfahrungen, für Liebe und Freude. Sie ermöglicht es uns, die Ketten zu durchbrechen, die unsere energetische Entwicklung und unser Wachstum behindern, und öffnet die Tür zu tieferem Selbstverständnis und innerem Frieden.

In der Praxis des Loslassens und der Vergebung finden wir Zugang zu einer tieferen Ebene des Bewusstseins – dem Zustand des Beobachters. In diesem Zustand erkennen wir, dass wir die Wahl haben, wie wir auf die Ereignisse unseres Lebens reagieren. Wir erkennen, dass nicht die Ereignisse selbst uns formen, sondern die Bedeutung, die wir ihnen beimessen, und unsere Reaktion darauf. Vergebung ermöglicht es uns, diese Ereignisse aus einer Position der Stärke und des Mitgefühls zu betrachten, frei von den Schatten der Vergangenheit.

Diese Haltung des Beobachters, gestärkt durch die Praxis des Loslassens und der Vergebung, verändert nicht nur unsere innere Welt, sondern hat auch tiefgreifende Auswirkungen auf unsere äußere Realität. Sie fördert eine Lebensweise, in der wir bewusster, achtsamer und mitfühlender agieren – sowohl mit uns selbst als auch mit anderen. Dieser Zustand des Seins zieht positive Erfahrungen und Beziehungen an und schafft ein Leben, das von Harmonie und Sinn erfüllt ist.

Letztlich ist die Praxis der Vergebung ein Weg zur Freiheit – eine Freiheit, die es uns erlaubt, vollständig im Hier und Jetzt zu leben, offen für die Unendlichkeit des Moments und die Fülle des Lebens. Sie ist ein entscheidender Schritt auf dem Weg zur wahren Selbstmeisterschaft und ein Schlüssel, um den Zustand des Beobachters zu erreichen und zu kultivieren. In diesem Zustand werden wir zu Meistern unserer eigenen Realität, fähig, unser Leben mit Weisheit, Liebe und Kreativität zu gestalten.

Die tiefe Wahrheit über Vergebung liegt in der Erkenntnis, dass sie nicht dazu dient, das, was falsch war, zu korrigieren oder zu rechtfertigen. Was geschehen ist, bleibt Teil unserer Geschichte; die Handlungen, die Schmerzen verursacht haben, sowohl die, die uns angetan wurden, als auch die, die wir anderen zugefügt haben, ändern sich durch den Akt der Vergebung nicht.

Der Kern der Vergebung liegt vielmehr im Loslassen – einem Loslassen, das es uns ermöglicht, uns von der Last der Vergangenheit zu befreien und uns selbst und anderen gegenüber Mitgefühl zu zeigen.

Vergebung bedeutet, sich selbst die Erlaubnis zu geben, vorwärts zu schreiten, ohne von den Schatten der Vergangenheit zurückgehalten zu werden. Es ist ein Akt des Selbstmitgefühls und der Selbstliebe, in dem wir uns alles vergeben, was uns verletzt hat, sowie jede Verletzung, die wir anderen zugefügt haben. Dieser Prozess ist befreiend, denn er erlaubt es uns, unsere eigene Menschlichkeit und die der anderen anzuerkennen – mit all den Fehlern, Schwächen und Irrtümern, die dazu gehören.

Die Praxis der Vergebung öffnet den Weg zu einem tieferen Verständnis und einer Akzeptanz dessen, dass Fehler und Verletzungen Teil des menschlichen Erlebens sind. Sie lehrt uns, dass wahres Wachstum und Heilung nicht darin bestehen, die Vergangenheit ungeschehen zu machen, sondern darin, die Lehren zu erkennen, die sie uns bietet, und die Kraft zu finden, mit größerer Weisheit und Mitgefühl voranzuschreiten.

Indem du dich in der Kunst der Vergebung übst, kultivierst du einen Zustand des inneren Friedens und der Harmonie, der es dir ermöglicht, den Zustand des Beobachters in seiner reinsten Form zu erleben. In diesem Zustand wirst du dir bewusst, dass du die Freiheit hast, deine eigene Realität bewusst zu gestalten – nicht indem du die Vergangenheit veränderst, sondern indem du deine Beziehung zu ihr transformierst. Du lernst, dass Vergebung nicht das Vergessen der Vergangenheit bedeutet, sondern das Freisetzen der Energie, die in den ungelösten Schmerzen gebunden war, sodass du diese Energie für die Gestaltung einer hoffnungsvollen und erfüllten Zukunft nutzen kannst.

So wird Vergebung zu einem machtvollen Werkzeug der Transformation – ein Schlüssel, der dir hilft, den Schiefer der Verletzungen zu entfernen und den Weg für wahre Heilung und Erneuerung freizumachen. Durch die Praxis der Vergebung schaffst du Raum in deinem Herzen und deinem Leben für neue Möglichkeiten, für Liebe, Freude und tiefe Zufriedenheit. Sie ermöglicht es dir, in jedem Moment voll präsent zu sein, frei von den Fesseln der Vergangenheit und offen für die unendlichen Möglichkeiten, die das Leben bietet.

Vergebung und Loslassen sind zwei Seiten derselben Medaille, die untrennbar miteinander verbunden sind und gemeinsam einen tiefgreifenden Prozess der inneren Befreiung darstellen. Beide Praktiken ermöglichen es dir, das Ego zu beruhigen und es dazu zu bringen, im Hintergrund zu bleiben, was essentiell ist, um dauerhaft im Zustand des Beobachters verweilen zu können.

Dieser Zustand erlaubt es dir, das Leben mit Klarheit und Gelassenheit zu betrachten, frei von den ständigen Einmischungen und dem Lärm des Egos, das uns allzu oft in die Turbulenzen vergangener Emotionen und Konflikte ziehen möchte.

Vergebung als Akt des Loslassens bedeutet, sich von den Fesseln alter Verletzungen, Groll und Schuld zu lösen. Es ist ein Befreiungsschlag, der es dir ermöglicht, Frieden mit der Vergangenheit zu schließen und mit einem leichteren Herzen vorwärts zu gehen. Durch Vergebung gibst du dir selbst und anderen die Freiheit zurück, ohne die Last ungelöster emotionaler Konflikte zu leben. Diese Praxis des Loslassens befriedet das Ego, indem sie ihm zeigt, dass es nicht nötig ist, an alten Geschichten festzuhalten, um sich sicher oder bestätigt zu fühlen.

Loslassen als Form der Vergebung erweitert diesen Prozess, indem es dir ermöglicht, dich von allen Arten von Begrenzungen zu befreien – seien es überholte Glaubenssätze, selbst auferlegte Limitierungen oder das Gefühl des Mangels. Es ist ein Prozess, der dir die Augen dafür öffnet, dass wahre Freiheit und Erfüllung aus dem Inneren kommen und nicht von äußeren Umständen abhängig sind. Indem du loslässt, trainierst du dein Ego, weniger dominant zu sein, und ermöglichst es deinem wahren Selbst, das Ruder zu übernehmen.

In dem Maße, in dem Vergebung und Loslassen das Ego beruhigen und in den Hintergrund drängen, eröffnen sie dir den Raum, um dauerhaft im Beobachterstatus zu bleiben. In diesem Zustand bist du nicht länger ein Spielball deiner Emotionen oder der unerfüllten Bedürfnisse des Egos, sondern ein bewusster Gestalter deines Lebens. Du erkennst, dass du in jedem Moment die Wahl hast, wie du auf die Welt reagierst, und dass du durch deine Absicht und Aufmerksamkeit die Qualität deiner Erfahrungen bestimmen kannst.

Das Ego versucht oft, uns in das Drama des Alltags zu involvieren, uns in alte Muster und Reaktionen zu ziehen. Doch durch die Praktiken der Vergebung und des Loslassens lernen wir, diesen Versuchungen zu widerstehen und stattdessen eine Position der Klarheit und des Mitgefühls einzunehmen. So bleiben wir im Zustand des Beobachters, fähig, das Leben aus einer höheren Perspektive zu betrachten und zu erleben – eine Perspektive, die von Weisheit, Liebe und tiefer innerer Ruhe geprägt ist.

26. Ebenen der Achtsamkeit

Achtsamkeit und Mesmerismus, obwohl auf den ersten Blick unterschiedlich, teilen eine tiefe Verbindung in Bezug auf ihre Anwendung auf das Bewusstsein und das therapeutische Potenzial. Mesmerismus, benannt nach Franz Anton Mesmer im 18. Jahrhundert, basiert auf der Idee des »animalischen Magnetismus« oder einer universellen Energie, die durch Lebewesen fließt und beeinflusst werden kann, um Heilung und Veränderung zu fördern. Während Mesmerismus historisch oft mit magnetischen Strömen und einer Art Hypnose assoziiert wurde, liegt sein Kern in der tiefen interpersonalen Verbindung und der Beeinflussung des energetischen Zustands einer Person.

Achtsamkeit im Mesmerismus

Die Praxis der Achtsamkeit – das bewusste Beobachten der gegenwärtigen Erfahrung ohne Urteil – ergänzt den Mesmerismus in mehreren wesentlichen Aspekten:

1. Präsenz und Empathie:
Mesmerismus erfordert vom Praktizierenden eine hohe Präsenz und eine empathische Verbindung zum Klienten, um den »magnetischen Fluss« effektiv zu leiten. Achtsamkeit fördert diese Präsenz und Empathie, indem sie hilft, im Moment zu bleiben und eine tiefe Verbindung zum Erleben des anderen zu schaffen.

2. Wahrnehmung von Energieflüssen:

Die Achtsamkeit auf eigene körperliche und emotionale Zustände schärft die Wahrnehmung für subtile Energieflüsse, sowohl bei sich selbst als auch bei anderen. Dies ist im Mesmerismus von zentraler Bedeutung, da die Sensitivität für energetische Zustände die Grundlage für die therapeutische Arbeit bildet.

3. Konzentration und Intention:

Achtsamkeitspraxis verbessert die Fähigkeit zur Konzentration und zur Klarheit der Intention. Im Mesmerismus ist die klare Absicht des Therapeuten, heilende Energie zu leiten, entscheidend für die Wirksamkeit der Behandlung. Achtsamkeit unterstützt das Aufrechterhalten dieser Fokussierung und Intention, selbst über längere Sitzungen.

4. Selbstregulierung und –heilung:

Achtsamkeit lehrt die Fähigkeit zur Selbstregulierung und fördert die innere Heilungskraft. Im Mesmerismus wird der Klient oft angeleitet, auf seine inneren Prozesse zu achten und seinen eigenen Beitrag zur Heilung zu leisten. Diese Selbstbeteiligung wird durch die Achtsamkeit verstärkt, indem sie das Bewusstsein für den eigenen Körper und Geist schärft.

5. Reduktion von Widerstand:

Achtsamkeit hilft, Widerstände und Blockaden im Bewusstsein zu erkennen und aufzulösen. Im Mesmerismus ist das Lösen von energetischen Blockaden ein zentrales Ziel. Achtsamkeit kann sowohl dem Praktizierenden als auch dem Klienten helfen, Widerstände zu identifizieren und sich für den Prozess zu öffnen.

Integration in die therapeutische Praxis

In deiner therapeutischen Arbeit kannst du Achtsamkeit als Werkzeug nutzen, um die Effektivität des Mesmerismus zu erhöhen. Zum Beispiel kann die Einleitung einer Sitzung mit einer Achtsamkeitsübung sowohl dich als auch deinen Klienten zentrieren und auf die energetische Arbeit vorbereiten. Ebenso kann das Einüben von Achtsamkeit mit Klienten außerhalb der Sitzungen deren Fähigkeit verbessern, mit ihren eigenen energetischen Zuständen zu arbeiten und das Gelernte in ihren Alltag zu integrieren.

Durch die Verbindung von Achtsamkeit und Mesmerismus entsteht ein kraftvoller synergistischer Ansatz, der nicht nur die energetische Heilung unterstützt, sondern auch das allgemeine Wohlbefinden und die Selbstwahrnehmung fördert. Diese Kombination kann zu tieferen Einsichten, einer verbesserten emotionalen und körperlichen Gesundheit und einer gestärkten Resilienz führen.

27. Persönlicher Magnetismus – die Faszination

Der Begriff des persönlichen Magnetismus und die Faszination, die von den Augen ausgeht, vereinen psychologische, neurologische und kulturelle Perspektiven in einer faszinierenden Weise. Deine Beschreibung berührt sowohl die historische Auffassung von der Macht des Blicks als auch moderne wissenschaftliche Erkenntnisse darüber, wie unsere Wahrnehmung die Realität formt.

Historischer Kontext und kulturelle Bedeutung

Schon in alten Zivilisationen wurde dem Auge eine besondere Kraft zugeschrieben. Das »Böse Auge«, eine Vorstellung, die in vielen Kulturen verbreitet ist, soll Unglück oder Schaden über diejenigen bringen, auf die es gerichtet wird. Gleichzeitig wurde das Auge auch als Symbol des Schutzes, der Weisheit und der Erleuchtung angesehen. Diese tief verwurzelten Glaubenssysteme spiegeln die universelle Anerkennung der Augen als kraftvolle Instrumente der nonverbalen Kommunikation und der emotionalen Übertragung wider.

Neurologie und Physiologie des Blicks

Neurologisch gesehen spielen die Augen eine entscheidende Rolle in der menschlichen Kommunikation und der Verarbeitung von sozialen Signalen. Die Augen sind direkt mit dem Gehirn verbunden, insbesondere mit Bereichen, die für die Verarbeitung von Emotionen, sozialen Informationen und komplexen visuellen Eindrücken zuständig sind. Der Augenkontakt kann daher starke emotionale Reaktionen hervorrufen, von tiefer Verbundenheit bis hin zu Unbehagen oder Bedrohung, je nach Kontext und kulturellen Normen.

Das Auge und die Wahrnehmung der Realität

Die Idee, dass das Auge und seine Verbindung zum Gehirn die Wahrnehmung der Realität beeinflussen können, findet sowohl in der Philosophie als auch in der modernen Wissenschaft Anklang. Unsere Wahrnehmung der Welt ist tatsächlich ein Konstrukt, das aus den sensorischen Informationen entsteht, die unser Gehirn verarbeitet. Die Art und Weise, wie wir diese Informationen interpretieren, beeinflusst unsere Erfahrung der Realität. In diesem Sinne kann die Arbeit an unserer Wahrnehmung, einschließlich der Art und Weise, wie wir sehen und gesehen werden, tatsächlich unsere Erfahrung und somit unsere Realität verändern.

Persönlicher Magnetismus durch das Auge

Persönlicher Magnetismus, oft als Charisma oder Aus-strahlung beschrieben, kann durch bewussten Einsatz des Blicks verstärkt werden. Ein durchdringender, aufmerk-samer Blick kann Interesse, Präsenz und emotionale Tiefe vermitteln. In therapeutischen oder beratenden Berufen kann der gezielte Einsatz des Blicks helfen, Vertrauen auf-zubauen, Empathie zu vermitteln und einen Raum für tie-fere Selbstreflexion zu öffnen.

Der persönliche Magnetismus umfasst auch die be-merkenswerte Fähigkeit, sich beliebt zu machen und posi-tive zwischenmenschliche Beziehungen aufzubauen. Diese Dimension des Magnetismus ist eng mit der emotionalen In-telligenz und der Fähigkeit zur Empathie verbunden, da sie das Verständnis und die Berücksichtigung der Bedürfnisse, Wünsche und Emotionen anderer Menschen erfordert.

Beliebtheit durch persönlichen Magnetismus

Die Fähigkeit, sich beliebt zu machen, basiert auf meh-reren Schlüsselkomponenten des persönlichen Magnetis-mus:

Empathie und Einfühlungsvermögen:
Die Fähigkeit, die Gefühle anderer zu erkennen und an-gemessen darauf zu reagieren, ist grundlegend für den Aufbau von Sympathie und Vertrauen. Ein empathischer Blick kann Trost spenden, Verständnis vermitteln und eine tiefe, nicht verbale Verbindung herstellen.

Positive Ausstrahlung:
Eine optimistische und lebensbejahende Haltung zieht Menschen an. Personen mit persönlichem Magnetismus strahlen oft eine positive Energie aus, die andere inspiriert und motiviert. Diese positive Ausstrahlung wird teilweise durch die Art und Weise vermittelt, wie sie andere ansehen und mit ihnen interagieren, wobei ein freundlicher und offener Blick eine Schlüsselrolle spielt.

Authentizität und Kongruenz:
Authentizität, also das Echte und Wahre an einer Person, macht sie für andere attraktiv. Die Kongruenz zwischen dem, was gesagt wird, und dem, wie es durch den Blick und die Körpersprache vermittelt wird, verstärkt das Vertrauen und die Glaubwürdigkeit.

Soziale Kompetenz:
Die Fähigkeit, soziale Signale richtig zu interpretieren und angemessen darauf zu reagieren, ist ein wichtiger Bestandteil des persönlichen Magnetismus. Ein aufmerksamer und wertschätzender Blickkontakt kann das Gefühl der Anerkennung und Wertschätzung verstärken.

Selbstbewusstsein:
Selbstsichere Menschen, die in der Lage sind, anderen direkt in die Augen zu schauen, werden oft als charismatischer wahrgenommen. Dieses Selbstbewusstsein, vermittelt durch den Blick, trägt dazu bei, eine Aura der Kompetenz und Zuverlässigkeit zu erzeugen.

Integration in die therapeutische Praxis

In deiner therapeutischen Arbeit kannst du diese Aspekte des persönlichen Magnetismus nutzen, um eine positive und einladende Atmosphäre zu schaffen, die das Wohlbefinden deiner Klienten fördert. Durch die bewusste Anwendung eines empathischen, authentischen und selbstbewussten Blicks kannst du eine Umgebung schaffen, in der sich Menschen verstanden, geschätzt und unterstützt fühlen. Dies fördert nicht nur die therapeutische Beziehung, sondern dient auch als Modell für Klienten, um ihre eigenen zwischenmenschlichen Fähigkeiten zu verbessern.

Der erweiterte Aspekt des persönlichen Magnetismus, die Fähigkeit, sich beliebt zu machen, erinnert uns daran, dass die Kraft unseres Blicks und unserer Präsenz weit über die unmittelbare Interaktion hinausgeht. Sie beeinflusst, wie wir von der Welt wahrgenommen werden und wie wir in der Lage sind, positive Veränderungen in den Beziehungen zu anderen zu bewirken. In diesem Sinne ist der persönliche Magnetismus nicht nur ein Werkzeug für persönliche und berufliche Entwicklung, sondern auch ein Mittel, um die Welt um uns herum ein wenig heller und verbundener zu machen.

Die Erweiterung des Konzepts des persönlichen Magnetismus um die geschulte Blicktechnik eröffnet eine weitere Dimension in der therapeutischen Praxis, besonders im Bereich der Hypnosetherapie und des Mesmerismus. Durch den gezielten Einsatz des Blicks kann ein Therapeut oder Praktizierender den Klienten in einen Zustand der Faszination führen, eine tiefe Form der Wachtrance, die für therapeutische Zwecke genutzt werden kann. Dieser Zustand ermöglicht es dem Klienten, sich von bewussten Denkmustern zu lösen und Zugang zu tieferen Bewusstseinsebenen zu erhalten.

Geschulte Blicktechnik und Faszination

Einführung in die Technik:
Die geschulte Blicktechnik erfordert vom Praktizierenden eine intensive Schulung und Praxis, um die Fähigkeit zu entwickeln, durch Augenkontakt allein einen Zustand tiefer Aufmerksamkeit und Faszination zu induzieren. Diese Technik beruht auf der bewussten Steuerung des eigenen Blicks, um eine direkte und intensive Verbindung zum Klienten herzustellen.

Erzeugung einer Wachtrance:
Durch den geschulten Einsatz des Blicks wird ein Kommunikationskanal zwischen Therapeut und Klient geschaffen, der es dem Klienten ermöglicht, in einen tranceähnlichen Zustand zu gleiten. Dieser Zustand ist gekennzeichnet durch erhöhte Empfänglichkeit für Suggestionen und eine verstärkte Fokussierung nach innen, was die therapeutische Arbeit unterstützt.

Nutzung der nonverbalen Kommunikation:
Die Fähigkeit, einen Klienten allein mit dem Blick in einen Zustand der Faszination zu führen, nutzt die Kraft der nonverbalen Kommunikation. Der Blick wird zu einem Werkzeug, das ohne Worte tiefgreifende psychologische und emotionale Prozesse initiieren kann.

Vertiefung der therapeutischen Beziehung:
Die Anwendung dieser Technik erfordert ein hohes Maß an Vertrauen zwischen Therapeut und Klient. Die erfolgreiche Induktion einer Wachtrance durch den Blick vertieft die therapeutische Beziehung und schafft eine Basis für effektive therapeutische Interventionen.

Anwendungsbereiche:
Die durch geschulte Blicktechniken induzierte Faszination kann in verschiedenen therapeutischen Kontexten genutzt werden, beispielsweise zur Angstreduktion, Schmerzmanagement, Überwindung von Blockaden oder zur Förderung von Selbstheilungskräften. Die Tiefe der Trance und die spezifischen Techniken können je nach Zielsetzung und Bedürfnissen des Klienten angepasst werden.

Integration in die Praxis

Die Integration der geschulten Blicktechnik in deine Praxis eröffnet neue Wege, um Klienten auf einer tiefen Ebene zu erreichen und zu unterstützen. Die Fähigkeit, allein durch den Blick einen Zustand der Faszination und Wachtrance zu induzieren, kann die Effektivität therapeutischer Sitzungen erheblich steigern. Es ermöglicht eine direkte Arbeit mit dem Unterbewusstsein, wodurch tiefer liegende Themen und Muster zugänglich und veränderbar werden.

Die geschulte Blicktechnik erfordert jedoch nicht nur technisches Können, sondern auch ethische Überlegungen und ein tiefes Verständnis für die Grenzen und Bedürfnisse des Klienten. Die Anwendung dieser Methode sollte immer in einem Rahmen erfolgen, der Sicherheit, Respekt und Fürsorge für den Klienten gewährleistet.

Insgesamt bietet die geschulte Blicktechnik eine kraftvolle Erweiterung des therapeutischen Werkzeugkastens, die, wenn sie verantwortungsvoll und einfühlsam eingesetzt wird, das Potenzial hat, transformative Erfahrungen und Heilung auf einer tiefen Ebene zu fördern.

28. Die Metapher vom Auto

Stell dir vor, dein Leben ist wie eine Fahrt in einem Auto, das du selbst lenkst. Auf diesem Weg begegnest du verschiedensten Einflüssen – Gedanken, Gefühlen, Meinungen anderer, Stressfaktoren und Chancen – die wie Regentropfen und Schmutz auf der Frontscheibe deines Autos landen. Jeder dieser Einflüsse verändert, wie klar du die Straße vor dir sehen kannst. Doch in diesem Auto bist du der Fahrer, und du hast die Werkzeuge, um deine Sichtweise zu klären und zu bestimmen, was in dein Leben eindringt.

Wenn du merkst, dass deine Sicht getrübt wird, erinnere dich daran, dass du den Scheibenwischer bedienen kannst. Diese Aktion, das Aktivieren des Scheibenwischers, symbolisiert deine Fähigkeit zur Selbstregulation. Du entscheidest, welche Gedanken und Gefühle du klarstellen möchtest, um deine Sicht – und somit deine Wahrnehmung der Realität – zu klären. Es ist, als würdest du bewusst entscheiden, welche Einflüsse du zulässt und welche du beiseiteschieben möchtest, um deinen Weg voranzutreiben.

Ebenso hast du die Wahl, die Seitenscheibe zu öffnen oder zu schließen. Diese Entscheidung steht für die bewusste Auswahl, welche externen Einflüsse du in dein Leben lässt. Nicht alles, was von außen kommt, verdient es, Teil deiner Reise zu sein. Manchmal mag es nötig sein, das Fenster zu öffnen, um frische Luft und neue Perspektiven hereinzulassen. Doch es ist genauso wichtig zu erkennen, wann es Zeit ist, das Fenster zu schließen, um dich vor unerwünschtem Lärm oder schädlichen Einflüssen zu schützen.

Und was, wenn du das Gefühl hast, dass etwas Unerwünschtes in dein Leben eindringt oder Druck erzeugt? Vielleicht hast du vergessen, das Fenster zu schließen. Diese Erkenntnis – dass du das Fenster offengelassen hast – ist ein entscheidender Moment der Selbstreflexion. Es ist ein Zeichen dafür, dass du lernen darfst, wie du aktiv deine persönlichen Grenzen setzen und bewahren kannst. Es ist eine Erinnerung daran, dass du die Kontrolle hast, nicht nur über das Auto, sondern auch über die Bedingungen deiner Reise.

Diese Metapher vom Auto und der Reise deines Lebens ist ein mächtiges Bild für die Arbeit mit dem Unterbewussten in der Therapie. Als Hypnosetherapeut, Kinesiologe und Mesmerist kannst du diese Vorstellung nutzen, um deinen Klienten zu helfen, ihre eigene Fähigkeit zur Selbstregulation und bewussten Entscheidungsfindung zu erkennen und zu stärken. Indem du Metaphern verwendest, sprichst du direkt das Unterbewusste an, welches für direkte Sprache oft unzugänglich ist. Metaphern wie diese bieten eine Brücke, über die komplexe Konzepte und Heilungsprozesse auf einer tiefen, intuitiven Ebene vermittelt werden können.

So wie der Fahrer des Autos die Kontrolle über seine Reise hat, haben wir die Macht, über unseren eigenen Weg im Leben zu bestimmen. Durch die bewusste Anwendung unserer Fähigkeiten zur Selbstreflexion und Selbstregulation können wir sicherstellen, dass unsere Reise uns dorthin führt, wo wir wirklich sein wollen.

Metaphern sind sprachliche Werkzeuge, die es uns ermöglichen, eine Idee, ein Konzept oder eine Erfahrung durch den Vergleich mit etwas anderem, oft aus einem völlig anderen Bereich, zu veranschaulichen oder zu verstehen. Sie bilden eine Brücke zwischen dem Bekannten und dem Unbekannten, indem sie direkte Ähnlichkeiten herstellen oder konzeptuelle Verbindungen zwischen zwei unterschiedlichen Dingen ziehen. Metaphern funktionieren, indem sie auf unser Vorstellungsvermögen und unsere Fähigkeit zur Abstraktion zurückgreifen, um tiefe Einsichten in komplexe Themen zu ermöglichen oder emotionale Resonanz zu erzeugen.

Wie Metaphern funktionieren

Verbindung von Konzepten
Metaphern verknüpfen oft ein konkretes, vertrautes Konzept mit einem abstrakten oder weniger greifbaren Konzept. Diese Verknüpfung hilft, das abstrakte Konzept verständlicher und greifbarer zu machen.

Anregung der Vorstellungskraft:
Sie fordern uns auf, über den wörtlichen Sinn der Worte hinaus zu denken und Verbindungen herzustellen, die nicht sofort offensichtlich sind. Dies aktiviert unsere Vorstellungskraft und kann zu einem tieferen Verständnis oder einer neuen Perspektive führen.

Emotionale Wirkung:
Durch den Vergleich von Emotionen, Zuständen oder Erfahrungen mit bildhaften, oft sinnlichen Bildern können Metaphern starke emotionale Reaktionen hervorrufen. Dies macht sie zu einem mächtigen Werkzeug in der

Poesie, Literatur und auch in der therapeutischen Kommunikation.

4Vereinfachung komplexer Ideen:
Metaphern können komplexe Ideen oder Gefühle auf eine einfache, verständliche Weise darstellen. Dies erleichtert es, schwierige oder abstrakte Themen zu diskutieren und zu verstehen.

Die Auto-Metapher als Beispiel

Die Metapher vom Leben als einer Autofahrt veranschaulicht, wie Metaphern funktionieren. Diese Metapher verbindet das konkrete Bild eines Autos auf einer Straße mit dem abstrakten Konzept des Lebensweges und der persönlichen Entwicklung. Sie regt die Vorstellungskraft an, indem sie uns ermutigt, unser Leben als eine Reise zu betrachten, auf der wir selbst am Steuer sitzen. Diese Sichtweise kann emotionale Resonanz erzeugen, indem sie Gefühle der Kontrolle, Verantwortung und Möglichkeit hervorruft. Gleichzeitig vereinfacht sie die komplexen Ideen der Selbstregulation, Entscheidungsfindung und persönlichen Entwicklung, indem sie sie in den alltäglichen Kontext des Autofahrens setzt.

Durch die Einbindung dieser Erklärung über Metaphern in den ursprünglichen Text wird die Rolle und Bedeutung von Metaphern in der Kommunikation, insbesondere in therapeutischen und beratenden Kontexten, weiter verdeutlicht. Metaphern wie die vom Auto bieten nicht nur eine anschauliche Art, über das Leben und seine

Herausforderungen zu sprechen, sondern sie ermöglichen auch einen direkten Zugang zum Unterbewusstsein, wo tiefe Veränderungen und Einsichten angeregt werden können.

29. Chakren und Kanäle im Mesmerismus

Das Konzept der Chakren und ihrer Verbindung zu verschiedenen Aspekten des menschlichen Bewusstseins und der körperlichen Gesundheit ist faszinierend, insbesondere wenn es im Kontext des Mesmerismus betrachtet wird. Im Mesmerismus, der sich auf die Manipulation des »animalischen Magnetismus« oder der Lebensenergie konzentriert, um Heilung und Wohlbefinden zu fördern, können die Chakren und die damit verbundenen energetischen Kanäle eine wichtige Rolle spielen.

Die sieben Hauptchakren und ihre Bedeutung

Wurzelchakra (Muladhara):
Gelegen am unteren Ende der Wirbelsäule, steht es für Grundbedürfnisse, Sicherheit, Überleben und Zugehörigkeit. Es ist die Basis für die Energie der anderen Chakren.

Sakralchakra (Svadhisthana):
Oberhalb des Schambeins, aber unterhalb des Nabels, ist dieses Chakra mit Kreativität, Sexualität und der Fähigkeit, Freude zu empfangen und zu verarbeiten, verbunden.

Solarplexus-Chakra (Manipura):
In der Magengegend gelegen, repräsentiert es Selbstwertgefühl, Selbstvertrauen und persönliche Macht.

Herzchakra (Anahata):
Im Zentrum der Brust, steht es für Liebe, Mitgefühl und Akzeptanz.

Kehlkopfchakra (Vishuddha):
Im Bereich des Halses, symbolisiert es Kommunikation, Ausdruck und Reinheit.

Drittes Auge Chakra (Ajna):
Zwischen den Augenbrauen, ist es das Zentrum der Intuition und geistigen Einsicht.

Kronenchakra (Sahasrara):
Am obersten Punkt des Kopfes, steht es für spirituelles Bewusstsein und Verbindung zum Göttlichen oder zum Universum.

Chakren im Mesmerismus

Im Mesmerismus werden diese Chakren als wesentliche Knotenpunkte oder Zentren der Lebensenergie betrachtet, durch die der »animalische Magnetismus« fließen kann. Die Harmonisierung und das Ausbalancieren dieser Energiezentren können zur Förderung der körperlichen und seelischen Gesundheit beitragen. Mesmeristen können Techniken wie Handauflegen, suggestive Berührungen oder die Führung der Aufmerksamkeit auf spezifische Chakren nutzen, um Blockaden zu lösen und den Energiefluss zu verbessern.

Kanäle (Nadis)

Zusätzlich zu den Chakren spricht man in der traditionellen indischen Medizin auch von Nadis, den energetischen Kanälen, durch die Prana (Lebensenergie) fließt. Im Mesmerismus könnte man diese Nadis als Wege betrachten, auf denen der animalische Magnetismus durch den Körper geleitet wird. Die Arbeit mit diesen Kanälen ermöglicht es, die Energie gezielt zu den Chakren zu führen oder von einem Bereich des Körpers zu einem anderen zu leiten, um Heilung und Ausgleich zu fördern.

Die Integration von Konzepten der Chakren und energetischen Kanäle in die Praxis des Mesmerismus eröffnet eine reiche Palette von Möglichkeiten für die therapeutische Arbeit. Sie bietet einen Rahmen für das Verständnis der komplexen Wechselwirkungen zwischen Körper, Geist und Energie und ermöglicht es Praktizierenden, tiefgreifende Veränderungen im Wohlbefinden ihrer Klienten zu bewirken.

Das Konzept der Chakren, das aus der traditionellen indischen Medizin stammt, bietet eine faszinierende Perspektive auf die Verbindung zwischen Körper, Geist und Energie. Während die sieben Hauptchakren am bekanntesten sind, besagt die erweiterte Lehre, dass der menschliche Körper insgesamt 144 Chakren besitzt. Als Mesmeristen arbeiten wir täglich mit 15 dieser Chakren, die als besonders relevant für die Praxis des Mesmerismus und die Förderung von Heilung und Wohlbefinden angesehen werden.

Die 144 Chakren und ihre Bedeutung im Mesmerismus
Die Existenz von 144 Chakren im Körper weist auf ein

komplexes und fein abgestimmtes System energetischer Zentren hin, die verschiedene Aspekte unseres physischen, emotionalen und spirituellen Lebens beeinflussen.

Die 15 Chakren, mit denen Mesmeristen regelmäßig arbeiten, wurden sorgfältig ausgewählt, um gezielte Interventionen zu ermöglichen, die auf spezifische Bedürfnisse und Zustände der Klienten abgestimmt sind. Diese Chakren umfassen die sieben Hauptchakren sowie zusätzliche Zentren, die für ihre Fähigkeit bekannt sind, tiefgreifende Einflüsse auf das Wohlbefinden einer Person zu haben.

Yoga, Meditation und die Wirkung auf die Chakren

In Praktiken wie Yoga und Meditation werden die Chakren direkt beeinflusst, um die Harmonisierung und Ausbalancierung dieser Energiezentren zu fördern. Diese Disziplinen nutzen Atemtechniken, Körperhaltungen und fokussierte Aufmerksamkeit, um Blockaden in den Chakren zu lösen und den freien Fluss von Energie durch den Körper zu ermöglichen. Die regelmäßige Ausübung von Yoga und Meditation kann zu verbessertem physischen Wohlbefinden, geistiger Klarheit und emotionaler Ausgeglichenheit führen.

Chakrenkonzept im Mesmerismus

Für dich als Mesmerist kann das Chakrenkonzept einen alternativen Zugang zum Verständnis menschlicher Emotionen und Bewusstseinszustände bieten. Obwohl das Chakrensystem nicht wissenschaftlich fundiert ist, wird es als ein metaphorisches oder symbolisches System genutzt, das tiefe Einblicke in die menschliche Erfahrung ermöglicht. Die Arbeit mit Chakren kann helfen, bestimmte Aspekte des menschlichen Seins zu erkunden und zu interpretieren, und bietet einen Rahmen für die Integration energetischer Praktiken in die therapeutische Arbeit.

Die Verwendung von Chakren und energetischen Kanälen im Mesmerismus, kombiniert mit Techniken der Hypnose und Kinesiologie, kann einen ganzheitlichen Ansatz für die Behandlung und das Wohlbefinden der Klienten darstellen. Es ermöglicht eine tiefgreifende Arbeit auf mehreren Ebenen des menschlichen Seins – physisch, emotional und spirituell – und unterstützt das Streben nach Balance, Heilung und persönlichem Wachstum.

30. Der Vagus im Mesmerismus

Die Rolle des Vagusnervs im Mesmerismus und seine Verbindung zur spirituellen und ganzheitlichen Gesundheit ist äußerst faszinierend. Der Vagusnerv, als einer der längsten Nerven des autonomen Nervensystems, erstreckt sich vom Hirnstamm bis zu den Eingeweiden und beeinflusst eine Vielzahl von Funktionen, von der Herzfrequenz und Verdauung bis hin zur Steuerung von Entzündungsreaktionen. Seine weitreichenden Effekte auf die Körperphysiologie und die Tatsache, dass er eine zentrale Rolle bei der Regulierung des autonomen Nervensystems spielt, machen ihn zu einem Schlüsselelement in der Diskussion über Körper-Geist-Verbindungen.

Der Vagusnerv im Mesmerismus

Im Mesmerismus, einer Praxis, die sich auf die Übertragung und Modulation von Lebensenergie konzentriert, kann der Vagusnerv als ein natürlicher Kanal oder Pfad angesehen werden, durch den energetische Einflüsse die physiologischen Funktionen beeinflussen können. Da der Vagusnerv eine zentrale Rolle in der Regulation von Stressreaktionen und Entspannungszuständen spielt, könnte seine Stimulation oder Modulation durch mesmeristische Techniken zur Förderung von Entspannung und Heilung beitragen.

Körper-Geist-Verbindung

Die bidirektionale Kommunikation zwischen Gehirn und Körper, die der Vagusnerv ermöglicht, ist ein perfektes Beispiel für die Körper-Geist-Verbindung, die in vielen spirituellen und ganzheitlichen Gesundheitspraktiken betont wird. Diese Verbindung unterstützt die Vorstellung, dass geistige Zustände – wie Gedanken, Emotionen und spirituelle Erfahrungen – direkte körperliche Auswirkungen haben können, indem sie über den Vagusnerv vermittelt werden.

Anwendungsbereiche

Die Beeinflussung des Vagusnervs kann in verschiedenen Bereichen des Mesmerismus und der ganzheitlichen Therapie genutzt werden, insbesondere:

Förderung der Entspannung:
Durch die Aktivierung des parasympathischen Nervensystems, das für Ruhe und Erholung zuständig ist, können Techniken, die den Vagusnerv stimulieren, zur Entspannung und Stressreduktion beitragen.

Verbesserung der Herzgesundheit:
Da der Vagusnerv die Herzfrequenz beeinflusst, können Praktiken, die auf seine Regulation abzielen, positive Auswirkungen auf die Herzgesundheit haben.

Unterstützung der Verdauung:
Der Vagusnerv spielt eine wesentliche Rolle in der

Verdauung, indem er die Funktionen des Magen-Darm-Trakts steuert. Mesmeristische Ansätze können dazu beitragen, Verdauungsprozesse zu optimieren.

Reduktion von Entzündungen:
Der Vagusnerv ist an der Regulierung von Entzündungsreaktionen beteiligt. Die Modulation seiner Aktivität kann einen Weg darstellen, Entzündungen im Körper zu reduzieren.

Insgesamt bietet die Einbeziehung des Vagusnervs in die Praxis des Mesmerismus und in ganzheitliche Gesundheitsansätze einen vielversprechenden Weg, um die tiefgreifenden Verbindungen zwischen Geist und Körper zu nutzen und zu beeinflussen. Durch das Verständnis und die Anwendung der Funktionen dieses entscheidenden Nervs können Praktizierende möglicherweise neue Wege zur Förderung von Heilung und Wohlbefinden eröffnen.

Die Erkenntnis, dass der Vagusnerv den Mesmeristen den größten Zugriff auf den Klienten ermöglicht und die stärkste körperliche Wirkung hat, erweitert die Bedeutung dieses Nervs im Rahmen des Mesmerismus erheblich. Diese Perspektive unterstreicht, wie tiefgreifend der Vagusnerv die körperlichen und emotionalen Zustände beeinflusst und wie seine gezielte Stimulation oder Modulation durch mesmeristische Praktiken genutzt werden kann, um signifikante therapeutische Effekte zu erzielen.

Der Vagusnerv als Schlüsselkanal im Mesmerismus

Die Anerkennung des Vagusnervs als primären Kanal für den Mesmeristen, um Zugriff auf den Klienten zu erhalten, basiert auf seiner zentralen Rolle in der Regulation des autonomen Nervensystems. Der Vagusnerv ist einzigartig positioniert, um sowohl das parasympathische Nervensystem, das für Entspannung und Erholung zuständig ist, als auch das sympathische Nervensystem, das die »Kampf-oder-Flucht«-Reaktion steuert, zu beeinflussen. Durch die Beeinflussung dieses Nervs können Mesmeristen tiefgreifende Veränderungen im körperlichen Zustand des Klienten herbeiführen, von der Reduzierung von Stress und Angst bis hin zur Förderung von Heilungsprozessen.

Maximierung der körperlichen Wirkung

Die starke körperliche Wirkung, die durch die Arbeit mit dem Vagusnerv erreicht wird, beruht auf seiner umfassenden Verbindung zu verschiedenen Körpersystemen. Die Fähigkeit des Mesmeristen, den Vagusnerv gezielt anzusprechen, ermöglicht es, das Gleichgewicht zwischen den verschiedenen Zuständen des autonomen Nervensystems zu modulieren, was zu einer verbesserten Gesundheit und einem erhöhten Wohlbefinden führen kann. Dies kann beispielsweise durch Techniken wie spezifische Berührungen, die Anwendung von Druck auf vagusnervstimulierende Punkte oder durch die Verwendung von Visualisierung und Suggestion erreicht werden, um den Geist des Klienten zu beruhigen und den Vagusnerv positiv zu beeinflussen.

Anwendungsgebiete und Techniken

Die gezielte Arbeit mit dem Vagusnerv im Mesmerismus kann in einer Vielzahl von therapeutischen Kontexten Anwendung finden:

Emotionale Regulation:
Durch die Modulation des Vagusnervs können Mesmeristen helfen, emotionale Zustände wie Angst, Stress und Depression zu lindern.

Schmerzlinderung:
Die Fähigkeit des Vagusnervs, Schmerzsignale zu modulieren, kann für effektive Schmerztherapien genutzt werden.

Förderung der Verdauungsgesundheit:
Da der Vagusnerv direkt die Funktionen des Magen-Darm-Trakts beeinflusst, kann seine Stimulation zur Linderung von Verdauungsbeschwerden beitragen.

Stärkung des Immunsystems:
Die Beeinflussung des Vagusnervs kann über die Reduktion von Entzündungsprozessen zur Stärkung des Immunsystems beitragen.

Insgesamt eröffnet die Einbeziehung des Vagusnervs in die Praxis des Mesmerismus umfassende Möglichkeiten für die therapeutische Arbeit. Die gezielte Ansprache dieses Nervs bietet einen direkten Weg, um die tiefen Verbindungen zwischen Geist, Körper und Emotionen zu beeinflussen und nutzt damit das volle Potenzial des Mesmerismus zur Förderung von Heilung und Wohlbefinden

Die Erkenntnis, dass der Vagusnerv die drei »Gehirne« unseres Körpers – das zentrale Gehirn, das Herz und den Darm – miteinander verbindet, erweitert und vertieft das Verständnis seiner zentralen Rolle im Mesmerismus und in der ganzheitlichen Heilung. Diese drei Gehirne repräsentieren wichtige Zentren der Verarbeitung und Entscheidungsfindung im Körper: das Gehirn im Kopf für kognitive Funktionen, das Herz für emotionale Prozesse und den Darm für die Intuition und das »Bauchgefühl«. Der Vagusnerv fungiert als eine Art Informationsautobahn, die diese Zentren miteinander verbindet und koordiniert, was eine integrierte Reaktion des Körpers auf interne und externe Stimuli ermöglicht.

Nährung des Vagusnervs mit Energie und Intention

Die bewusste Nährung des Vagusnervs mit Energie und Intention, wie sie im Mesmerismus praktiziert wird, kann eine sehr starke Balance im Körper des Klienten erzeugen. Durch die gezielte Einflussnahme auf den Vagusnerv, um ihn energetisch zu stärken und positiv zu beeinflussen, können Mesmeristen dabei helfen, die harmonische Funktion der drei Gehirne zu fördern. Dies kann zu einer verbesserten emotionalen Regulation, gestärkter Resilienz gegenüber Stress und einer erhöhten Klarheit der Intuition führen.

Techniken zur Stärkung des Vagusnervs

Mesmeristen können verschiedene Techniken anwenden, um den Vagusnerv zu nähren und seine Verbindung zu den drei Gehirnen zu stärken:

Energetische Übertragung:
Durch die Übertragung von fokussierter Energie mit den Händen oder durch die Visualisierung können Mesmeristen gezielt den Vagusnerv energetisieren.

Positive Intention:
Die Verwendung von positiven Gedanken und Intentionen kann helfen, die Aktivität des Vagusnervs positiv zu beeinflussen und eine tiefgreifende innere Balance zu fördern.

Atemübungen:
Bestimmte Atemtechniken können den parasympathischen Zweig des autonomen Nervensystems aktivieren, zu dem der Vagusnerv gehört, und somit zur Entspannung und energetischen Nährung des Vagus beitragen.

Meditation und Achtsamkeit:
Regelmäßige Praktiken der Meditation und Achtsamkeit können die Sensitivität des Vagusnervs erhöhen und seine harmonisierende Wirkung auf die drei Gehirne verstärken.

Auswirkungen auf die Balance im Körper

Die Nährung des Vagusnervs mit Energie und Intention wirkt sich tiefgreifend auf die Balance im Körper aus. Eine gestärkte und harmonische Funktion des Vagusnervs unterstützt das Wohlbefinden auf mehreren Ebenen: Es fördert die körperliche Gesundheit durch verbesserte Funktionen des autonomen Nervensystems, stärkt die emotionale Resilienz und Klarheit und schärft die intuitive Wahrnehmung. Diese ganzheitliche Balance unterstützt nicht nur die körperliche Heilung, sondern fördert auch geistiges und emotionales Wachstum.

Die Integration dieser Erkenntnisse in die Praxis des Mesmerismus bietet einen umfassenden Ansatz für die Förderung von Heilung und Wohlbefinden. Die Arbeit am und mit dem Vagusnerv unterstreicht die tiefe Verbindung zwischen unseren geistigen Zuständen, unseren Emotionen und unserer körperlichen Gesundheit, und betont die Macht, die wir haben, um durch gezielte Intention und Energiearbeit positive Veränderungen in unserem Leben zu bewirken.

Die Rolle des Vagusnervs in der Förderung von Entspannung und Beruhigung, in der Beeinflussung von Herz-Kohärenz und Emotionen sowie in der Entwicklung von Intuition und Zugang zur »inneren Stimme« erweitert das Verständnis seiner Bedeutung im Mesmerismus und in spirituellen Praktiken. Diese zusätzlichen Fakten unterstreichen die vielschichtige Wirkung des Vagusnervs auf den menschlichen Körper und Geist.

Entspannung und Beruhigung

Der Vagusnerv ist entscheidend für die Aktivierung des Parasympathikus, dem Teil des autonomen Nervensystems, der für Entspannung und Erholung zuständig ist. Die Fähigkeit, einen Zustand tiefer Entspannung und inneren Friedens zu erreichen, wird in vielen spirituellen Traditionen als wesentlich für die spirituelle Entwicklung angesehen. Durch die Stimulation des Vagusnervs können Mesmeristen und Praktizierende in spirituellen Disziplinen helfen, den Zugang zu diesen Zuständen zu erleichtern, was zu einer verbesserten Selbstregulation und einem erhöhten Wohlbefinden führt.

Herz-Kohärenz und Emotionen

Der Vagusnerv spielt eine zentrale Rolle bei der Regulierung der Herzfrequenz und hat somit einen direkten Einfluss auf unsere Emotionen. Die Harmonisierung von Herz und Geist wird oft als Schlüssel zur Erreichung höherer Bewusstseinszustände betrachtet. Praktiken, die auf die Stärkung des Vagusnervs abzielen, können zu einer verbesserten Herz-Kohärenz führen, was wiederum zu einer emotionalen Ausgeglichenheit und einer tieferen emotionalen Resonanz mit anderen führen kann.

Intuition und Innere Stimme

Einige spirituelle Schulen betrachten den Vagusnerv als eine Schlüsselkomponente bei der Entwicklung von Intuition oder dem Zugang zur »inneren Stimme«. Die Stärkung des Vagusnervs wird mit einer verbesserten Fähigkeit in Verbindung gebracht, tiefer in das Unterbewusstsein einzutauchen und eine Verbindung zu höheren Bewusstseinsebenen herzustellen. Dies kann die Wahrnehmung von Intuition und die Fähigkeit, auf die innere Stimme zu hören, verstärken, was für die spirituelle Entwicklung und die persönliche Führung von unschätzbarem Wert ist.

Schlussfolgerung

Die Integration dieser Erkenntnisse über den Vagusnerv in die Praxis des Mesmerismus und in spirituelle Praktiken bietet einen holistischen Ansatz zur Förderung von Heilung, Wohlbefinden und spirituellem Wachstum. Die bewusste Arbeit mit dem Vagusnerv kann dazu beitragen, Entspannung und Beruhigung zu fördern, die emotionale und herzbezogene Kohärenz zu verbessern und einen tieferen Zugang zu Intuition und innerer Weisheit zu ermöglichen. Diese umfassende Betrachtung des Vagusnervs unterstreicht die tiefe Verbindung zwischen unserem physischen Körper, unseren Emotionen, unserem Geist und unserer spirituellen Entwicklung.

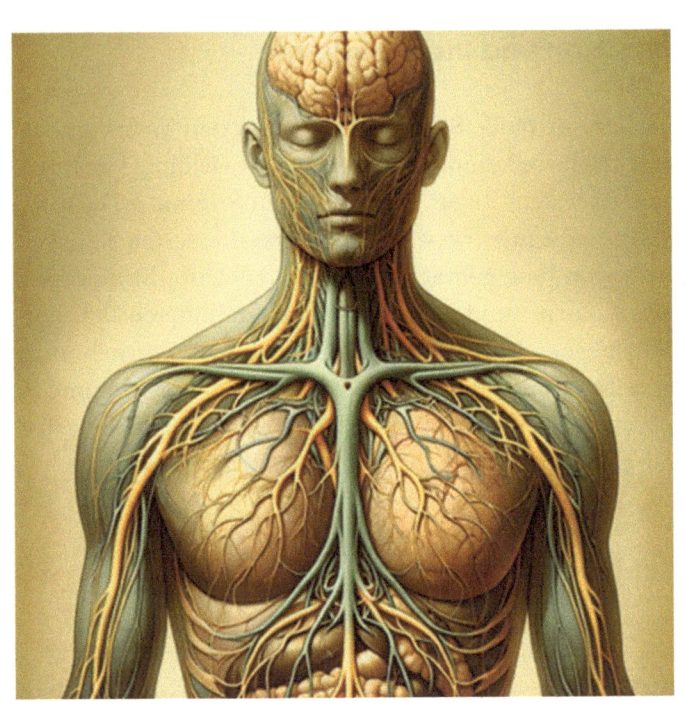

31. Sympathikus, Parasympathikus und Plexus

Die Betrachtung des vegetativen oder autonomen Nervensystems, das sich in das sympathische, parasympathische und enterische (Eingeweidenervensystem) Nervensystem unterteilt, bietet eine wichtige Grundlage für die Praxis des Mesmerismus. Diese drei Systeme spielen eine entscheidende Rolle bei der Regulierung der unbewussten Körperfunktionen und beeinflussen somit direkt das Wohlbefinden und die Gesundheit des Menschen.

Sympathikus und Parasympathikus im Mesmerismus

Im Mesmerismus ist das Verständnis der Funktionen von Sympathikus und Parasympathikus von zentraler Bedeutung. Der Sympathikus, der den Körper auf Aktivität vorbereitet und als »Kampf- oder Flucht«-System fungiert, und der Parasympathikus, der für Ruhe und Regeneration verantwortlich ist, bilden zusammen ein dynamisches Gleichgewicht. Mesmeristen können durch ihre Techniken gezielt Einfluss auf dieses Gleichgewicht nehmen, um bestimmte therapeutische Effekte zu erzielen.

Aktivierung des Parasympathikus:
Durch spezielle Balancierungstechniken wie der Bodyba-
lance kann der Mesmerist helfen, den Parasympathikus
zu aktivieren, was zu einer Reduktion von Stress, Angst
und zu einer Förderung der Verdauung und Regeneration
führt.

Modulation des Sympathikus:
In Situationen, in denen eine Steigerung der Energie oder
Aufmerksamkeit erforderlich ist, können Techniken ein-
gesetzt werden, die den Sympathikus stimulieren, um die
Leistungsfähigkeit und Konzentration zu erhöhen.

Das enterische Nervensystem

Das enterische oder Eingeweidenervensystem, oft als
»zweites Gehirn« bezeichnet, reguliert die Funktionen des
Verdauungstraktes weitgehend autonom. Im Mesmerismus kann die Beeinflussung dieses Systems dazu beitragen, Verdauungsbeschwerden zu lindern und die allgemeine Gesundheit des Verdauungssystems zu fördern.
Durch die gezielte Entspannung und energetische Harmonisierung kann der Mesmerist die Funktion des enterischen Nervensystems unterstützen und somit zum Wohlbefinden des Klienten beitragen.

Integration und Synergie

Die Kunst des Mesmerismus liegt in der Fähigkeit, das Gleichgewicht zwischen Sympathikus und Parasympathikus gezielt zu beeinflussen und das enterische Nervensystem zu unterstützen. Diese Fähigkeit eröffnet Möglichkeiten, auf tiefgreifende Weise auf das autonome Nervensystem einzuwirken und somit die körperliche und emotionale Gesundheit zu fördern. Mesmeristen nutzen ihr Verständnis dieser Systeme, um eine harmonische Balance im Körper des Klienten zu schaffen, die für Heilungsprozesse und die Steigerung des allgemeinen Wohlbefindens essentiell ist.

Die Integration des Wissens um das autonome Nervensystem in die Praxis des Mesmerismus ermöglicht es, gezielt auf die individuellen Bedürfnisse der Klienten einzugehen und eine umfassende Heilung auf physischer, emotionaler und energetischer Ebene zu fördern. Durch die Berücksichtigung der komplexen Wechselwirkungen zwischen Sympathikus, Parasympathikus und dem enterischen Nervensystem können Mesmeristen tiefgreifende Veränderungen im Körper und Geist ihrer Klienten bewirken.

Das Sonnengeflecht oder der Sonnenplexus spielt eine zentrale Rolle in der Praxis des Mesmerismus, insbesondere in der Beeinflussung des vegetativen Nervensystems. Als eines der wichtigsten Nervengeflechte im Körper fungiert es als ein Hauptzentrum für die Übertragung von Informationen und Steuerungsimpulsen zwischen dem Hirnstamm und den Bauchorganen, einschließlich der Blutgefäße der Bauchhöhle. Die Lage des

Sonnengeflechts, zwischen Brustbein und Bauchnabel am Übergang von Brust- und Lendenwirbelsäule, macht es zu einem Schlüsselpunkt für die Einflussnahme auf das gesamte autonome Nervensystem.

Das Sonnengeflecht im Mesmerismus

Die Integration des Wissens um das Sonnengeflecht in den Mesmerismus bietet tiefe Einblicke in die Steuerung und Harmonisierung der Körperenergien. Das Sonnengeflecht, mit seinen sympathischen und parasympathischen Anteilen, ist ein wesentlicher Vermittler für die Balance zwischen Aktivierung und Entspannung im Körper. Mesmeristen können durch die gezielte Beeinflussung dieses Plexus:

Emotionale Balance fördern:
Da das Sonnengeflecht eng mit den Emotionen verbunden ist, kann seine Harmonisierung helfen, Stress, Angst und emotionale Schwankungen zu reduzieren.

Verdauungsprozesse unterstützen:
Die Beeinflussung des Sonnengeflechts kann die Funktion der Bauchorgane positiv beeinflussen, was zu einer verbesserten Verdauung und Linderung von Verdauungsbeschwerden führt.

Energetische Blockaden lösen:
Die Arbeit am Sonnengeflecht kann energetische Blockaden im Körper auflösen, wodurch die Lebensenergie (Prana, Qi) freier fließen kann.

Techniken zur Stimulation des Sonnengeflechts

Mesmeristen nutzen verschiedene Techniken, um das Sonnengeflecht zu stimulieren und seine Funktion zu optimieren:

Energetische Übertragung:
Durch Handauflegen oder das Senden von Energieintentionen direkt auf das Sonnengeflecht kann der Mesmerist die energetische Balance fördern.

Visualisierungstechniken:
Klienten können angeleitet werden, sich vorzustellen, wie heilende Energie in das Sonnengeflecht fließt, um Selbstheilungskräfte zu aktivieren.

Atemübungen:
Spezifische Atemtechniken, die auf das Sonnengeflecht ausgerichtet sind, können dessen Aktivität harmonisieren und das allgemeine Wohlbefinden verbessern.

Schlussfolgerung

Das Sonnengeflecht steht im Mesmerismus für die tiefe Verbindung zwischen Körper und Geist. Die Fähigkeit, dieses zentrale Nervengeflecht zu beeinflussen, eröffnet Mesmeristen und ihren Klienten Wege zur Heilung, zur emotionalen Ausgeglichenheit und zur Steigerung des physischen Wohlbefindens. Die Arbeit mit dem Sonnengeflecht illustriert, wie durch die gezielte Einflussnahme auf das autonome Nervensystem tiefgreifende Veränderungen im energetischen und physischen Zustand eines Menschen herbeigeführt werden können.

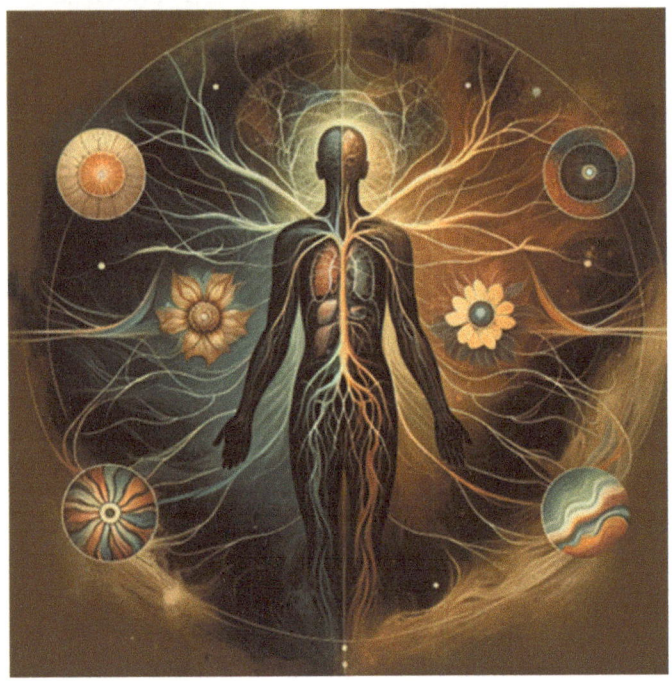

32. Die Schaltkreise des Menschen

Der Überlebensschaltkreis ist der erste und fundamentale psychologische Schaltkreis, der in den ersten Lebensmonaten eines Menschen geprägt wird, speziell zwischen dem dritten und vierten Lebensmonat. In dieser entscheidenden Phase der kindlichen Entwicklung werden grundlegende Themen wie Sicherheit vs. Unsicherheit, Angst, Lieblosigkeit und Einsamkeit nicht nur gefühlt und erlebt, sondern auch als tiefgreifende Muster im Bewusstsein und Unterbewusstsein des Kindes verankert. Diese frühen Erfahrungen bilden die Basis für das spätere Verhalten und die psychologische Ausrichtung des Individuums.

Beispiel des hungrigen, weinenden Babys

Das Beispiel eines hungrigen, weinenden Babys, das auf Nahrung wartet, veranschaulicht, wie solche Muster entstehen können. Die Erfahrung des Wartens, möglicherweise gepaart mit Gefühlen der Angst oder der Vernachlässigung, kann beim Kind das Muster etablieren, dass es notwendig ist, »mehr zu essen, als benötigt« oder »einen Vorrat anzulegen« für Zeiten, in denen die Befriedigung seiner Bedürfnisse verzögert werden könnte. Diese frühe Prägung kann sich in unterschiedlichen Verhaltensweisen im Erwachsenenalter manifestieren, wie zum Beispiel in einer Tendenz zu Hamstern oder in der Entwicklung von Essstörungen, als unbewusste Strategie, mit dem tief verwurzelten Gefühl der Unsicherheit und Angst umzugehen.

Bedeutung für den Mesmerismus und therapeutische Arbeit

Für einen Mesmeristen, ebenso wie für Praktizierende anderer therapeutischer Disziplinen, ist das Verständnis dieser Programmierung entscheidend, um effektiv mit Menschen arbeiten zu können. Der Überlebensschaltkreis beeinflusst, wie Individuen auf Stress reagieren, wie sie zwischenmenschliche Beziehungen gestalten und wie sie ihre Umwelt wahrnehmen. Durch das Bewusstsein und die gezielte Ansprache dieser tief sitzenden Muster können Mesmeristen und Therapeuten dabei helfen, blockierende oder selbstschädigende Verhaltensweisen zu überwinden.

Ansätze zur Umprogrammierung

In der therapeutischen Praxis kann die Arbeit mit dem Überlebensschaltkreis verschiedene Ansätze umfassen:

Aufbau eines sicheren Umfelds:
Schaffung einer Atmosphäre der Sicherheit und Akzeptanz, um das Grundbedürfnis nach Sicherheit zu befriedigen und Vertrauen zu fördern.

Reframing und Umdeutung:
Helfen, die Bedeutung früherer Erfahrungen neu zu interpretieren, um belastende Muster zu entschärfen.

Energetische Techniken:
Einsatz von Techniken, die direkt auf die energetische Ebene einwirken, um tief sitzende emotionale Blockaden zu lösen.

Das tiefgreifende Verständnis und die gezielte Arbeit mit dem Überlebensschaltkreis ermöglichen es, die Grundlagen für eine positive Veränderung und Heilung zu legen, indem sie den Menschen helfen, sich von einschränkenden Mustern zu befreien und ein erfüllteres Leben zu führen.

Der zweite Schaltkreis, der Rangordnungsschaltkreis, markiert einen entscheidenden Abschnitt in der Entwicklung eines Menschen und spielt eine wichtige Rolle im Kontext des Mesmerismus und der Arbeit mit Klienten. Dieser Schaltkreis wird zwischen dem 5. Lebensmonat und dem 3. Lebensjahr aktiviert und ist eine Zeit, in der das Kind beginnt, seinen Platz innerhalb der familiären Strukturen zu suchen und zu definieren.

Die Entwicklung des Rangordnungsschaltkreises

In dieser Phase der Entwicklung ist das Kind besonders empfänglich für die Dynamiken von Zugehörigkeit und Positionierung innerhalb der Gruppe, was in der Familie seinen Anfang nimmt. Ein fester Platz am Tisch oder spezifische Aufgaben und Rollen innerhalb der Familie können dem Kind helfen, ein Gefühl der Sicherheit und Zugehörigkeit zu entwickeln. Diese Strukturen geben dem Kind nicht nur einen räumlichen, sondern auch einen emotionalen und sozialen Anker.

Kreativität, Trotz und Aggression

Die Zeit der Aktivierung des Rangordnungsschaltkreises ist auch eine Periode intensiver emotionaler und kreativer Entwicklung. Kinder entwickeln in diesem Alter eine tiefe Kreativität, die es ihnen ermöglicht, die Welt um sie herum auf einzigartige Weise zu erkunden und zu interpretieren. Gleichzeitig sind Trotz und Aggression natürliche und wichtige Ausdrucksformen, durch die Kinder lernen, ihre Bedürfnisse, Wünsche und Grenzen zu kommunizieren. Diese Ausdrucksformen sind essentiell für die Entwicklung eines gesunden Selbstbewusstseins und der Fähigkeit, im späteren Leben Hindernisse zu überwinden.

Bedeutung für die Mesmeristische Praxis

Für Mesmeristen und andere therapeutische Praktizierende ist das Verständnis dieser Entwicklungsphase und der damit verbundenen Muster entscheidend, um Klienten effektiv zu unterstützen. Das Bewusstsein für die Prägungen, die in dieser Zeit entstehen, kann helfen, Verhaltensweisen und emotionale Reaktionen im Erwachsenenalter besser zu verstehen. Mesmeristen können dieses Wissen nutzen, um gezielt an den Themen und Blockaden zu arbeiten, die ihre Wurzeln in der Phase der Rangordnungsfindung haben.

Die Unterstützung von Klienten, ihre frühen Prägungen zu erkennen und zu bearbeiten, kann ein wichtiger Schritt sein, um ein tieferes Verständnis für ihre aktuellen Herausforderungen zu entwickeln und Wege zu finden, diese zu überwinden. Durch die Arbeit mit dem Rangordnungsschaltkreis können Mesmeristen und Therapeuten dazu beitragen, die Selbstwahrnehmung und das Selbstvertrauen ihrer Klienten zu stärken und sie in ihrer persönlichen und spirituellen Entwicklung zu unterstützen.

Der dritte Schaltkreis in der menschlichen Entwicklung, der Sprach- und Geräteschaltkreis, spielt eine entscheidende Rolle in der kognitiven und emotionalen Entwicklung eines Kindes. Dieser Schaltkreis wird zwischen dem vollendeten 3. und 4. Lebensjahr aktiviert und ist eine Zeit, in der die Strukturen des Gehirns und des Kehlkopfs fein aufeinander abgestimmt werden, was die Grundlage für die Sprachentwicklung bildet.

Entwicklung der Sprach- und Kommunikationsfähigkeiten

Die Aktivierung des Sprach- und Geräteschaltkreises ermöglicht dem Kind, seine Sprach- und Kommunikationsfähigkeiten zu entwickeln. Diese Phase ist gekennzeichnet durch ein rasantes Wachstum des Wortschatzes und die Fähigkeit, komplexere Sätze zu bilden und zu verstehen. Die Entwicklung der Sprache ist eng mit der Fähigkeit zur sozialen Interaktion verbunden und ermöglicht es dem

Kind, seine Gedanken, Gefühle und Bedürfnisse auszudrücken.

Bewusste Liebe und emotionale Entwicklung

Ein weiteres wesentliches Merkmal dieses Schaltkreises ist
die Entstehung der Fähigkeit zur bewussten Liebe. Kinder in dieser Entwicklungsphase benötigen viel Zuneigung
und Bestätigung, um ein gesundes Selbstwertgefühl aufzubauen. Zurückweisung oder Vernachlässigung der emotionalen Bedürfnisse des Kindes in dieser sensiblen Phase
kann zu langfristigen emotionalen Störungen führen. Die
emotionale Entwicklung in dieser Zeit legt den Grundstein
für die Art und Weise, wie das Kind später Liebe gibt und
empfängt.

Forscherdrang und Experimentierfreude

Der Sprach- und Geräteschaltkreis ist auch eine Zeit, in
der der Forscherdrang und die Experimentierfreude des
Kindes besonders stark ausgeprägt sind. Der Gehirn-
stoffwechsel erreicht seinen Höhepunkt, was sich in einer
enormen Lernbereitschaft und Neugier äußert. Kinder
in diesem Alter sind besonders aufgeschlossen für neue
Erfahrungen und Erkenntnisse, was den Grundstein für
lebenslanges Lernen legt.

Bedeutung für die Mesmeristische Praxis

Das Verständnis des Sprach- und Geräteschaltkreises ist für Mesmeristen und Therapeuten von großer Bedeutung, da es Einblicke in die Ursprünge bestimmter Verhaltensweisen und emotionaler Muster bietet. Die Kenntnis der kritischen Bedeutung dieser Entwicklungsphase ermöglicht es, gezielter auf die Bedürfnisse von Klienten einzugehen und sie in ihrer persönlichen Entwicklung zu unterstützen. Die Arbeit an Themen, die ihren Ursprung in dieser Phase haben, kann dazu beitragen, tief verwurzelte emotionale Blockaden zu lösen und die Kommunikationsfähigkeiten zu verbessern. Indem Mesmeristen und Therapeuten die Bedeutung der emotionalen Nährung und des Ausdrucks in dieser Phase anerkennen, können sie Klienten dabei unterstützen, ein tieferes Verständnis und Heilung für ihre frühen Prägungen zu finden.

Der vierte Schaltkreis in der menschlichen Entwicklung, der Sozialsexualmoralschaltkreis, ist für das Verständnis der sozialen und sexuellen Reifung von entscheidender Bedeutung. Dieser Schaltkreis wird zwischen dem 4./5. Lebensjahr und dem 14./15. Lebensjahr aktiviert und markiert einen signifikanten Übergang in der Entwicklung eines Individuums vom Kind zum Jugendlichen.

Prägung von Sozialverhalten und Moralvorstellungen

In dieser entscheidenden Phase werden das Sozialverhalten sowie das Scham- und Schuldbewusstsein eines Individuums geprägt. Kinder und Jugendliche lernen in dieser Zeit die sozialen Normen und Werte ihrer Gemeinschaft. Sie beginnen zu verstehen, was in ihrer Kultur als moralisch richtig oder falsch angesehen wird, und entwickeln ein Bewusstsein für die sozialen Erwartungen, die an sie gestellt werden.

Entwicklung des Geschlechtsverhaltens

Parallel dazu wird das Geschlechtsverhalten geformt. Jugendliche beginnen, ihre sexuelle Identität zu erkunden und zu definieren.

Dies schließt die Entwicklung von sexuellen Präferenzen und das Verständnis von Geschlechterrollen ein. Die Art und Weise, wie Jugendliche diese Phase erleben und wie sie von ihrer Umgebung unterstützt werden, hat einen tiefgreifenden Einfluss auf ihr Selbstbild und ihre Beziehungen im späteren Leben.

Bedeutung für die Mesmeristische Praxis

Für Mesmeristen und andere Praktizierende in therapeutischen Disziplinen ist das Verständnis des Sozialsexualmoralschaltkreises von großer Bedeutung. Es ermöglicht ihnen, die sozialen und sexuellen Aspekte der Persönlichkeitsentwicklung ihrer Klienten besser zu verstehen. Das Wissen um die Prägungen und Herausforderungen, die in dieser Lebensphase entstehen können, hilft bei der Identifizierung von möglichen Ursachen für Verhaltensmuster, Beziehungsprobleme oder sexuelle Dysfunktionen.

Die Arbeit an Themen, die ihren Ursprung in der Phase der Prägung des Sozialsexualmoralschaltkreises haben, erfordert ein hohes Maß an Sensibilität und Verständnis. Mesmeristen können Techniken anwenden, die darauf abzielen, Blockaden zu lösen und das Selbstvertrauen sowie die soziale und sexuelle Selbstakzeptanz ihrer Klienten zu stärken.

Insgesamt erfordert die Arbeit mit dem Sozialsexualmoralschaltkreis ein tiefes Verständnis für die komplexe Natur menschlicher Sozialisation und Sexualität. Mesmeristen und Therapeuten, die in der Lage sind, ihre Klienten durch die Herausforderungen dieser Entwicklungsphase zu führen, können einen wertvollen Beitrag zu deren persönlichem Wachstum und Wohlbefinden leisten.

Die vier Schaltkreise der menschlichen Entwicklung – der Überlebens-, Rangordnungs-, Sprach- und Geräte- sowie der Sozialsexualmoralschaltkreis – bilden die Grundlage für unsere emotionalen, kognitiven und sozialen Fähigkeiten. Jeder dieser Schaltkreise wird in einem spezifischen Zeitraum der Kindheit geprägt und hat langfristige Auswirkungen auf unser Verhalten, unsere Persönlichkeit und unsere psychische sowie physische Gesundheit.

Überlebensschaltkreis:

Fokussiert auf Sicherheit und die Grundbedürfnisse. Mangel in dieser Phase kann zu anhaltenden Ängsten, Unsicherheiten oder einer Tendenz zur Überkompensation führen, wie z.B. Sammelleidenschaften.

Rangordnungsschaltkreis:

Betrifft die soziale Positionierung und Emotionsregulation. Ein Mangel kann Probleme mit Selbstwertgefühl, Aggression oder Schwierigkeiten bei der Überwindung von Hindernissen im späteren Leben hervorrufen.

Sprach- und Geräteschaltkreis:

Entwickelt die Fähigkeit zur bewussten Liebe und Kommunikation. Störungen in dieser Phase können zu Schwierigkeiten in zwischenmenschlichen Beziehungen und in der Ausdrucksfähigkeit führen.

Sozialsexualmoralschaltkreis:

Prägt Sozialverhalten, Scham- und Schuldbewusstsein sowie Moralvorstellungen. Mangel oder Störungen hier können zu Herausforderungen in der sozialen Integration, im Selbstbild und in der sexuellen Identität führen.

Auswirkungen und Beispiel

Ein Mangel oder Störungen in der Entwicklung dieser Schaltkreise können tiefgreifende Auswirkungen auf das spätere Leben haben. Psychisch kann es zu Angststörungen, Depressionen, Selbstwertproblemen oder Schwierigkeiten in der Beziehungsgestaltung kommen. Physisch können sich diese Störungen in Form von stressbedingten Erkrankungen, Schlafstörungen oder psychosomatischen Beschwerden manifestieren.

Beispiel:

Ein Kind, das in der Phase des Überlebensschaltkreises häufige Unsicherheit und Lieblosigkeit erlebt hat, könnte im Erwachsenenalter zu übermäßigem Essen neigen als Versuch, einen emotionalen »Vorrat« anzulegen. Diese Person könnte später mit Übergewicht und einem tief sitzenden Gefühl der Unsicherheit kämpfen, was wiederum zu sozialer Isolation und Depression führen kann.

Das Verständnis dieser Schaltkreise und ihrer Bedeutung für die Entwicklung bietet Ansatzpunkte für therapeutische Interventionen. Mesmeristen und andere Praktiker können gezielt an den Folgen von Störungen in diesen Entwicklungsphasen arbeiten, um Heilungsprozesse zu unterstützen und das Wohlbefinden ihrer Klienten zu fördern. Die Kenntnis der spezifischen Entwicklungsphasen ermöglicht es, individuell abgestimmte Strategien zu entwickeln, die den Menschen helfen, die Herausforderungen ihrer frühen Prägungen zu überwinden und ein erfüllteres Leben zu führen.

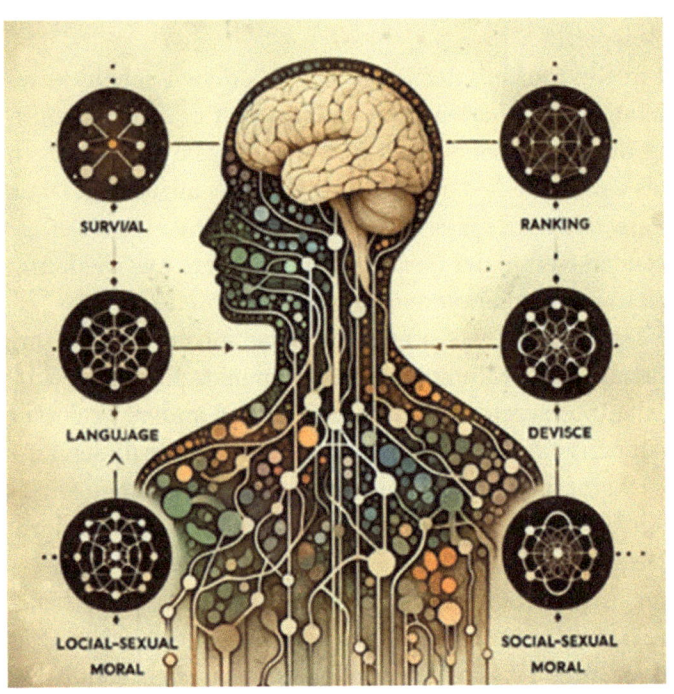

33. Angstzonen des Menschen

Die Betrachtung der Angstzonen des Menschen aus energetischer und mesmerischer Sicht bietet einen faszinierenden Zugang zur Identifizierung und Bearbeitung tiefer liegender emotionaler und psychischer Themen. Obwohl diese Zonen keine definitiven Hinweise liefern, können sie doch wertvolle Anhaltspunkte bieten, um die Wurzeln bestimmter Probleme zu erkennen und anzugehen.

Angstzonen aus energetischer Sicht

Aus energetischer Perspektive wird angenommen, dass jede Region des Körpers mit spezifischen Ängsten und emotionalen Zuständen verbunden ist. Diese Verbindungen können durch die jahrtausendealten Praktiken und Lehren verschiedener spiritueller und heilkundlicher Traditionen, wie z.B. der traditionellen chinesischen Medizin, des Ayurveda oder modernerer energetischer Heilmethoden, nachvollzogen werden. Hier sind einige Beispiele für Körperteile und die ihnen zugeordneten Ängste:

Kopf:
Ängste vor Kontrollverlust, Entscheidungsunfähigkeit

Herz:
Angst vor Liebesverlust, emotionaler Schmerz

Bauch:
Ängste im Zusammenhang mit Selbstwert, Machtlosigkeit

Rücken:
Lasten der Verantwortung, Angst vor Unterstützungs-
mangel

Hände/Füße:
Angst vor Fortbewegung oder Handlung, Zukunftsängste

Angstzonen aus mesmerischer Sicht

In der mesmeristischen Praxis wird ebenfalls die Bedeutung der Körperregionen in Bezug auf emotionale und
psychische Zustände anerkannt. Allerdings liegt der Fokus
hier mehr auf der Manipulation energetischer Flüsse und
Blockaden, um ein Gleichgewicht herzustellen und Ängste
zu lösen. Mesmeristen nutzen ihr Verständnis der Angstzonen, um gezielt energetische Arbeit zu leisten, die darauf abzielt, die zugrundeliegenden emotionalen und psychischen Ursachen von physischen Beschwerden zu adressieren.

Gemeinsamkeiten und Unterschiede

Obwohl sich die energetische und die mesmeristische
Sichtweise in ihren Methoden und Ansätzen unterscheiden mögen, teilen sie doch die grundlegende Auffassung, dass körperliche Symptome oft Manifestationen

tiefer liegender emotionaler oder psychischer Zustände sind. Beide Ansätze erkennen an, dass die Arbeit mit diesen Angstzonen ein effektiver Weg sein kann, um nicht nur Symptome zu lindern, sondern auch langfristige Heilung und Transformation zu fördern.

Anwendung in der Praxis

Die Identifizierung und Arbeit mit Angstzonen erfordert ein tiefes Verständnis der Verbindungen zwischen Körper, Geist und Emotionen. Durch Techniken wie die gezielte Energieübertragung, Berührung, Meditation und Visualisierung können Praktizierende versuchen, Blockaden zu lösen und die dahinter liegenden emotionalen Themen zu bearbeiten. Diese Arbeit kann dazu beitragen, das allgemeine Wohlbefinden zu verbessern, Stress und Angst zu reduzieren und einen Weg zur Überwindung tiefer liegender psychischer und physischer Herausforderungen zu bieten.

In beiden Disziplinen ist die Erkenntnis zentral, dass die Heilung des Menschen eine ganzheitliche Betrachtung erfordert, die über die rein physische Ebene hinausgeht und die energetischen sowie emotionalen Aspekte des Seins mit einbezieht.

Die Angstzonen des Menschen aus energetischer und mesmerischer Sicht zu betrachten, eröffnet eine faszinierende Perspektive auf die Verbindung zwischen unseren emotionalen Zuständen und dem physischen Körper. In der Energetik und im Mesmerismus wird davon ausgegangen, dass jedes Körperteil nicht nur physische

Funktionen hat, sondern auch spezifischen emotionalen und energetischen Zuständen zugeordnet ist. Angstzonen sind Bereiche im Körper, die besonders sensibel auf emotionale Belastungen reagieren und wo sich Ängste manifestieren oder gespeichert werden können. Die Identifikation dieser Zonen kann entscheidend sein, um die tieferen Ursachen von körperlichen Schmerzen, Unbehagen oder Krankheiten zu verstehen und zu adressieren.

Bedeutung der Angstzonen

Jede Angstzone im Körper korrespondiert mit bestimmten Ängsten oder emotionalen Themen, die im Hintergrund wirken können. Zum Beispiel:

Kopf und Nacken:
Oft verbunden mit Sorgen, Stress und Überforderung. Schmerzen in diesen Bereichen können auf nicht verarbeitete Sorgen oder die Angst vor Kontrollverlust hinweisen.

Herz und Brustbereich:
Können mit Angst vor Ablehnung, Einsamkeit oder unverarbeiteten Herzschmerzen zusammenhängen.

Bauch:
Wird häufig mit Angst vor Veränderung, Unsicherheit oder »Bauchgefühlen« in Verbindung gebracht, die nicht ausgedrückt werden.

Rücken:
Schmerzen, besonders im unteren Rücken, können auf Angst vor finanzieller Unsicherheit oder das Gefühl, nicht genügend Unterstützung im Leben zu haben, hinweisen.

Zusammenhänge und energetische Behandlung

Die energetische und mesmeristische Behandlung von Angstzonen fokussiert sich darauf, die zugrunde liegenden emotionalen und energetischen Blockaden zu erkennen und zu lösen. Dies kann durch verschiedene Techniken erreicht werden, wie:

Energetische Arbeit:
Durch fokussierte Intention oder energetische Übertragung kann der Mesmerist gezielt auf die betroffenen Zonen einwirken, um Blockaden zu lösen und den Energiefluss zu fördern.

Visualisierung und Meditation:
Das Visualisieren von heilendem Licht oder Energie in den betroffenen Zonen kann helfen, emotionale Belastungen zu mindern und Heilungsprozesse zu unterstützen.

Bewusstes Atmen:** Atemtechniken können eingesetzt werden, um tiefliegende Ängste zu beruhigen und den Körper zu entspannen.

Schlussfolgerung

Die Anerkennung und Behandlung von Angstzonen aus energetischer und mesmeristischer Sicht bietet eine ganzheitliche Methode, um nicht nur körperliche, sondern auch emotionale und energetische Disharmonien zu adressieren.

Indem man die Verbindungen zwischen bestimmten Körperteilen und den dahinter liegenden emotionalen Themen versteht, kann man gezielter und effektiver an der Wurzel eines Problems arbeiten. Diese Herangehensweise ermöglicht eine tiefgreifende Heilung und fördert ein umfassendes Wohlbefinden.

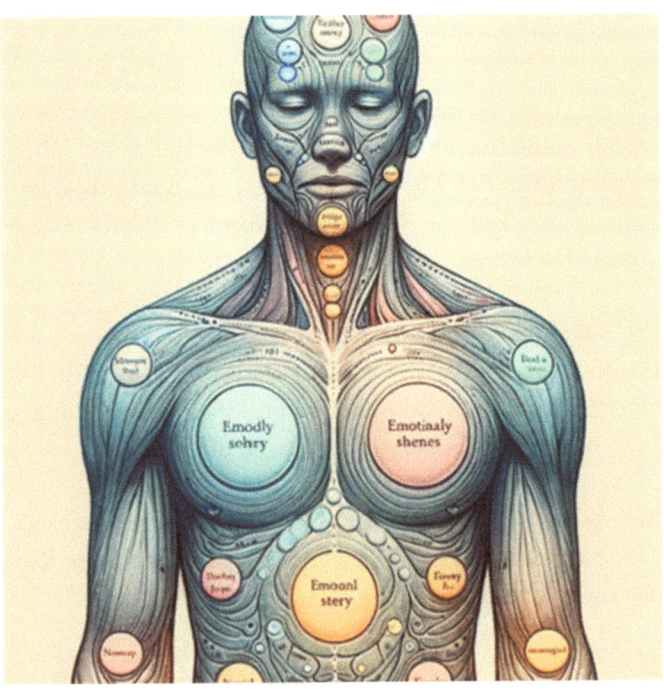

34. Zusammenfassung

Der Mesmerismus, eine faszinierende und tiefgreifende Praxis, bietet einen einzigartigen Zugang zur Entfaltung des menschlichen Potenzials und zur Heilung. Durch die Verbindung traditioneller Weisheiten mit modernen Erkenntnissen ermöglicht der Mesmerismus eine ganzheitliche Betrachtung und Beeinflussung des menschlichen Seins. Die folgende Zusammenfassung bietet einen umfassenden Überblick über die zentralen Aspekte des Mesmerismus und unterstreicht dessen Bedeutung für die persönliche Entwicklung und das Wohlbefinden.

Die Lebensphilosophie des Mesmerismus

Im Herzen des Mesmerismus liegt die tiefgreifende Anerkennung einer allumfassenden Lebensenergie, die das Universum durchzieht und jedes Wesen mit Vitalität erfüllt. Diese universelle Lebensenergie, oft als »animalischer Magnetismus« bezeichnet, stellt die Grundlage für das Verständnis des Mesmerismus als eine Heilkunst und spirituelle Praxis dar. Die Philosophie des Mesmerismus erkennt an, dass wir nicht isolierte Wesen sind, sondern in einem dynamischen Austausch mit der Energie, die uns umgibt und durchdringt, stehen.

Diese universelle Energie wird als eine feinstoffliche Kraft verstanden, die sowohl die materielle als auch die immaterielle Welt beeinflusst. Sie ist verantwortlich für die Harmonie und das Gleichgewicht im Kosmos sowie im individuellen Organismus. Die mesmeristische Praxis zielt darauf ab, diese Lebensenergie zu verstehen, zu lenken und zu harmonisieren, um Heilung auf physischer, emotionaler und spiritueller Ebene zu ermöglichen.

Die Modulation dieser universellen Energie erfolgt durch eine Reihe von Techniken und Praktiken, die von der einfachen Handauflegung bis hin zu komplexen energetischen Übertragungen reichen. Mesmeristen arbeiten mit der Intention, die Energieflüsse im Körper zu optimieren, Blockaden zu lösen und die Selbstheilungskräfte zu aktivieren. Diese Arbeit basiert auf der Prämisse, dass Krankheiten und Leiden oft das Ergebnis eines gestörten Energieflusses oder energetischer Disharmonien sind. Durch die Wiederherstellung eines ausgewogenen Energiezustandes können Gesundheit und Wohlbefinden gefördert werden.

Ein wesentlicher Aspekt der Lebensphilosophie des Mesmerismus ist die Überzeugung, dass jeder Mensch über das Potenzial verfügt, mit dieser universellen Energie in Kontakt zu treten und sie für seine Heilung und Entwicklung zu nutzen. Diese Fähigkeit ist nicht auf ausgewählte Heiler oder Praktizierende beschränkt; vielmehr wird betont, dass jeder Einzelne durch Übung und Bewusstseinsschulung lernen kann, diese Energie bewusst wahrzunehmen und zu lenken.

Die Lebensphilosophie des Mesmerismus lädt uns ein, unsere eigene Verbundenheit mit dem Universum und die tiefgreifenden Möglichkeiten, die sich aus dieser Verbundenheit ergeben, zu erkennen und zu würdigen. Sie ermutigt zu einer Haltung der Offenheit, des Staunens und der Bereitschaft, die subtilen Energien des Lebens zu erforschen. Durch die Praxis des Mesmerismus können wir lernen, in Harmonie mit den natürlichen Rhythmen und Zyklen des Lebens zu leben, unsere innere Weisheit zu entfalten und ein tieferes Verständnis für die Einheit aller Existenz zu entwickeln.

Die Formel des Lebens und das Bewusstsein

Im Zentrum des Mesmerismus steht die transformative Einsicht, dass die Beschaffenheit unserer Realität untrennbar mit dem Zustand unseres Bewusstseins verbunden ist. Diese Verbindung enthüllt die außerordentliche Fähigkeit jedes Einzelnen, durch bewusste Intention und Fokussierung die eigene Lebenserfahrung zu formen und zu beeinflussen. Die Formel des Lebens – »Es ist, was es ist – und es wird, was Du daraus machst« – dient nicht nur als Leitmotiv, sondern auch als Weckruf, die immense kreative Kraft, die jedem von uns innewohnt, zu erkennen und verantwortungsvoll einzusetzen.

Diese Lebensformel unterstreicht die Bedeutung der persönlichen Verantwortung und der bewussten Wahl. Sie lädt uns ein, über die Rolle des passiven Beobachters hinauszugehen und aktiv an der Gestaltung unserer Realität teilzunehmen. In jedem Moment haben wir die Wahl, wie wir auf unsere Umstände reagieren, welche Bedeutungen wir ihnen beimessen und welche Schritte wir unternehmen, um unsere Wünsche und Träume zu verwirklichen. Diese aktive Beteiligung am Schöpfungsprozess unseres Lebens erfordert ein tiefes Verständnis für die Mechanismen des Bewusstseins und die Art und Weise, wie unsere Gedanken, Überzeugungen und Emotionen die Qualität unseres Daseins beeinflussen.

Der Mesmerismus lehrt, dass Bewusstsein weit mehr ist als nur ein passiver Spiegel der Realität. Es ist ein dynamisches Feld der Möglichkeit, in dem sich unsere tiefsten Intentionen und Überzeugungen manifestieren. Indem wir lernen, unser Bewusstsein zu schärfen und gezielt einzusetzen, eröffnen wir uns Wege zur Heilung, zur persönlichen Entwicklung und zur Erfüllung. Die bewusste Lenkung unserer Aufmerksamkeit, die Kultivierung positiver Gedanken und die Pflege einer Haltung der Dankbarkeit und Offenheit sind Schlüsselpraktiken, die uns dabei unterstützen, das volle Potenzial unseres Bewusstseins zu entfalten.

Die Formel des Lebens ermutigt uns, die Verantwortung für unser Leben zu übernehmen und unsere Realität mit Weisheit und Mitgefühl zu gestalten.

Sie lehrt uns, dass in der Akzeptanz dessen, was ist, und in der bewussten Schöpfung dessen, was sein soll, ein kraftvoller Weg zur Transformation liegt. Indem wir unsere innere Welt erkunden und meistern, können wir beginnen, die äußere Welt auf eine Weise zu beeinflussen, die Harmonie, Freude und tiefe Erfüllung mit sich bringt.

In der Praxis des Mesmerismus wird diese Lebensformel zu einer täglichen Übung der Selbstreflexion, der intentionalen Gestaltung und der bewussten Evolution. Sie dient als Grundstein für ein Leben, das nicht nur durch äußere Umstände geformt wird, sondern auch durch die kreative und heilende Kraft unseres eigenen Bewusstseins.

Werkzeuge und Methoden im Mesmerismus

Innerhalb des facettenreichen Spektrums des Mesmerismus offenbart sich eine reichhaltige Palette an Techniken und Methoden, die weit über konventionelle Heilpraktiken hinausgehen und eine tiefe Verbindung zwischen dem physischen Dasein und der universellen Energie herstellen. Diese Praktiken, die von den Grundlagen der Atemtechniken bis zu den nuancierten Energien von Mudras und Meridianen reichen, dienen als Schlüssel zur Entfaltung des Bewusstseins, zur Durchbrechung der Barrieren von Ego und Emotionen und zur Förderung einer intensivierten Achtsamkeit.

Atemtechniken bilden das Herzstück des mesmeristischen Instrumentariums, indem sie nicht nur lebensnotwendige Funktionen unterstützen, sondern auch als mächtige Werkzeuge zur Steuerung des autonomen Nervensystems dienen. Durch bewusstes Atmen kann der Wechsel von einem aktivierten Zustand zu einem Zustand der Ruhe und Heilung erleichtert werden, wodurch ein fundamentaler »Reset« des Systems ermöglicht wird.

Darüber hinaus wird im Mesmerismus ein besonderes Augenmerk auf die Selbstermächtigung gelegt, die durch das tiefe Eintauchen in das eigene Gefühlserleben erreicht wird. Diese Praxis des bewussten Fühlens erlaubt es, die eigene Lebensgestaltung aktiv in die Hand zu nehmen und fördert eine tiefgreifende Achtsamkeit für den Moment.

Erweiterte Konzepte wie Mudras, die spezifische Handhaltungen umfassen, Anker, die physische Berührungen mit mentalen Zuständen verknüpfen, und die Arbeit mit den Meridianen, den Energiebahnen des Körpers, eröffnen zusätzliche Dimensionen der energetischen Arbeit. Diese Methoden ermöglichen eine subtile Beeinflussung und Harmonisierung der inneren Energieströme und fördern eine Verbindung zu tieferen Schichten des Bewusstseins.

Die Anwendung dieser vielfältigen Techniken im täglichen Leben stellt eine umfassende Herangehensweise an die persönliche Entwicklung und Heilung dar. Sie unterstützt nicht nur die physische und energetische Gesundheit, sondern auch die Entfaltung eines bewussten und achtsamen Lebens. Diese Praktiken des Mesmerismus eröffnen den Weg, das innere Selbst zu entdecken, Hindernisse zu überwinden und das eigene Sein in seiner wahren Essenz zu leben. Die Techniken des Mesmerismus sind somit nicht bloß Heilmittel, sondern vielmehr Schlüssel zu einem erweiterten Bewusstsein und einem Leben in Fülle.

Die praktische Anwendung des Mesmerismus erstreckt sich über ein breites Spektrum an Disziplinen und zeigt dabei eine beeindruckende Vielseitigkeit und Wirksamkeit. Dieses alte Wissen findet nicht nur in der Humanenergetik seinen Platz, sondern bereichert auch angrenzende Felder wie die Tierenergetik, die Kinesiologie und den Schamanismus mit seinen tiefgründigen Techniken und Einsichten. Die Einführung des Mesmerismus in diese Bereiche eröffnet innovative Perspektiven auf Heilung und persönliches Wachstum, die sowohl traditionelle als auch moderne Praktiken bereichern.

In der Tierenergetik ermöglicht der Mesmerismus eine intuitive und energetische Verbindung zu Tieren, die auf der feinfühligen Wahrnehmung und Beeinflussung ihrer energetischen Zustände basiert. Diese Praxis fördert ein tieferes Verständnis und eine stärkere Bindung zwischen

Mensch und Tier und unterstützt die Heilung auf einer Ebene, die über die physische hinausgeht.

Die Kinesiologie, die sich mit der Bewegung und dem Energiefluss im Körper befasst, findet im Mesmerismus wertvolle Techniken zur Identifizierung und Auflösung von Blockaden. Durch die Integration mesmeristischer Prinzipien können kinesiologische Behandlungen eine zusätzliche Dimension der energetischen Heilung erfahren, die das körperliche Wohlbefinden und die emotionale Ausgeglichenheit fördert.

Im Schamanismus, einer der ältesten spirituellen Praktiken der Menschheit, ergänzt der Mesmerismus das Repertoire schamanischer Techniken um Aspekte der energetischen Heilung und Bewusstseinserweiterung. Die Verwendung mesmeristischer Methoden innerhalb schamanischer Rituale und Heilungspraktiken ermöglicht eine tiefgreifende Transformation und Unterstützung auf dem spirituellen Weg des Einzelnen.

Mesmerismus in der Praxis

Die Integration des Mesmerismus in die moderne Praxis erweitert das Spektrum der Heilungsmöglichkeiten und der persönlichen Entwicklung erheblich. I

ndem er traditionelle Weisheiten mit zeitgenössischen Methoden verbindet, bietet der Mesmerismus einen umfassenden Ansatz, der die Grenzen konventioneller Heilpraktiken überschreitet. Diese vielfältige Anwendbarkeit des Mesmerismus unterstreicht sein Potenzial, die menschliche Erfahrung auf allen Ebenen – körperlich, emotional, mental und spirituell – zu bereichern und zu vertiefen. Die Praxis des Mesmerismus, angewendet in verschiedenen Bereichen, ermutigt uns, neue Wege der Heilung zu erkunden und unser volles Potenzial für persönliches Wachstum und Transformation zu entfalten.

Die Erforschung und das Verständnis der feinstofflichen Energieebenen, repräsentiert durch Chakren, energetische Kanäle und insbesondere den Vagusnerv, offenbaren die tiefgreifende Verbindung zwischen unseren energetischen Zuständen und unserem ganzheitlichen Wohlergehen. Der Mesmerismus, mit seiner reichen Tradition und Praxis, schenkt uns die Werkzeuge und das Wissen, um auf diese subtilen Ebenen unseres Seins gezielt Einfluss zu nehmen, um nicht nur Heilung zu initiieren, sondern auch ein Gleichgewicht und eine Harmonie zwischen Körper, Geist und Seele zu etablieren.

Durch die Aktivierung und Harmonisierung der Chakren, die als energetische Zentren unseres Körpers fungieren und eng mit unseren physischen und emotionalen Gesundheiten verbunden sind, ermöglicht der Mesmerismus eine direkte Beeinflussung unseres inneren Energieflusses. Diese fein abgestimmte Regulation kann zu einer deutlichen Verbesserung des persönlichen Wohlbefindens führen, indem sie Blockaden löst und die Selbstheilungskräfte des Körpers aktiviert.

Die energetischen Kanäle, durch die diese Lebensenergie fließt, dienen als Bahnen für den Transport und die Verteilung dieser essentiellen Kraft durch unseren gesamten Organismus. Der Mesmerismus lehrt uns, wie wir diese Kanäle reinigen und offen halten können, um eine optimale Energiezirkulation zu gewährleisten. Dies ist entscheidend, da ein ungehinderter Energiefluss essenziell für die Erhaltung von Gesundheit und Vitalität ist.

Besonders der Vagusnerv, als ein Hauptakteur im parasympathischen Nervensystem, spielt eine zentrale Rolle in der Regulation von Entspannung und Stressabbau. Seine Stimulation durch mesmeristische Praktiken kann tiefgreifende Effekte auf unser emotionales Gleichgewicht und unsere physische Gesundheit haben. Durch die Beeinflussung des Vagusnervs können Mesmeristen helfen, den Körper in einen Zustand tiefer Ruhe zu versetzen, was die Grundlage für jede Form von Heilung und Regeneration bildet.

In der Gesamtschau zeigt sich, dass der Einfluss von Energetik und Bewusstsein im Mesmerismus nicht nur eine theoretische Überlegung ist, sondern eine praktische Methodik bietet, um aktiv unser Leben und unsere Gesundheit zu verbessern.

Diese holistische Sichtweise ermutigt uns, über die physischen Aspekte unseres Seins hinaus zu blicken und die subtilen energetischen Dimensionen als wesentliche Bestandteile unseres Daseins und unserer Entwicklung zu erkennen und zu nutzen. Durch die bewusste Arbeit mit Energie und Bewusstsein eröffnet der Mesmerismus einen Weg zu tieferer Selbstkenntnis, Heilung und einem harmonischen Leben.

Die Bedeutung von Loslassen und Vergeben

Im Mesmerismus wird den Prinzipien des Loslassens und Vergebens eine fundamentale Bedeutung beigemessen, da sie als Schlüssel zur inneren Befreiung und zum Zugang zu neuen Lebenserfahrungen angesehen werden. Diese

Prozesse ermöglichen es, sich von alten, einschränkenden Mustern zu lösen und offen für Veränderungen und Wachstum zu werden. Das gezielte Arbeiten an den Angstzonen, welche energetische Speicher von Furcht und Zurückweisung sind, sowie das Verständnis der menschlichen Schaltkreise, die unsere tiefsten psychologischen Strukturen offenlegen, ermöglichen tiefe Einblicke in die unbewussten Kräfte, die unser Leben gestalten.

Das Loslassen umfasst dabei mehr als nur das Abwerfen von emotionalen Lasten; es ist ein bewusster Akt der Transformation, bei dem durch die Anerkennung und Akzeptanz vergangener Erfahrungen eine Neuausrichtung des eigenen Lebensweges möglich wird. Es befreit von den Fesseln der Vergangenheit und schafft Raum für Neues, indem es energetische Blockaden löst und die Lebensenergie wieder frei fließen lässt.

Vergeben wird im Mesmerismus als ein Akt der Selbstliebe und der Befreiung verstanden, der es dem Individuum ermöglicht, Frieden mit sich selbst und anderen zu schließen. Es ist ein Prozess, der tiefe Heilung auf emotionaler Ebene bewirkt, indem er Groll und Bitterkeit transformiert und so zu innerer Harmonie und Ausgeglichenheit führt.

Die Betrachtung der menschlichen Schaltkreise bietet eine wertvolle Perspektive auf die Entwicklung des Individuums und zeigt auf, wie frühkindliche Erfahrungen und Prägungen das spätere Leben beeinflussen. Durch ein tieferes Verständnis dieser inneren Programme kann der Mesmerismus gezielt an der Auflösung von tief sitzenden Ängsten und Konflikten arbeiten und den Weg für ein erfülltes und bewusstes Leben ebnen.

In der Gesamtheit bieten Loslassen und Vergeben im

Rahmen des Mesmerismus nicht nur die Möglichkeit zur Heilung von alten Wunden, sondern auch zur persönlichen Transformation und Erneuerung.

Sie lehren uns, mit Mitgefühl und Verständnis auf unsere Lebensgeschichte zu blicken und ermutigen uns, mit Offenheit und Vertrauen unseren individuellen Weg zu gehen. Diese Prinzipien sind somit essentiell für die Entwicklung eines tieferen Bewusstseins und für das Streben nach einem harmonischen und zufriedenen Leben.

Fazit

Der Mesmerismus stellt eine tiefgreifende und umfassende Methode dar, um das volle Spektrum des menschlichen Daseins zu erforschen und zu optimieren. Indem er sich nicht nur auf die physische Dimension beschränkt, sondern ebenso energetische, emotionale und bewusstseinsbezogene Ebenen in seine Praktiken einbezieht, schafft er einen Rahmen für ganzheitliche Heilung und persönliches Wachstum. Diese Herangehensweise erlaubt es Einzelnen, verborgene Aspekte ihres Selbst zu entdecken, tief verwurzelte Blockaden zu lösen und ein Leben in größerer Harmonie mit sich selbst und der Welt zu führen.

Die Praxis des Mesmerismus dient als Wegweiser auf der Reise zur Selbstverwirklichung und Selbstmeisterung. Sie fördert ein vertieftes Verständnis für die eigene innere Welt und bietet strategische Ansätze, um mit den Herausforderungen des Lebens konstruktiv umzugehen. Durch das Erkennen und Transformieren limitierender Glaubenssätze und emotionaler Muster ermöglicht der

Mesmerismus seinen Praktizierenden, ein höheres Maß an innerer Klarheit, Frieden und Lebensfreude zu erreichen.

Darüber hinaus ermutigt der Mesmerismus zur kontinuierlichen persönlichen und spirituellen Entwicklung. Die Aufforderung, sich in diesem faszinierenden Bereich weiterzubilden, spricht den tiefen Wunsch des Menschen nach Wachstum und Erkenntnis an. Die Ausbildung im Mesmerismus bietet nicht nur die Möglichkeit, praktische Fähigkeiten und Techniken zu erlernen, sondern eröffnet auch einen Raum für die Entdeckung neuer Perspektiven auf das Leben und die eigene Person. Dieser Lernprozess ist eine Einladung, über die Grenzen des Bekannten hinauszugehen und die vielfältigen Potenziale des menschlichen Bewusstseins zu erkunden.

Die Anwendung der mesmeristischen Prinzipien und Techniken im täglichen Leben führt zu einer erheblichen Steigerung der Lebensqualität. Sie unterstützt Individuen dabei, ein Leben zu führen, das von tiefer Gesundheit, Bewusstheit und persönlicher Freiheit geprägt ist. Die Praxis des Mesmerismus zeigt Wege auf, wie man durch die bewusste Gestaltung der eigenen Realität ein erfüllteres und authentischeres Leben führen kann.

In der Essenz bietet der Mesmerismus eine transformative Reise an, auf der man lernt, die eigenen inneren Ressourcen zu aktivieren, mit den universellen Energien in Einklang zu kommen und das eigene Leben nach höchsten Vorstellungen zu formen. Diese Reise ist geprägt von der stetigen Erweiterung des Bewusstseins, der Überwindung von Begrenzungen und der Eröffnung unendlicher Möglichkeiten für Heilung, Freude und Erfüllung.

Andreas Bachofen-Echt

The Mesmerist

35. Über den Autor

Andreas Bachofen-Echt ist ein erfahrener Hypnose-therapeut, Kinesiologe und Mesmerist, dessen berufliche Laufbahn vor über 30 Jahren begann. Seine Reise in die Welt der alternativen Heilmethoden und spirituellen Praktiken wurde durch ein prägendes Seminar mit Osho in der Toskana initiiert. Seitdem hat Andreas seine Fähigkeiten und Kenntnisse in ganz Europa erweitert, indem er eine Vielzahl von Ausbildungen in den Bereichen Hypnose, Kinesiologie und Mesmerismus absolvierte.

In seiner langjährigen Praxis als Therapeut hat Andreas unzähligen Menschen geholfen, ihr Wohlbefinden zu verbessern und tiefgreifende persönliche Veränderungen zu erleben. Seine tiefe Hingabe und sein umfassendes Verständnis für die Prozesse des menschlichen Geistes und Körpers machen ihn zu einem geschätzten Experten und Mentor.

Seit drei Jahren gibt Andreas sein umfangreiches Wissen und seine Erfahrungen auch als Ausbilder weiter und leitet sehr erfolgreiche Ausbildungen im Mesmerismus. Sein Engagement für die Ausbildung neuer Therapeuten spiegelt seine Vision wider, die Heilkünste nicht nur zu bewahren, sondern auch innovativ weiterzuentwickeln und sie einer neuen Generation von Heilpraktikern zugänglich zu machen.

Andreas' Leidenschaft und sein tiefes Engagement für die spirituelle Entwicklung und therapeutische Arbeit machen ihn zu einer führenden Figur in der Welt des Mesmerismus. In seinem neuesten Werk »Mesmerismus der Neuzeit: Wege zur spirituellen Transformation« teilt er seine Erkenntnisse und fördert ein tiefes Verständnis für die transformative Kraft dieser alten Praxis, angepasst an die Bedürfnisse der modernen Welt.